# 高级体适能与运动处方

## （第 2 版）

张全成　编著

西北工业大学出版社

西　安

【内容提要】 本书共分为 10 章：第 1 章，运动锻炼的益处、风险与慢性疾病；第 2 章，健康评估与风险分层；第 3 章，体适能与健康；第 4 章，健康体适能测试及评定；第 5 章，运动处方概述与基本原理；第 6 章，运动处方制订的指标测试及评定标准；第 7 章，个性化运动处方制订；第 8 章，运动处方实施效果评定；第 9 章，特殊人群的运动处方制订；第 10 章 运动相关法律责任。

本书可作为高等院校体育专业、运动康复专业学生的教材，也可供从事健康职业的工作者及体育运动参与者参考。

**图书在版编目(CIP)数据**

高级体适能与运动处方/张全成编著 . —2 版. —
西安:西北工业大学出版社,2019.12(2025.1 重印)
ISBN 978 - 7 - 5612 - 6777 - 6

Ⅰ.①高… Ⅱ.①张… Ⅲ.①体育锻炼—适应能力 ②
运动疗法 Ⅳ.①G806 ②R455

中国版本图书馆 CIP 数据核字(2020)第 004265 号

GAOJI TISHINENG YU YUNDONG CHUFANG

**高 级 体 适 能 与 运 动 处 方**

| | | | |
|---|---|---|---|
| **责任编辑:**张 友 | | **策划编辑:**李 萌 | |
| **责任校对:**朱晓娟 | | **装帧设计:**李 飞 | |

**出版发行** 西北工业大学出版社
**通信地址** 西安市友谊西路 127 号　　　　　邮编:710072
**电　话** (029)88491757,88493844
**网　址** www.nwpup.com
**印刷者** 西安五星印刷有限公司
**开　本** 787 mm×1 092 mm　　　　1/16
**印　张** 14.125
**字　数** 371 千字
**版　次** 2013 年 6 月第 1 版　2019 年 12 月第 2 版　2025 年 1 月第 2 次印刷
**定　价** 42.00 元

# 第 2 版前言

依据笔者对体适能、运动处方知识的学习和多年的教学经验以及目前社会对健康的新需求,本书在编著过程中采用最新的相关理论和研究成果,把学术性和实用性有机的结合,使之具有一定的深度与广度。很多高校体育专业、运动康复专业培养方案中明确把体适能评定与运动处方课程作为专业核心课程。对此笔者在第 1 版《高级体适能与运动处方》的基础上,在新版编著过程中结合国家政策导向、现代健身指导发展趋势、国民对健康的新认识,增加新的科学健身理念、健康管理数字化健康平台建设、常见慢性病运动处方制订模板以及快速为不同慢性疾病患者进行运动处方干预方面的内容,同时进一步完善了健康体适能相关的测试及评价、运动处方制订的程序等内容,并进行开放课程建设。本书总体思路体现科学性、时代性、实用性、专业性的总体要求。同时本书把握以下一些特点:每章节设置本章要点、重要概念、思考题、相关知识链接,扩大学生的知识面,同时能够使学生把握重点,掌握难点。体适能测试及运动处方制订图文并茂,易于学生对知识和技能的掌握,便于将来在工作中指导科学健身,传播健康理念,传授运动处方制订方法和健康教育。

本书在撰写过程中参考了大量的国内外的有关的专注和体育教材、相关文献与研究成果,在此表示衷心的感谢!

由于阅历、水平有限,书中观点如有不妥之处,恳请同行、读者批评指正,以便今后不断完善。

编著者
2019 年 6 月

# 第1版前言

依据本书编者对体适能、运动处方知识的学习和多年的教学经验以及目前社会对健康的需求，采用最新的相关理论和研究成果，把学术性和实用性有机的结合，使之具有一定的深度与广度。在西安石油大学针对 2009 级学生实施新一轮的教学改革基础上，从 2006 年着手开始探讨运动处方课程的教学改革，将原有的《运动处方》课程定为《高级体适能与运动处方》。同时西安石油大学于"十二五"期间立项并资助《高级体适能与运动处方》一书的出版计划，为本书的编写提供了充分的保证。本书总体思路体现科学性、时代性、实用性、健身性、专业性的总体要求。同时本书将把握以下几个特点：每章均设置本章要点、重要概念、思考题、相关知识链接，扩大学生的知识面，同时能够使学生把握重点，掌握难点。体适能测试及运动处方制订图文并茂，易于学生对知识和技能的掌握，便于将来在工作中指导科学健身，传播健康理念，传授运动处方制订方法和健康教育。

本书除了可用于社会体育专业健身指导、社会健身指导员培训教学以外，还可作为体育保健方向及运动康复领域方面的专业人员参考书。

本书在撰写过程中参考了大量的国内外的有关的专著和体育教材相关文献与研究成果，在此表示衷心的感谢！

由于编者阅历、水平有限，书中观点如有不妥之处，恳请同行、读者批评指正，以便今后不断完善。

编　者

# 目　　录

第1章　运动锻炼的益处、风险与慢性疾病 ……………………………………… 1

　1.1　运动锻炼的益处 ………………………………………………………… 1

　1.2　运动不足可能导致的疾病 ……………………………………………… 4

　1.3　运动风险 …………………………………………………………………… 6

　1.4　慢性疾病 …………………………………………………………………… 7

　1.5　科学运动新理念——运动是良医 ……………………………………… 15

第2章　健康评估与风险分层 …………………………………………………… 16

　2.1　健康评估概述 …………………………………………………………… 16

　2.2　健康评估的内容及程序 ………………………………………………… 17

　2.3　健康评估的指标与参考标准 …………………………………………… 19

　2.4　健康风险分层 …………………………………………………………… 22

　2.5　运动测试以及基于危险分层的测试建议 ……………………………… 26

　2.6　基于危险分层的运动测试和医务监督的建议 ………………………… 26

　2.7　心脏病患者的危险分层 ………………………………………………… 29

　2.8　代谢性疾病症状评定 …………………………………………………… 31

第3章　体适能与健康 …………………………………………………………… 32

　3.1　体适能概念与健康概述 ………………………………………………… 32

　3.2　体适能的分类 …………………………………………………………… 34

　3.3　体适能的目标 …………………………………………………………… 37

　3.4　有利于增进健康和增强体适能的行为 ………………………………… 37

　3.5　体质、体适能、健康的关系 …………………………………………… 37

　3.6　健康体适能管理 ………………………………………………………… 38

第4章　健康体适能测试及评定 ………………………………………………… 41

　4.1　健康体适能测试的目的及功效 ………………………………………… 41

　4.2　体适能测试的基本原理 ………………………………………………… 41

　4.3　心肺血管机能 …………………………………………………………… 42

　4.4　肌肉力量和肌肉耐力 …………………………………………………… 50

　4.5　柔韧性 …………………………………………………………………… 56

　4.6　身体成分测试 …………………………………………………………… 64

　4.7　全面健康体适能评价 …………………………………………………… 73

第 5 章　运动处方概述与基本原理 ······················································· 74

　5.1　运动处方的概念与概述······························································· 74

　5.2　运动处方制订考虑要点及实施原则··········································· 76

　5.3　运动处方主要内容····································································· 79

　5.4　运动处方制订信息系统设计······················································ 80

　5.5　有氧运动(心血管耐力)运动处方的组成····································· 81

　5.6　肌肉力量和肌肉耐力运动处方的组成········································ 86

　5.7　柔韧性运动处方的组成····························································· 87

　5.8　神经肌肉控制运动处方的组成·················································· 87

　5.9　改善启动和坚持运动处方实施的策略········································ 87

第 6 章　运动处方制订的指标测试及评定标准 ······························· 91

　6.1　运动测试前评估········································································ 91

　6.2　身体形态、生理生化指标测试 ···················································· 93

　6.3　运动测试禁忌症········································································ 99

　6.4　知情同意书·············································································· 99

　6.5　运动测试及临床指标评定(心肺耐力测试,肌肉力量/肌耐力测试,柔韧性测试) ···
　　　 ······························································································· 101

　6.6　神经肌肉训练··········································································· 128

第 7 章　个性化运动处方制订 ························································· 130

　7.1　运动处方涵盖的内容 ································································· 130

　7.2　运动处方制订流程····································································· 130

　7.3　运动处方基本要素 ···································································· 131

　7.4　出具个性化运动处方································································· 134

　7.5　运动处方实施 ·········································································· 137

　7.6　运动处方实施过程中的医务监督··············································· 140

　7.7　运动处方修改和微调································································· 142

第 8 章　运动处方实施效果评定 ····················································· 145

　8.1　运动处方实施效果评定概述······················································ 145

　8.2　运动处方实施效果评定方式······················································ 147

　8.3　运动处方实施效果评定指标······················································ 148

　8.4　运动处方实施效果评定报告······················································ 153

第 9 章　特殊人群的运动处方制订 ················································· 155

　9.1　关节炎患者运动处方································································· 156

　9.2　糖尿病患者运动处方································································· 159

9.3　脂代谢紊乱患者运动处方 ……………………………………………… 164

9.4　高血压病患者运动处方 ………………………………………………… 165

9.5　代谢综合征患者运动处方 ……………………………………………… 168

9.6　骨质疏松症患者运动处方 ……………………………………………… 169

9.7　外周动脉疾病患者运动处方 …………………………………………… 171

9.8　慢性阻塞性肺病患者运动处方 ………………………………………… 173

9.9　肾脏疾病患者运动处方 ………………………………………………… 176

9.10　老年人运动处方 ……………………………………………………… 178

9.11　超重和肥胖患者运动处方 …………………………………………… 184

9.12　心血管疾病患者运动处方(以介绍冠状动脉粥样硬化为主)……… 187

第10章　运动相关法律责任 ………………………………………………… 194

附录 ……………………………………………………………………………… 199

附录A　医学紧急救护管理 ………………………………………………… 199

附录B　心电图分析 ………………………………………………………… 202

附录C　运动处方制订相关问卷 …………………………………………… 206

附录D　PARmed-X问卷 …………………………………………………… 211

参考文献 ………………………………………………………………………… 215

# 第1章 运动锻炼的益处、风险与慢性疾病

内容提要：本章学习重点是探讨运动锻炼的益处，健身者运动锻炼或体力活动过程中可能出现的风险，以及在健身锻炼和健身指导过程中出现的风险处理方法和手段；慢性疾病的认识，慢性疾病防治策略，慢性疾病患者及其危险因素的干预手段和方法；现代健康新理念的认识等。

## 1.1 运动锻炼的益处

运动锻炼是提高体质的技能、手段和方法。虽然有规律的运动锻炼在预防慢性病的发生方面起着重要的作用，运动不足可能带来很多的健康问题，但是仍有相当一部分的人不能积极参加运动锻炼，特别是在我国，参加运动锻炼的人仅占 30% 左右，而且呈现年龄段两头多、中间少的现象，多数人出现运动不足的现象。

运动不足不只是我国面临的问题，同时也是世界问题。世界卫生组织（World Health Organization，WHO）报道（2002 年），世界上大约 60% 的人不能满足每天 30 min，每周 3 次及以上的中等强度运动锻炼（运动锻炼最基本的健康受益强度）。身体活动有益健康的全球建议分为四个年龄组（源自美国运动医学会资料）：5 岁以下年龄组；5～17 岁年龄组；18～64 岁年龄组；65 岁及以上年龄组。下面介绍对每一年龄组的建议。

**1. 5 岁以下年龄组**

(1)鼓励不会独立步行的孩子多采用爬行和水中运动。

(2)鼓励能够独立步行的孩子通过多种形式运动，活动到多个肌群。每天至少应该活动 180 min。

(3)尽量减少孩子静坐少动的时间；减少面对屏幕和坐在婴儿车里的时间。

**2. 5～17 岁年龄组**

(1)对于该年龄组的儿童和青少年，身体活动包括在家庭、学校和社区中的玩耍、游戏、体育运动、交通往来、家务劳动、娱乐、体育课或有计划的锻炼等。

(2)应每天累计至少 60 min 中等到高强度的身体活动。

(3)大于 60 min 的身体活动可以提供更多的健康效益。

(4)大多数日常身体活动应该是有氧活动。同时，每周至少应进行 3 次高强度身体活动，包括强壮肌肉和骨骼的活动等。

**3. 18～64 岁年龄组**

(1)18～64 岁成年人的身体活动包括在日常生活、家庭和社区中的休闲时间活动、交通往

来(如步行或骑自行车)、职业活动(如工作)、家务劳动、玩耍、游戏、体育运动或有计划的锻炼等。

(2)为了增进心肺、肌肉和骨骼健康以及减少非传染性疾病和抑郁症风险,18～64 岁成年人每周至少 150 min 中等强度有氧身体活动,或每周至少 75 min 高强度有氧身体活动,或中等和高强度两种活动相当量的组合。

(3)有氧活动时间应该每次至少持续 10 min。

(4)每周至少应有 2 d 进行大肌群参与的抗组训练活动。

**4. 65 岁及以上年龄组**

(1)对于 65 岁及以上的成人,身体活动包括在日常生活、家庭和社区中的休闲时间活动、交通往来(如步行或骑车)、职业活动(如果仍然从事工作的话)、家务劳动、玩耍、游戏、体育运动或有计划的锻炼。为增进心肺、肌肉、骨骼和功能性的健康,减少非传染性疾病、抑郁症和认知功能下降等风险,老年人应每周完成至少 150 min 中等强度有氧身体活动,或每周至少 75 min高强度有氧身体活动,或中等和高强度两种活动相当量的组合。

(2)有氧活动应该每次至少持续 10 min。

(3)为获得更多的健康效益,该年龄段的成人应增加有氧活动量,达到每周 300 min 中等强度或 150 min 高强度有氧活动,或中等和高强度两种活动相当量的组合。

(4)活动能力较差的老年人每周至少应有 3 d 进行增强平衡能力和预防跌倒的活动。

(5)每周至少应有 2 d 进行大肌群参与的增强肌肉力量的活动。

(6)由于健康原因不能完成所建议身体活动量的老人,应在能力和条件允许范围内尽量多活动。

在一些教材和资料中,体力活动和运动锻炼经常交换使用,但这两个术语并不是同义词。体力活动是指由骨骼肌收缩引起的、在静止的能量消耗基础上能量消耗增加的任何身体运动,涉及职业性、交通性、家务性、娱乐性等活动。运动锻炼是一种有计划、有组织、可重复的,旨在促进或维持一种或多种体适能的体力活动。体适能被定义为人们拥有或获得的、与完成体力活动的能力相关的一组要素或体征。针对一般工作或家务劳动不能代替运动锻炼的观点,本书以运动锻炼概念作为体适能测试、运动处方制订等方面的常用术语。

系统的运动锻炼与心血管疾病、高血压、脑卒中、骨关节炎、2 型糖尿病、肥胖、结肠癌、乳腺癌、焦虑和抑郁之间的负相关关系的证据越来越多。这些证据来源于大量实验室研究和大样本人群观察研究。大量的流行病研究都清楚地表明运动锻炼与不同性别、不同种族人群心血管疾病风险和早期死亡率之间的剂量反应关系。美国的有关专家对多名不同性别人群的运动锻炼或体适能的多年个人随访资料进行了数据分析,结果显示体力活动、体适能和冠状动脉疾病及心血管疾病风险之间的剂量相关关系如图 1-1 和图 1-2 所示。

经常参加运动锻炼能够明显地改善个人的健康水平。根据 ACSM 发布的权威总结报告,运动对于健康的益处主要表现在:

①增进心血管和呼吸系统的功能,包括增加最大摄氧量、降低非最大运动负荷的心肌耗氧、降低非最大运动负荷时的心率和血压、减少乳酸生成、减少运动过程中的心绞痛现象。

②减少冠状动脉疾病的危险,包括降低安静状态下的收缩压和舒张压、增加血液高密度脂蛋白含量、减少全身脂肪含量、增强葡萄糖耐受和减少胰岛素需求。

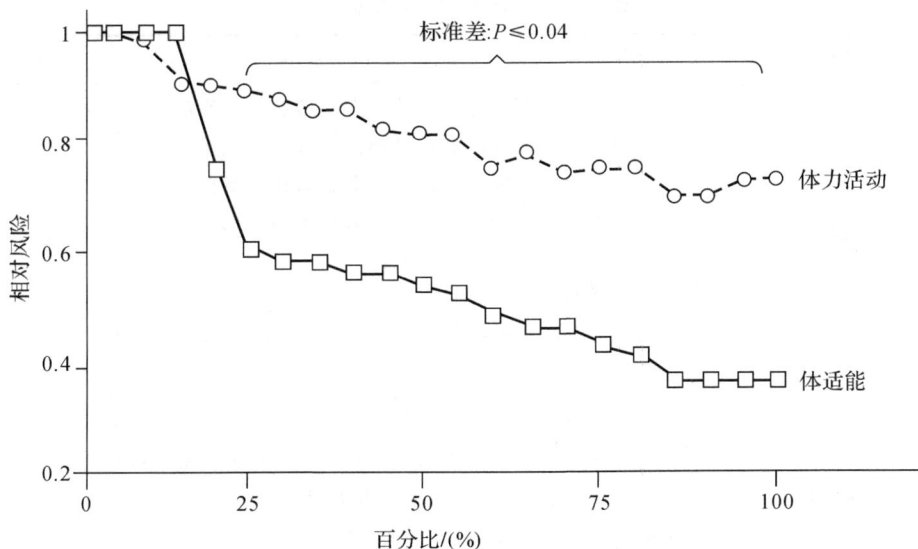

图 1-1　通过体适能和运动锻炼评估动脉粥样硬化型心血管疾病的剂量反应曲线[①]

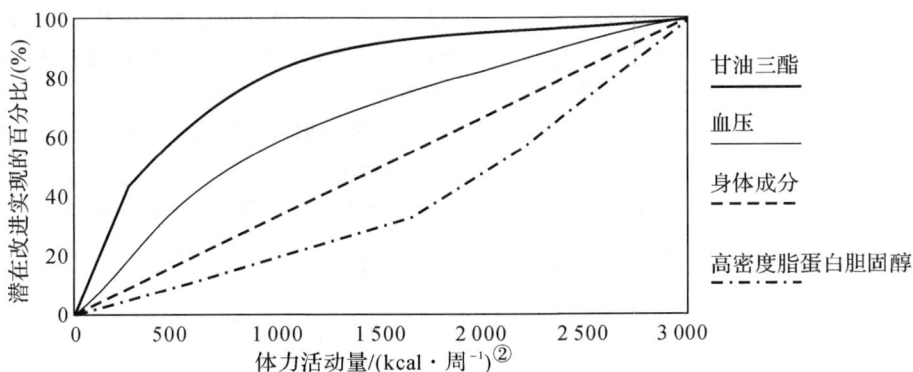

图 1-2　体力活动量与潜在改进实现的百分比之间的关系

③减少患病率和死亡率。

④降低焦虑水平和精神沮丧、增强自我健康感觉、保持并改善人体工作能力和运动成绩。另据其他研究证明,坚持规律运动还能够在一定的程度上改善机体免疫功能,提高机体的抗病能力,减缓机体的衰老速度,改善糖尿病、骨质疏松、关节炎、精神紧张、焦虑和抑郁等身心疾病的病情,提高睡眠质量,预防骨质增生和恶性肿瘤生成,改善自我形象,提高自我生活满意度和社会适应能力,对社会交往和认知功能也有一定的促进作用。运动锻炼的益处概括见表1-1。

①　引自:Physiacal fitness and activity as separate heart disease risk factors:a meta - analysis. Med Sci Sports Exerc,2001,33(5):754 - 761.

②　1 kcal＝4.1868×10³ J.

表 1-1 运动锻炼的益处

| 益 处 | 说 明 |
|---|---|
| 改善心血管和呼吸功能 | 通过改善中枢和外周的适应力而增加最大摄氧量;<br>进行绝对次大强度活动可降低每分钟通气量;<br>进行绝对次大强度活动可降低心肌耗氧量;<br>进行绝对次大强度活动可降低心率和血压;<br>增加骨骼肌毛细血管密度;<br>增加运动时血乳酸阈值;<br>增加运动时疾病症状或体征(如心绞痛、缺血性 ST 段压低、跛行)出现的阈值 |
| 降低冠状动脉疾病危险因素 | 降低静息收缩压/舒张压;<br>增加血清高密度脂蛋白胆固醇和降低血清甘油三酯;<br>降低机体总脂肪,减少腹腔内脂肪;<br>减少胰岛素需要量,改善葡萄糖耐量;<br>减少血小板黏附和凝集 |
| 降低发病率和死亡率 | 一级预防(如预防和干预初次发病);<br>较强的活动和/或体适能水平与降低冠状动脉疾病的死亡率相关;<br>较强的活动和/或体适能水平与降低合并心血管疾病、冠状动脉疾病、脑卒中、2 型糖尿病、骨折、结肠和乳腺癌及膀胱疾病的发生率相关。<br>二级预防(如一次心脏发病后的干预[预防下次发作]);<br>基于数据分析(合并交叉研究数据),心肌梗死后患者参与心脏康复性运动训练可减低心血管疾病发作和死亡率;<br>心肌梗死后患者心脏康复运动训练随机控制试验并不能减少非致死性再梗死的发生 |
| 其他收益 | 减缓焦虑和抑郁;<br>增强老年人的体质和独立生活能力;<br>增加幸福感;<br>增加工作、娱乐和活动能力;<br>减少老年摔倒或因跌倒而受伤的风险;<br>预防或缓解老年人的机体功能受限;<br>增强老年人慢性疾病的疗效 |

# 1.2 运动不足可能导致的疾病

世界卫生组织认为:体力活动不足成为 21 世纪最大的公共卫生问题。联合国与 WHO, ACSM 等专业组织于 2011 年 9 月联合召开慢性非传染性疾病联合国高峰论坛,积极推进"体力活动是减少慢性非传染性疾病最有效的策略"的理念。同时大量研究证实:体力活动是减少慢性非传染性疾病最有效的策略,在预防、延缓、逆转和治疗慢性非传染性疾病中发挥着重要作用。体力活动不足成为人类健康最大威胁,成为 21 世纪最大的公共问题。体力活动不足为全球慢性病死亡的第四大危险因素(归因危险度百分比:高血压 13%,烟草滥用 9%,高血糖 6%,体力活动不足 6%,超重与肥胖 5%)。

　　对于积极参加运动锻炼人群,每周的运动时间在 150 min 左右或者每周消耗的能量在 1 000 kcal左右,采取中等强度的运动锻炼可以降低近 50% 发生冠心病的风险并使高血压、糖尿病、结肠癌的发病率降低;同时对于女性采取 1.25～2.5 h/周的快走可减少 18% 的乳腺癌的发生率,但是如果运动不足或静态生活方式可能会导致一些疾病的发生。

　　Hamilton 于 2004 年提出关于体力活动不足的生理学假说,即久坐过多和其他不活动的行为有害健康,他认为即使达到 ACSM 所推荐的运动量,但如果久坐过多,仍然属于体力活动不足的人群。久坐过多是运动过少的补充,而且在含义上久坐过多区别于运动过少。"静坐少动"应定义为缺乏全身性的肌肉活动而并非运动不足,这一观点得到越来越多学者支持。"静坐少动行为"应定义为:能量代谢消耗低于 1.5 倍基础代谢的觉醒状态,如坐着、躺着、看电视和其他形式基于屏幕的娱乐活动。

　　运动不足/静态生活方式描述如图 1-3 所示。运动不足/静态的生活方式可能导致的疾病主要有:

　　(1)心血管方面的疾病(高血压、血脂异常、心肌梗塞、冠心病、动脉粥样硬化、充血性心力衰竭)。

　　(2)代谢性疾病(超重、肥胖、糖尿病、骨质疏松)。

　　(3)呼吸系统疾病(肺气肿、哮喘病、慢性支气管炎)。

　　(4)肌肉骨骼紊乱性疾病(腰背痛、骨折、退行性关节炎)。

　　(5)癌症:乳腺癌、肺癌、结肠癌、前列腺癌。

　　(6)心理不适(压力、情绪、焦虑)及神经官能症(神经官能症又称神经症,或精神神经症,是一组精神障碍的总称,包括神经衰弱、强迫症、焦虑症、恐怖症、躯体形式障碍等)。

　　合理的运动锻炼对以上疾病的预防与治疗有积极的作用。

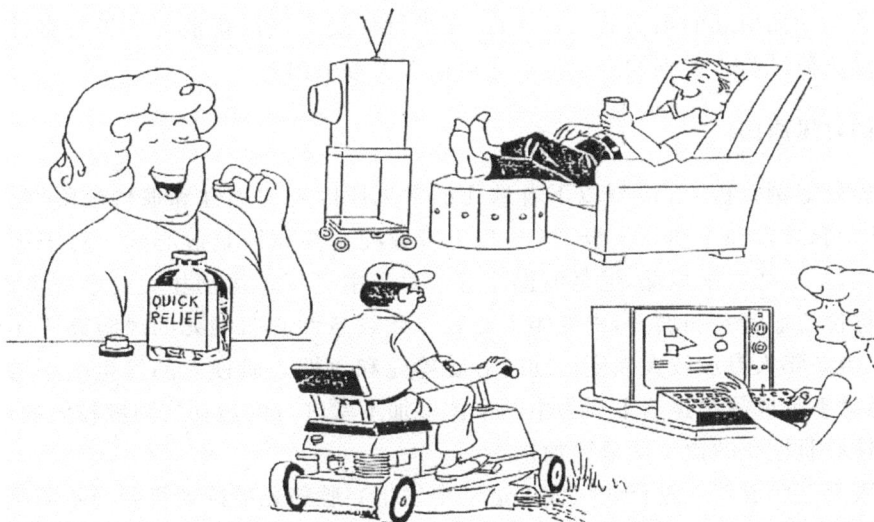

图 1-3　运动不足/静态生活方式描述

# 1.3　运　动　风　险

健身者在进行运动锻炼时,甚至在制订运动处方时的运动测试中有一定的风险,包括运动损伤和诱发心血管疾病,甚至可能导致猝死。在健身者参加的运动锻炼项目中有时要求运动强度很高,高强度训练或竞赛对健身者的心血管系统有极高的要求,并且增加了肌肉骨骼系统受到损伤的危险。有时健身者也会受到运动锻炼过度的困扰,甚至在增强体质的同时受到运动损伤的困扰,而被迫停止运动锻炼。

事实上,进行中等强度的运动锻炼其危险性是非常低的,只有在剧烈运动的时候才会使心肌梗塞或者猝死的危险增加。从总体上看,由于运动锻炼参加者发生心脏病的危险降低,所以保持静态生活的人虽然不存在由运动带来的危险,但其总的发病危险仍然比运动健身者大。但同时作为健身者,如果身体出现以下疾病,在运动锻炼时要加强注意,同时要和自己的健身教练或医生进行交流和沟通,如先天性心脏病患者(如原发性心肌肥厚、马凡氏综合症、动脉狭窄重症者、心传导系统异常等)阻塞性肺部疾病和心肌炎等。研究表明,运动性猝死患者高危人群年龄30～50岁,以40～50岁为高峰。在运动中或运动后24h内非创伤性意外死亡,发生率为0.002 5%～0.023%。

根据权威组织发布的关于体育活动与心血管健康的报告书中的建议,具有上述异常问题者仍应参加活动,但不应进行剧烈运动和竞赛性的运动。

一般来说,具有正常心血管系统的健康个体进行运动不会引起心血管事件的发生。健康个体进行中等强度活动引起心脏骤停或心肌梗死的风险是很低的。然而,对于已诊断为心血管疾病,较大程度的体力活动可增加心脏猝死和/或心肌梗死发生的风险。因此,此类事件的风险取决于人群中心脏病的流行状况。对于希望增加运动锻炼水平人群的评估分层见第2章。

为了避免运动而引起的损伤甚至是死亡,在进行计划运动锻炼前应该进行有针对性的医学检查和运动负荷试验。详细检查指标参考后面有关章节内容。

**1. 猝死的常见原因**

对以往猝死案例分析中,35岁以下者致死的常见原因有先天性和遗传缺陷,包括肥厚性心肌病、冠状动脉异常和主动脉狭窄,35岁以上者致死主要原因是冠心病。对于运动相关的非创伤性死亡,虽然死亡率很低,但是值得注意。对于中老年人运动相关的心脏事件,主要是由于动脉粥样性心血管疾病增多,中老年人心脏猝死或急性心肌梗死的风险高于年轻人。与年轻人相比,中老年人参加较大强度运动时心脏猝死和急性心肌梗死的发生率是增高的。另外,在多数运动不足或静态生活方式为主的个体参加不常进行的运动或强度较大的运动时,心肌猝死和急性心肌梗死的比率明显增加。

对于健康无症状成年人进行较大强度运动中发生心脏猝死的确切机制尚不明确。然而有证据显示,心脏收缩频率和冠状动脉搏动幅度的增加导致冠状动脉的扭曲,这可能会导致粥样硬化斑块的破裂,引起血小板凝集,或急性血栓形成。这一过程已被运动诱导的心脏事件个体的血管造影所证实。明确诊断患有冠状动脉疾病患者在运动中发生心血管意外的风险最高。

**2. 在运动时心脏意外的预防**

由于与较高强度运动有关的心脏事件发生率很低,因此验证此类事件发生的概率是十分困难的。近期 ACSM－AHA(美国心脏协会)声明的"内科不应当过高评价运动风险,因为习惯性体力活动的收益性显著超过了运动风险"的报告中还提出了数种降低较大强度运动中心脏病发生率的策略。

(1)健康护理专业人士应了解运动相关事件的病理基础,从而可以对参加体力活动的儿童和成年人进行大致评估。

(2)运动个体应了解心脏病的先兆症状(如极度不寻常的疲劳感和胸部和/或肩背部疼痛),并在类似症状出现时及时进行治疗。

(3)运动个体应接受专业的运动前筛查。

(4)健康护理机构应确认其工作人员接受过心脏急诊的训练,并有专门的计划及相关急救设备(见附录 A)。

(5)运动个体应根据其不同的运动能力、日常活动水平和环境来调整自己的运动计划。

目前,对于减少运动中心血管事件发生次数的策略仍未被系统地研究过,当个体在提高体力活动和/或提高体适能的水平时,运动专业人士有责任提高警惕,各年龄个体均应进行危险分层、医学评估和筛查,决定运动测试的类型以及测试中是否需要医务监督。个体患有确诊或可疑的心血管、肺脏或代谢性疾病应在参加较大强度运动之前获得医生许可。监督较大强度运动项目的运动专业人士应定期接受有关心脏支持和急救程序的培训,并规律地复习和训练。

# 1.4　慢　性　疾　病

体力活动在预防、延缓、逆转和治疗慢性疾病中发挥着重要作用。大量科学研究的证据表明适当运动可以减少 40% 心脏病风险,27% 中风风险,50% 高血压发病率,近 50% 糖尿病发病率,50% 乳腺癌的死亡率和发病率,60% 结肠癌风险。

**1. 慢性疾病及其危险因素**

慢性非传染性疾病(Non－communicable Diseases,NCDs)简称慢性疾病,不是特指某种疾病,而是对一类起病隐匿、病程长(一般为 3 个月以上)且病情迁延不愈、缺乏明确的传染性生物病因证据、病因复杂或病因尚未完全确认的疾病的概括性总称。

人类正经历着从传染性疾病猖獗向慢性非传染性疾病为主转变的过程。由于社会经济等各种因素的差异,有些国家和地区在 20 世纪 70 年代即已完成了这种转变,慢性病已成为主要死因;有些国家和地区正处在转变之中;还有些国家和地区,传染病仍是主要死因。虽然如此,但人类疾病谱由传染病逐渐转向慢性病,是当代疾病发展的总趋势。

有关慢性非传染性疾病概念的看法尚不一致。比较共同的意见包括:心脑血管疾病,如高血压、冠心病、脑卒中;恶性肿瘤;代谢性异常,如糖尿病、精神异常和精神病、遗传性疾病;慢性职业病,如矽肺、化学中毒等;慢性气管炎和肺气肿;其他。

1)慢性病流行概况

慢性病是人类健康最大的挑战之一。我国在经济快速增长的同时,也迎来了慢性病的高负担期,慢性病发病率迅速上升,并呈现年轻化趋势。2017年2月国务院发布《中国防治慢性病中长期规划(2017—2025年)》。目前明确诊断的慢性病患者超过2.6亿人。慢性病占我国人群死因构成的85%、疾病负担的69%。慢性病给家庭生活、卫生服务系统和公共财政带来了巨大压力,对低收入人群的影响尤为严重,已经成为严重的公共卫生问题和社会问题。引用中央电视台2018年5月22日新闻1+1的报道:我国高血压人口的数量已达到2亿人;糖尿病患者达9 240万人,另外有1亿4 000万人血糖增高;心血管疾病患者超过2亿人,占我国每年总死亡人数的1/3;现在我国每年总死亡人口数为960万人,其中慢性病死亡比例占83.3%。中国已成为"慢性病大国",慢性病负担越来越重。慢性疾病不仅是发达国家,而且是发展中国家的重要公共卫生问题,已成为威胁人类健康的首要疾病。

2)慢性病致病因素及医学新模式

(1)多病因的观点和医学新模式。从病因学观点系统地论述影响健康与疾病的各种因素,可对预防提供指导作用。

现代医学认为,影响健康的主要因素有:

①环境因素:除了生物因素外,同时有物理、化学、社会、经济、文化等因素,亦即有自然环境、社会环境和心理环境的因素。

②生活方式:营养、风俗习惯、嗜好(吸烟、饮酒等)、体育锻炼、精神紧张等。

③生物遗传因素。

④卫生服务:社会上医疗卫生的设施和制度及其利用。

这四个因素相互依存、相互影响,通过人口学特征、文化系统、人们的满足感或精神状态、生态平衡及自然资源互相联系起来并保持平衡状态。

预防这四种因素的不良作用已远非单纯应用生物医学方法所能解决,同时还必须注意致病的社会、心理等因素,因为人类本身具有整体性和社会性的特点,人体处于内环境与外环境各种因素相互联系、相互作用的生态关系之中,人们对医学与健康的思维日趋全方位和多层次。一方面,慢性非传染疾病的研究取得了重大进展;另一方面,许多慢性非传染性疾病又远远不能得到控制(尤其是肿瘤和心血管疾病)。一方面,人类的寿命得到了大大的延长;另一方面,也相应提出了生命质量的高需求。因此,医学模式自然由生物医学模式逐渐发展为生物—心理—社会医学的现代医学模式。

随着医学模式的发展,健康观念也发生了相应的改变,由消极地治疗疾病保持健康,到积极地预防疾病促进健康;健康的范围也由个体健康扩大到群体;健康的要求也由生理健康发展到心理健康;健康的内涵已经逐步由生物健康的领域扩展到社会健康的领域。

不良的生活方式是慢性病最重要的致病因素。不良的因素主要包括吸烟、超重与肥胖、过量饮酒、摄入蔬菜水果不足、缺乏运动、血脂异常、高血压、糖尿病、紧张压力、不安全性行为等。目前发展中国家和发达国家的死亡方式大致相同,生活方式疾病将成为世界头号杀手。

**2.慢性病防治策略**

根据绝大多数慢性疾病可以治疗但治愈难的特性,慢性疾病防治的目的:在生命的全程预防和控制慢性疾病的发生和推迟发病;降低慢性疾病的患病率,及其引起的早亡及失能;提高病人及伤残者的生活质量。

慢性疾病往往是"一因多果、一果多因、多因多果、互为因果",各种危险因素之间及与慢性疾病之间的内在关系已基本明确。慢性疾病的发生、发展一般依从正常人—高危人群—疾病—并发症的过程。

由于许多慢性疾病都有共同的危险因素(见图 1-4),因此在慢性疾病的预防过程中,要从单个的疾病预防转移到预防影响疾病的危险因素上来。慢性病起源于生命的早期,发病的高峰在中青年时期,而死亡多发生在老年期。因此,慢性病的控制强调从小抓起。预防慢性病时应从社会、经济、环境全方位解决健康问题,以生态学模式及科学的行为改变理论为指导,建立以政策及环境改变以及人群健康教育为主要策略的综合性行为危险因素干预项目。特别是强调健康促进三级预防。随着改革开放的深化,我国人民的生活水平不断提高,高蛋白、高脂肪、少膳食纤维的饮食方式,吸烟率逐年上升,女性烟民增加,再加上社会竞争日益激烈,体育活动减少,这些都预示着慢性病发病率的加速上升将是不可避免的。

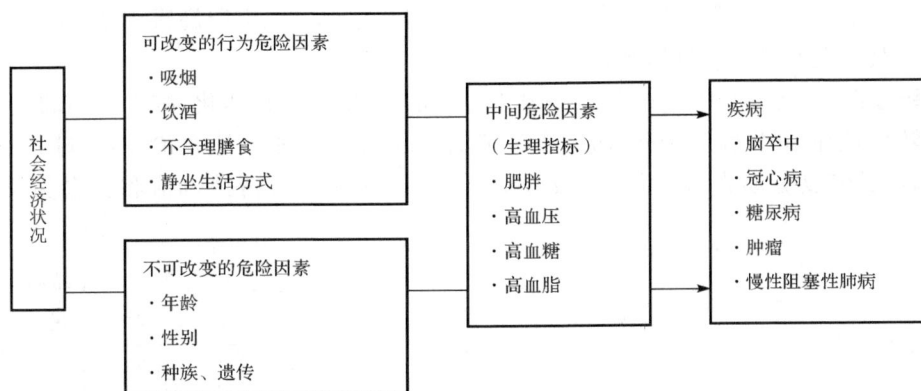

图 1-4　常见慢性疾病及其共同危险因素之间的内在关系

慢性疾病是危害全球健康的一类疾病,各个国家都在致力于慢性疾病的防治研究和治疗,西方一些国家对慢性病的防治已取得一定效果(例如芬兰),但总体上慢性病治疗没有取得显著效果。从临床效果看,只能是缓解病情或改善症状,而很难治愈。同时现代医学在对疾病治疗的同时,也导致医源性、药源性疾病增多(婴幼儿时期肾上腺激素的使用,形成终身肥胖)。运动不足或静态的生活方式是导致或加速某些慢性病形成的主要原因之一。近 22% 冠心病患者是缺乏体力活动和静态生活方式引起的(世界卫生组织(WHO)2004 年))。

1)疾病的三级预防

疾病,不论其病因是否确定,在不给任何治疗和干预的情况下,从发生、发展到结局的整个过程称为疾病的自然史(Natural History of Chisease)。可将疾病的自然史粗略地分为发病前期、发病期和发病后期三个阶段。

在发病前期,虽未发病,但已存在各种潜在的危害因子,如血清胆固醇高是冠心病(CHD)的危险因子,吸烟是肺癌的危险因子,肥胖是糖尿病的危险因子。发病前期也可包括某种病理生理的改变,如血管粥样硬化等。在发病期,一般都有轻重不一的临床表现。在发病后期,其结局可能是痊愈或死亡,也可能会留下后遗症以至残疾等。

在疾病自然史的每一个阶段,都可以采取措施防止疾病的发生或恶化。因而预防工作也可以根据疾病的自然史相应地分为三级:第一级预防为病因预防;第二级预防为“三早”预防,即早发现、早诊断、早治疗；第三级预防为对症治疗、防止伤残和加强康复工作。这就是疾病的三级预防(见图 1-5)。

第一级预防也称初级预防(Primary Prevention)，主要是针对致病因子(或危险因素)采取的措施，也是预防疾病的发生和消灭疾病的根本措施，其中包括自我保健和健康教育。自我保健即在发病前期就进行干预，以增强人的健康状况，促进健康。健康教育是以教育手段促使人们主动采取有利于健康的行为，从而消除危险因素，预防疾病，促进健康。在致病因子或机制尚不明确或尚未出现之前，尽可能地保持健康体魄而采取的各种措施，是对健康的人和人群而言的，这又称为"原始预防"或"原级预防"。在三级预防中，它应是第一级预防的核心。第一级预防还包括保护和改善环境，旨在保证人们生产和生活区的空气、水、土壤不受"工业三废"——废气、废水、废渣和"生活三废"——粪便、污水、垃圾，以及农药、化肥等的污染。

第二级预防(Secondary Prevention)又称"三早"预防，它是发病期所进行的防止或减缓疾病发展的主要措施。为了保证"三早"的落实，可采用普查、筛检、定期健康检查、高危人群重点项目检查以及设立专科门诊等措施。

第三级预防(Tertiary Prevention)主要为对症治疗，防止病情恶化，减少疾病的不良作用，防止复发转移，预防并发症和伤残；对已丧失劳动力或残废者，通过康复治疗，促进其身心方面早日康复，使其恢复劳动力，病而不残或残而不废，保存其创造精神价值和社会劳动价值的能力。

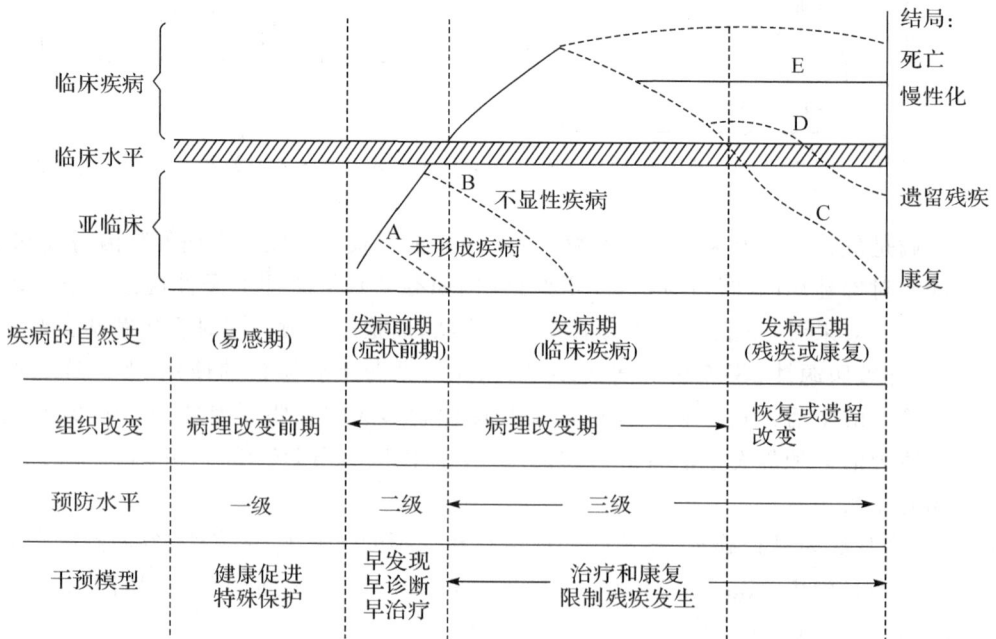

图 1-5 疾病自然史和三级预防关系示意图

2)慢性病预防对策

控制慢性病的增长是人类跨世纪的英明战略。令人欣慰的是，加强慢性疾病的预防在一些国家和地区已取得一定的成效。

(1)加强领导：坚持改革，加强慢性病防治的机构建设；慢性病防治是一项巨大的社会系统工程,没有行政领导的观念更新和高度重视,没有坚强有力的组织机构,没有整个社会的积极参与,单靠卫生部门少数医务人员孤军奋战,则控制慢性病只能是一种美好的空想。

(2)综合卫生的概念:综合卫生是 WHO 针对生活方式疾病的规划,它是以这样的概念为依据的,即应共同防治由不健康生活方式的共同原因引起的疾病。这样可以更为有效和更为经济。这是 WHO 1990 年在赫尔辛基发起的,其思想基础是:同一病因(即某种不健康的生活方式)造成的疾病不应分别处理,而应一起处理。WHO 估计,实施综合规划,提倡健康的生活方式,至少可以使死亡率降低 50%。

(3)加强慢性病病因的流行病学调查:寻找危险因素及保护因素,阐明确切病因和疾病形成模式,以明确预防什么和如何预防。

(4)改变和避免不良的生活方式和行为:建立良好的健康的生活方式和行为,从而达到预防慢性病、增进健康的目的。不良的生活方式和行为主要包括吸烟、饮酒、不合理的膳食、钠摄入过多、钾摄入过少、精神紧张、静态的生活方式、体力活动少等。

近年来慢性病的低龄化趋势也提示,要从长远利益考虑,今后的慢性病防治应进一步关注低龄人群,强化从低龄开始控制风险的意识。建立健全慢性病风险行为干预机制。

3)慢性病主要危险因素的人群干预

老龄化人口的增加、社会竞争压力的增大等多因素造成慢性病人数迅速增加,对慢性病主要危险因素进行干预和慢性病防治刻不容缓。

(1)转变观念。慢性病的预防和治疗由西医治疗的指导思想转化以中医经络调理和科学化的运动锻炼上来;对慢性病的防治指导思想重点放在生命早期上来进行预防。

(2)个体化诊疗。在《未来医学的发展方向——个体化诊疗》一文中对"个体化诊疗"的表述是"个体化诊疗是基于以人为本、因人制宜的思想,充分注重人的个体化差异性,进行个体医疗设计,采取优化的、有针对性的治疗干预措施,使之更具有有效性和安全性,并据此拓展到个性化养生保健以及包括人类生命前期的生命全过程,从而实现由疾病医学向健康医学的转化"。

(3)健康教育。健康教育的开展就目前来讲仍然是针对中老年人或者慢性病患者等开展的健康讲座(多数都是讲座的形式进行开展的,在这种情况下,已是"亡羊补牢",身体自然在很大程度上受到伤害),针对慢性病患者进行健康教育的同时要注重对青少年的健康教育,特别是在慢性病的预防方面。

对于不良生活习惯,错误的健康观念,慢性病知识淡薄(在大学生中间存在的慢性病危险因素主要包括吸烟、运动不足或静态生活方式、不合理膳食、单纯性肥胖、心理压力)等危险因素,如果不加以控制或调整,将来有可能发展为慢性病。高校学生健康风险行为在普遍增多,相应的健康教育及行为干预工作却明显滞后,这将潜伏着巨大的慢性病危机。面对客观现实,应尽早认识到对高校学生加强慢性病干预工作的必要性。

4)慢性病干预流程

(1)信息收集。

基本情况:年龄、性别、职业、文化程度、劳动强度等。

危险因素:既往史、家族史、生活习惯(吸烟、饮酒)、体育活动、经济状况等。

相关疾病史:心、脑血管病,糖尿病,肥胖症,肾脏病,血管疾病等。

基本体检:血压、身高、体重、身体质量指数(BMI)、腰围。

辅助检查:血糖、血脂、血尿酸等。

(2)风险评估。慢性病的干预与管理需要卫生系统内各级疾控机构、专病防治机构、基层医疗卫生机构和医院的密切协作,需要其他部门的支持,以及社会和民众的积极参与。干预工作需要面向三类人群:一般人群、高危人群和患病人群;重点关注三个环节:危险因素控制、早诊早治和规范化管理;注重运用三个手段:健康促进、健康管理和疾病管理。围绕高血压、糖尿病、心脑血管病、肿瘤等重点慢性病,积极开展社区防治和健康教育,重视高危人群管理,控制社会和个人危险因素,推广有效防治模式,努力减少疾病负担。

根据我国慢性病及其危险因素流行特征,结合世界卫生组织《烟草控制框架公约》《饮食、身体活动与健康全球战略》等战略目标,我国现阶段慢性病干预与管理工作重点针对烟草使用、不合理膳食、身体活动不足三种行为危险因素,超重/肥胖、血压升高、血糖升高和血脂异常四种生物学指标异常,以及心脑血管病、恶性肿瘤、慢性呼吸系统疾病、糖尿病四类慢性病。

5)慢性病高危人群

(1)确定高危人群标准。在循证医学基础上,结合地区慢性病流行特点和人、财、物力投入情况,提出高危人群的判断标准。高危人群判断标准需遵循以下原则:

①按慢性病危险度评估方法科学确定判定指标及其水平。

②指标不宜过多,应易于操作,成本低,便于推广。

③高危人群的判定标准具有阶段性,可随支持性环境建设、卫生投入、技术投入、社会参与力度的不断改善逐步下调,从而覆盖更多的对象。

建议把具有吸烟、肥胖、血压正常高值、糖调节受损(含空腹血糖受损和糖耐量低减)和高脂血症中任何一项的个体列为慢性病的高危个体。

(2)积极发现高危个体。创造方便高危人群发现的条件和政策环境,宣传高危人群早期发现的重要性和方法,鼓励在家庭、社区、单位、公共场所提供便利条件,发现高危人群。医疗卫生机构可通过日常诊疗、健康档案建立、单位职工和社区居民的定期体检、从业人员体检、大型人群研究项目等途径发现高危人群。

(3)高危人群的干预和管理。为防止或延缓高危人群发展为慢性病,高危人群需要定期监测危险因素所处水平,不断调整生活方式干预强度,必要时进行药物预防。疾病控制机构和医疗卫生机构对高危人群在群体和个体水平实施针对性的健康教育和健康管理。基层医疗卫生机构是高危人群发现、生活方式干预和管理的主要承担者。有条件的地区将高危人群纳入基层医疗卫生机构的健康管理体系。高危人群个体化的健康管理包括以下内容。

①收集危险因素信息。危险因素水平,可为生活方式干预和药物预防提供依据。如对于血压正常高值者,每半年测量血压一次;对于超重、肥胖,每季度测量体重一次;对于糖调节受损(含空腹血糖受损和糖耐量低减)者,每年测血糖一次;对于血脂异常者,每年测量甘油三酯和总胆固醇一次;对于吸烟者,每半年询问一次吸烟情况。对伴有多种危险因素和同时伴有其他慢性病的患者,监测频率还需加强。

促进相关部门提供便于体重、血压、血糖等慢性病危险因素监测的政策、环境和设备,同时提倡居民自我监测,为居民推荐适宜的监测工具和监测方法。

②强化生活方式干预。高危个体需采取连续性强化生活方式干预,最好纳入系统的健康管理体系。干预的内容主要包括合理膳食、平衡膳食、减少钠盐摄入、适当体力活动、缓解心理压力、避免过量饮酒等。强化生活方式干预需要坚持以下原则:

　　a. 强度适中,循序渐进:需针对个体情况,医患共商,确定干预可能达到的阶段性目标。

　　b. 长期坚持,形成习惯:长期坚持良好的生活方式,逐步形成习惯,才能取得良好的效果。

　　c. 亲友互助,强化习惯:强化干预需要家人和朋友的配合。一方面,亲友的配合为戒烟、合理膳食等行为改变提供了支持;另一方面,亲友的支持有助于增进感情,使家庭和睦社会和谐;另外,高危个体的家人甚至是同事往往具有相似的行为习惯,共同培养健康生活方式有助于亲友的健康。

　　d. 同伴共勉,提高信心和技能:强化干预要充分发挥同伴教育的作用,运用"自我管理"技能。高危个体参加"兴趣俱乐部"或"病友俱乐部"等,有助于同伴间交流经验,增强信心,长期坚持,降低成本。

　　强化生活方式干预需遵循以下步骤:

　　a. 确定个体存在的危险因素和所处水平,了解其知识、态度和行为改变状况。

　　b. 分析控制各种危险因素对预防慢性病作用的大小,提出循证医学建议。

　　c. 结合实际情况,综合考虑各种危险因素控制的难度和可行性,制订危险因素控制优先顺序、阶段目标和干预计划。

　　d. 创造方便的危险因素监测、咨询和随访管理的支持性环境;鼓励高危个体争取亲友、同事的配合,积极参与病友活动组织。

　　e. 实施干预,配合经常性的监测与评价。

　　③控制其他的并存疾病或危险。血压升高、超重肥胖、血糖升高或糖尿病、血脂异常和吸烟均是心血管病独立的危险因素,同时又有交互作用。高危个体在监测危险因素、强化生活方式干预(包括控烟)的同时,尚需加强对体重、血糖和血脂等指标的监测和控制。

　　6)慢性病主要干预手段

　　(1)健康生活方式行动干预。

　　①根据《卫生部办公厅关于开展全民健康生活方式行动的通知》精神,开展全民健康生活方式行动;充分发挥政府相关部门的作用,营造有利于健康的政策环境、生活环境和工作环境;鼓励相关部门为个人、家庭和集体人群采取健康生活方式提供咨询和有关技术服务。

　　②充分利用电视、广播、报纸、期刊及网络等传媒手段,根据不同人群特点,以群众喜闻乐见和易于接受的方式,普及健康生活方式的有关知识。

　　③广泛发动社会参与,鼓励相关企业和团体参与健康生活方式行动,创建健康生活方式示范社区、单位、学校,形成全社会支持、参与健康生活方式行动的环境和氛围。

　　④开发和推广简便易行,适用于个人、家庭和集体单位的支持工具,支持社区、学校、单位和公共场所开展控烟、合理膳食和适当运动等健康生活方式活动。

　　(2)烟草控制干预。吸烟是大约 25 种主要慢性疾病的首要危险因素,包括口腔、咽喉、喉、胰腺、肾、食管、膀胱癌症,可能涉及胃与宫颈癌,还可导致慢性肺病和心血管疾病。现在每年有约 400 万人死于由烟草制品引起的疾病。

　　综合性控烟的目标包括:降低青少年吸烟率;提高群众不吸烟率;教育学龄儿童有关吸烟对健康的影响;宣传吸烟的危害;强调吸烟者如何戒烟及戒烟的好处;给戒烟者提供支持和帮助;创造无烟的环境。为了实现上述目标,必须有明确的行动。

　　①加强政策倡导,促进出台公共场所、工作场所禁止吸烟法律、法规和制度,禁止烟草广告、促销和赞助制度等。

②采取多种手段,开展系统的烟草危害宣传与健康教育,改变社会敬烟送烟的陋习,提高人群烟草危害知识水平。

③开展吸烟人群戒烟指导和干预,重点开展医生培训,加强医生对病人的戒烟教育。

④指导医院、学校、政府机关、公共场所、社区、家庭创建无烟环境。

⑤加强对青少年、妇女、公务员、医生等重点人群的健康教育和管理,重点预防青少年吸第一支烟、医生吸烟和妇女吸烟。

(3)合理膳食干预。WHO主要针对慢性疾病控制的措施中指出:"限制饱和脂肪类及反式脂肪酸、盐和糖的摄入,多吃水果和蔬菜,增加体育锻炼。卫生服务机构应起预防作用,制定食品和农业政策,建立财政政策、监督系统,调整政策,对消费者的教育和信息交流,包括规范市场、健康教育和营养标签对人们的健康观念带来积极作用。"

①倡导合理膳食支持政策。促进营养立法和相关制度的出台,如食品营养标签法/制度、学生营养午餐制度、餐饮业健康饮食宣传制度等。

②营造合理膳食支持环境。针对居民膳食高盐高脂等问题,引导企业开发和生产健康食品;促使餐饮行业开发和宣传有利于健康的食谱或工具;针对食品生产、加工、销售、烹饪或就餐等环节,加强创建示范食堂和示范餐厅、培训家庭主妇健康烹饪技能等环境和技术的支持工作。

③加强合理膳食健康教育。通过各种途径或方式宣传合理膳食知识和技能,宣传和发放合理膳食支持工具,帮助居民掌握食物中油盐含量识别、烹饪中油盐用量控制方法等技能。针对慢性病病人和高危个体以及特殊人群(如孕妇、乳母、学生、老年人等)开展膳食指导工作,推广和普及《中国居民膳食指南》。

(4)科学运动干预。2002年WHO报告显示,静态生活方式时导致全球死亡的第8位主要危险因素。因静态生活方式导致的全球疾病占总量的3%～4%。目前,缺乏体力活动的现象已相当普遍。人群中有11%～24%的人属于静坐生活方式,还有31%～51%的人体力活动不足。目前,有68%的人没有达到推荐的有益健康的运动量。有数据显示:22%的冠心病、11%的缺血性脑卒中、14%的糖尿病、10%的乳腺癌、16%的大肠癌都是由缺乏体力活动所致。此外,缺乏体力活动还会导致骨质疏松、情绪低落、关节炎等疾病,也会引起生活质量下降、缩短寿命等后果。

①政策倡导与环境支持。广泛宣传和推进《全民健身条例》;倡导有关部门建设方便、可及、安全的体育设施环境,出台有利于步行或骑车出行的交通政策;鼓励和支持单位建立职工参加身体活动和锻炼的制度(如工间操制度)等。在多种场所标识合理的运动方式、运动强度、运动量、运动时间和运动目标,引导社区居民、单位职工和学校学生积极参与身体活动。

②确定促进科学运动锻炼关键信息,宣传运动锻炼的重要性和对健康的益处,宣传科学运动与安全知识,推广"不拘形式、不拘场所、动则有益、循序渐进、量力而行"的运动锻炼理念,促使居民将健身活动融入到家庭生活、出行、休闲和工作中。

③广泛开展有利于科学运动的健康促进活动。如在学校开展形式多样的体育锻炼活动;在工厂、机关和事业单位推行工间操以及经常性的体育运动和比赛;在社区建设促进运动锻炼基本设施,组织发动群众广泛参与运动锻炼或比赛等。

对于不同类型的慢性疾病运动处方方案见后面的章节。

## 1.5　科学运动新理念——运动是良医

全民健康问题一直是各国政府关注的热门话题,是各国经济可持续发展的源动力,也是众多相关学科科研工作者研究的重点内容。在世界发达国家,例如美国、欧洲等一些国家极为重视全民体力活动水平,强调运动锻炼在疾病防治中的重要性。美国在 1954 年成立美国运动医学会(American College of Sports Medicine, ACSM),该组织是由生理学、体适能、心脏学专家学者组成,是世界上最庞大和最受肯定的运动医学和运动科学组织,其职责是提升并整合科学研究、教育及运动医学和运动科学的实际应用,以维持和提升身体作业能力体适能。美国运动医学会在 2007 年提出了"Exercise Is Medicine"(EIM,国内学者有的翻译为"运动是良医",有的翻译为"运动是良药")的理念,强调运动锻炼的重要性,同时提出了运动锻炼要讲究科学性。以治疗和预防包括高血压、2 型糖尿病、心血管危险因素等等在内的大量慢性病为未来的发展目标。联合国与 WHO、ACSM 等专业组织于 2011 年 9 月联合召开慢性非传染性疾病联合国论坛,积极推进"体力活动是减少慢性非传染性疾病最有效的策略"的理念。同时西方很多高校将体育院系与医学院系归属同一部门管理,在教学上体现了"体医结合",体现学科的融合发展,培养了大批运动处方指导专业人员。

我国于 2012 年 6 月加入"Exercise Is Medicine"(EIM)的项目组织,随着《关于加快发展体育产业促进体育消费的若干意见》(国务院 2014[46]号),《全民健身计划纲要(2016—2020年)》、《"健康中国 2030"规划纲要》等政策的推行,全民健身和全民健康上升为国家战略,全民健身是实现全民健康的重要途径和手段,全民健身促进全民健康的过程即运动处方制订与实施的过程。科学运动促进全民健身得到广泛的认可。

科学运动锻炼即运动处方的制订与实施,其模式应该是适当运动+体力活动+减少静坐少动。

## 思　考　题

1.简述规律体育活动的益处。

2.简述运动不足/静态生活方式可能导致的疾病有哪些。

3.综述在运动过程中可能存在的运动风险。

# 第 2 章  健康评估与风险分层

内容提要：本章主要是从健康评估的目标、健康评估的程序、健康评估指标及其评估标准对健身者健康状况进行评估，依据评估结果对健身者进行健康风险分层。本章特别强调对健身者的心血管疾病的风险评估、代谢综合征评估、同时介绍多种评估的问卷。

## 2.1  健康评估概述

### 1.健康评估定义

健康评估（Health Assessment）指对所收集到的个体、群体健康或疾病相关信息进行系统、综合、连续的科学分析与评价过程，其目的是为诊治疾病，维护、促进和改善健康，管理和控制健康风险提供科学依据。

参加规律的运动锻炼可以获得生理学、心理学以及代谢上的健康益处，但是运动锻炼仍然存在很多已经证实的危险因素。在运动中有急性肌肉骨骼损伤的风险，较强运动导致的猝死和心肌梗死的风险增加。公共健康的主要目的是促使个人参与规律的中等/较大强度的运动锻炼，为了达到这个目标，必须认识个体在运动过程中增加的与运动相关的不良事件的风险。

本章为评价运动相关的不良事件的个体风险和针对个体在运动锻炼初始、结束后或锻炼的过程中提出适当建议，从而可以降低潜在的恶性事件发生。

### 2.运动前健康筛查的目的

在参与运动之前，应对参与者进行筛查。筛查的因素包括表现、体征、症状和/或多种心血管、肺部疾病的危险因素以及代谢性疾病和其他状态（如妊娠、运动系统损伤）。因此，要特别注意：增加运动测试中的安全性，制订并实施一个安全有效的运动处方。运动前的健康筛查的目的包括以下几项：

（1）有医学禁忌症者在其症状减弱或得到控制前应鉴别和排除。

（2）鉴别有一种或多种临床疾病或状况者，嘱其参加有医疗监护的运动计划。

（3）探查由于年龄、症状和/或危险因素等增加疾病风险的原因，并让此类人群在开始运动前或在增加运动的频率、强度、持续时间前进行医学评估和运动测试。

（4）对可能影响运动测试或计划的其他特殊需要进行鉴别。

风险评估最初被提出时人们开始考虑如何指导自身参与运动或寻求专业的健康指导。自我指导的个体需要一种简单的方法来判断他是否需要在参加体力活动前参考内科医生的意见来评价他们的运动风险是否扩大，特别是运动强度较大时。专业保健或健康指导应该包括一个合理的或可行的流程来采集和评价个体的健康状况、评估风险，并提出恰当的建议、进一步检查的手段和体力活动建议（如频度、强度、时间、类型或 FITT 参考标准，见相关章节内容）。

**3. 健康评估目标**

(1)理解对即将参加运动锻炼者进行健康状况评估的目的。

(2)阐述适用于中等强度运动和剧烈运动者的全面体格检查。

(3)为不同类型的体育活动参加者进行分类,确定他们在进行运动试验前或开始健身计划前是否需要接受医学甄别,并确定运动试验和体育锻炼的绝对和相对的禁忌症。

(4)列举某些在健身锻炼过程中可能需要医务监督或特别注意的特殊情况和测试得分。

(5)确定需要接受相关知识教育的个人。

(6)确认需要变更运动计划的某些状况,并表述参加者的某些需要将运动计划加以延期、推迟或终止的身体信号和症状。

**4. 评价健康状况**

运动指导专业人士可以通过 5 个方面的检查来帮助个人评价他们的健康状况:

(1)已经被确诊的疾病。

(2)具备某些使疾病发生的危险性增加的特质。

(3)显示健康存在问题的征候或症状。

(4)增进或损害健康的生活方式或行为习惯。

(5)体适能测试结果。

## 2.2 健康评估的内容及程序

**1. 健康评估的内容**

健康评估的内容见表 2 - 1。

表 2 - 1 健康评估内容及目的

| | 内 容 | 目 的 |
|---|---|---|
| 问卷 / 评估模式 | PAR - Q | 确定健身者初始的运动强度 |
| | 疾病症状和体征筛查 | 确定个体是否需要医疗治疗以及作为运动试验或运动参与的依据 |
| | 冠心病危险分析 | 确定健身者是否存在 CHD 某种风险因素 |
| | 疾病风险分层 | 把健身者分成低、中、高风险 |
| | 医疗史 | 了解健身者过去、现在和家庭健康史;主要集中在医疗介绍和确诊的疾病 |
| | 生活方式评估 | 获得健身者的生活习惯 |
| | 告知同意测试 | 解释体适能测试的目的、风险和益处同时获得健身者对运动各项体适能测试的同意 |

续 表

| | 内　容 | 目　的 |
| --- | --- | --- |
| 临床测试 | 体格检查 | 检查某些疾病体征和症状 |
| | 全血检查 | 确定血液各项指标是否正常，另外对血液胆固醇作为冠心病风险评估的检查 |
| | 血压测试 | 诊断健身者是否是高血压患者，同时也可用于冠心病风险因素评估 |
| | 12-ECG | 评估心脏功能和排除因心肌异常的运动禁忌 |
| | 逐级递增负荷试验(GXT) | 评估有氧运动能力和监测由于运动是否会诱发心肌异常 |
| | 其他实验室补充监测 | 进一步评估健身者的健康状况，特别是那些具有已知某种疾病的患者 |

**2. 健康评估的程序**

(1)迎接受试者。

(2)解释健康评估和生活方式评估的目的。

(3)获得受试者的知情同意后对健康进行筛检检查。

(4)通过 PAR-Q 问卷以及其他健康问卷进行评估；如果需要，可参考内科医生的意见。

(5)监测和评价受试者的病史，重点在体征、症状和疾病的病人，如果需要，可以咨询受试者的医生作参考。

(6)评估受试者的生活方式。

(7)测试受试者的胆固醇和脂蛋白，并对测试结果进行评估和分层。

(8)对受试者安静时的血压和心率进行测量和分层。

(9)评估受试者冠状动脉粥样硬化的危险因素。

(10)对受试者的患病风险进行分层。

(11)如有受试者全血液化学测试结果，可对其结果进行评估。

**3. 受试者应做到的几点**

(1)解释目的，并且回答医生的任何问题并逐级进行心电图检测。

(2)在安静时检测 12 导心电图。

(3)根据疾病风险分层来决定是否进行最大强度 GXT 或次大强度的 GXT 试验，并且决定是否需要一个医生在这个测试中进行监护。

(4)检测安静时的血压和心率。

(5)GXT 测试监护。

(6)对有氧能力、肌肉力量和耐力、柔韧性进行评估和分类。

# 2.3　健康评估的指标与参考标准

运动前健康筛选评估（Pre - participation Health Screening），是为能确保运动安全性及设计一个良好有效的运动处方，无论是外观上看似健康者或是已知有慢性病者，均需对重要健康因素进行初始筛选。

参与运动前健康筛选的目的包括：

(1)检测并排除运动医学上的禁忌者。

(2)检测出具有疾病症状或疾病危险因子而在实施运动计划前需做医学评估者。

(3)检测出临床上有显著疾病而必须在医学监测下的运动计划者。

(4)检测出其他有特殊需求者(如老人、孕妇等)。

因此，健康筛选步骤需要有成效、符合成本效益并具时效，根据不同的需要，可从最简单的自填式、临床医师问诊、病理学检查、冠状动脉心脏病的危险评估，到详细复杂的各式诊断工具等。

专业人员进一步做运动前的临床评估时，首先是详细病史过去史(如高血压、糖尿病、骨关节炎、静脉炎、用药史)、家族史(如冠状动脉心脏病、猝死、血脂异常)和生活习惯(如吸烟、喝酒、咖啡等)、运动史(如过去体能活动情况等)。其次是病理学检查方面，注重在心脏血管及肺脏功能检查，并包含骨科学及神经学检查等。在实验室检查方面：如为高危险人群，需做总胆固醇、高密度脂蛋白、甘油三酯、血糖检查；若为冠心病患者，除上述项目外，再依实际情况需要加做适当检查(如胸部 X 光、心电图、运动心电图、心导管、心脏超声波、心脏核子医学摄影等)；有肺部疾病者，需做胸部 X 射线、肺功能检查，其他肺部检查(如血氧测定、血液气体分析)。详细内容可参考美国运动医学会(ACSM)出版的《运动测试及处方指引》。

运动前健康筛查工具介绍如下。

**1. 完成体能活动适应能力问卷(PAR - Q)**

PAR - Q(Physical Activity Readiness Questionnaire)问卷是根据加拿大运动生理协会的研究修订的，供 15～69 岁居民自行作答，以了解其个人身体状况，并决定在增加活动量之前是否先询问医生的意见，至于 70 岁以上且原本不常活动者，在增加活动量前，都应先询问医师的意见。此问卷经过大量测试，其敏感度近 100%，而特异性也有 85%。

凡准备参加中等强度活动的人，应当能够通过这个最起码的要求，否则需要进行医学检查。内容包括：

(1)医生是否告诉过你，根据你的心脏情况，只能参加医生推荐你的体力活动？

　　　　　　　　　　　　　　　　　　　　　是(　　)　　否(　　)

(2)当你进行体力活动时，你是否感到过胸部疼痛？　　是(　　)　　否(　　)

(3)在过去一个月当中，不进行体力活动时，你有没有感到过胸部疼痛？

　　　　　　　　　　　　　　　　　　　　　是(　　)　　否(　　)

(4)你有没有因为头晕而失去平衡或失去知觉？　　　是(　　)　　否(　　)

(5)你有没有因体力活动改变而使骨和关节方面的症状加重的问题？

　　　　　　　　　　　　　　　　　　　　　是(　　)　　否(　　)

（6）医生有没有因为心脏或血压问题给你开了药？　　　　　　　　是（　　）否（　　）

（7）你是否知道有其他原因使你不能参加体力活动？　　　　　　　是（　　）否（　　）

PAQ-Q 共包括 7 个问题，用"是"或"否"来回答。如果其中任一答案为"是"，则需要医生进一步检查和诊断。如果全部为"否"，可以进入下一步检查。当一个以上的问题回答"是"时，在开始增加运动量或体能测试之前，应先询问医师的意见，并告诉医师哪些问题的答案为"是"。

当所有问题都答"否"时，先做体能测试评估，这是确定你的基本体能最好的方法，继而计划你增加活动量的方法；也可开始增加运动量，仍要逐步渐进地增加，这是最安全且容易的方法。

PAR-Q 问卷在对健身者进行评定时有时要参考 PARmed-X 问卷，PARmed-X 英文版问卷见附录 D。

### 2. 评估冠状动脉性心脏病（CAD）的风险因素

用于 ACSM 危险分层的动脉粥样硬化性心血管疾病危险因素的标准见表 2-2。

**表 2-2　用于 ACSM 危险分层的动脉粥样硬化性心血管疾病危险因素的标准**

| 风险因素 | | 定义条件 |
|---|---|---|
| 高风险因素 | 家族病史 | 心肌梗塞或冠状再血管化或猝死：出现于小于 55 岁的父亲或其他男性直系亲属或小于 65 岁的母亲或其他女性直系亲属 |
| | 吸烟 | 现正吸烟人士或戒烟小于 6 个月的人士 |
| | 高血压 | 收缩压大于等于 140 mmHg/舒张压大于等于 90 mmHg（最少经两次于不同情况所测试的数据证实）或正在服用降血压药物 |
| | 血液胆固醇水平过高 | 总血清胆固醇>5.2 mmol/L（200 mg/dL）　或高密度脂蛋白胆固醇<0.9 mmol/L（35 mg/dL）或低密度脂蛋白胆固醇>3.4 mmol/L（130 mg/dL）或正在服用降血脂药物 |
| | 空腹血糖值偏高 | 空腹血糖值≥6.1 mmol/L（110 mg/dL）（最少经两次于不同情况所测试的数据） |
| | 肥胖 | 体重指数≥25 kg/m² 或腰围≥90 cm（男性）；腰围≥80 cm（女性） |
| | 静态生活方式 | 不进行经常运动的人或每天没有进行最少 30 min 的中等强度运动锻炼的人 |
| 降低风险因素 | 血清中高水平高密度脂蛋白胆固醇 | 高密度脂蛋白胆固醇>1.6 mmol/L（60 mg/dL） |
| | 积极的健身活动 | 每天或每周大多数日子进行 30 min 以上的中等强度的运动锻炼 |

将风险因素作直接加减，是作临床判断时常见的做法。若高密度脂蛋白胆固醇水平较高，则可抵消一个高风险因素，因为较高的高密度脂蛋白胆固醇水平，能降低冠状动脉心脏病的

风险。

**3. 评估心血管、肺部或代谢性疾病的疑似临床病征（见表 2 - 3）**

表 2 - 3　心血管及肺部疾病的主要疑似临床病征

胸部、颈部、颚部、手臂或其他部分可因心肌局部缺血而出现疼痛及不适在休息或进行轻微活动时出现呼吸急促的情况

头晕或昏厥

躺下时感到呼吸困难或出现阵发性夜间呼吸困难

脚踝水肿

心悸或心搏过速

间歇性跛行

心脏出现杂声

进行普通活动时出现不寻常的疲倦或呼吸短促

**4. 代谢性疾病症状评定**

代谢综合症描述心血管疾病的危险因子：高血压、血脂异常、胰岛素抵抗、腹部肥胖组合。根据临床标准采用国家胆固醇教育计划（2001），有 3 个或更多心血管风险因素可认为有代谢性疾病综合症（见表 2 - 4）。

表 2 - 4　代谢性症状的危险因素

| 危险因素 | 危险评价标准 |
|---|---|
| 腰围 | ≥90 cm 男（亚洲人群）<br>≥80 cm 女（亚洲人群） |
| 血压 | 收缩压≥130 mmHg 或舒张压<br>≥85 mmHg 或两个条件都满足 |
| 空腹血糖 | ≥100 mg/dL 或≥6.1 mmol/L |
| 甘油三酯 | ≥150 mg/dL 或≥1.6 mmol/L |
| 高密度脂蛋白胆固醇 | <40 mg/dL 或<1.04 mmol/L（男）<br><50 mg/dL 或<1.29mmol/L（女） |

**5. 运动试验的绝对禁忌症和相对禁忌症**

对一些病人（见表 2 - 5）来说，运动涉及的风险比运动可能带来的益处还要多，因此，运动处方制订前，应加以评估。

表 2 – 5　运动风险较高的病人

| | 高风险组别 |
| --- | --- |
| 绝对禁忌症 | 近期出现过急性心肌梗塞 |
| | 心绞痛不稳定 |
| | 心室心搏过速及其他的心律不正常危险情况 |
| | 壁间主动脉瘤 |
| | 急性充血性心力衰竭 |
| | 严重主动脉瓣狭窄 |
| | 自发性或疑似心肌炎、心包炎 |
| | 血栓性静脉炎或心内血栓 |
| | 急性肺栓塞或肺梗死 |
| | 急性感染 |
| 相对禁忌症 | 未治愈或不受控制的严重高血压 |
| | 中度主动脉瓣狭窄 |
| | 心室上节律不正常 |
| | 心室动脉瘤 |
| | 经常性或复合性心室异位 |
| | 心肌症 |
| | 不受控制的新陈代谢疾病(糖尿病、甲状腺疾病等)或不正常电解质水平 |
| | 慢性或复发性传染病(疟疾、肝炎等) |
| | 运动后恶化的神经肌肉、肌肉骨骼及风湿性疾病 |
| | 妊娠期间出现危险性并发症 |

## 2.4　健康风险分层

本节参考美国运动医学会提供的危险分层指南。运动和健康体适能的专业人士在为健康普查和医疗许可评估建立个体和特定项目政策的时候,特别是针对已知有心血管疾病的特殊人群,同样应该熟悉其他的指南。

健康检查可以通过以下方法进行:

(1)完成体能活动适应能力问卷(PAR - Q),作为受试者能进行中等剧烈运动的最低标准。同时结合 PARmed - X 的辅助检查表(参考资料见附件 D),根据受试者 PAR - Q 上的回答,医生可利用 PARmed - X 为其提供合适的建议及检查。

(2)评估冠状动脉性心脏病(CAD)的风险因素。

(3)评估心血管、肺部或代谢性疾病的疑似临床病症。

**1.风险分层的流程**

图 2-1 显示了健康风险分层的过程。基于医学检查,体力活动/运动、运动测试和内科医生指导所提供的适当建议,将运动者分为三个危险类别,即低危、中危、高危。将个体划分为这些危险类别的依据:

(1)是否存在已知的心血管、肺脏和代谢疾病。

(2)是否存在心血管、肺脏和代谢疾病的症状或体征。

(3)是否存在心血管疾病的危险因素。

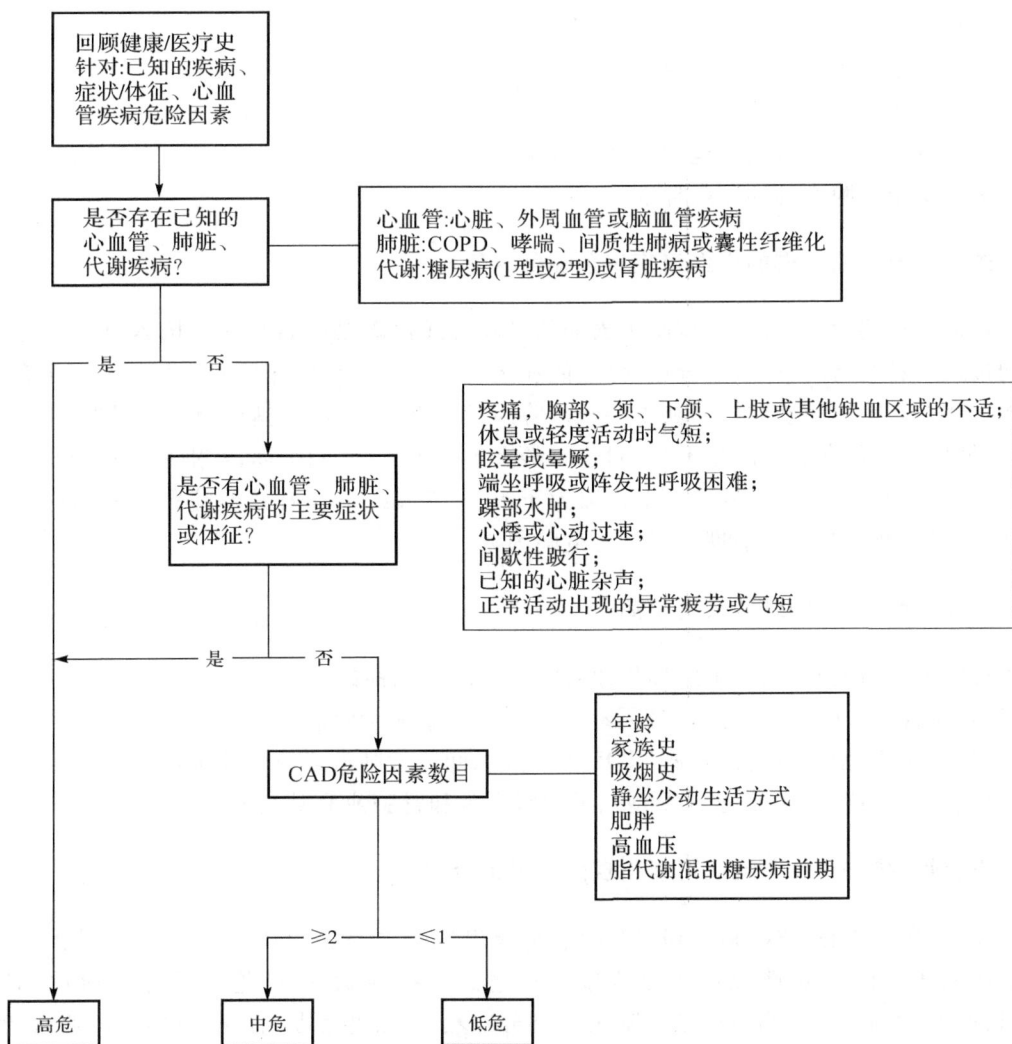

图 2-1　健康危险分层的流程图

低危:低危险组的个体是指没有心血管、肺脏和代谢疾病的症状/体征,但具有 1 个心血管疾病的危险因素。急性心血管事件在此人群中的危险性很低,体力活动/运动项目可在没有必要的医学检查和许可的情况下安全地进行。

中危:中危组的个体是指没有心血管、肺脏和代谢疾病的症状/体征,但具有 2 个或 2 个以上心血管疾病的危险因素。急性心血管事件在此人群中的危险性是增加的,尽管如此,多数中危人群可在没有医学检查和许可的情况下安全地参与低等至中等强度的体力活动。但在参与较大强度运动之前(如大于 60% $VO_2R$),必须进行医学检查和运动测试。

高危:高危组的个体是指有 1 个或多个心血管、肺脏和代谢疾病的症状/体征或已经诊断的疾病。急性心血管事件在此人群中的危险性已增加到较高程度,在参加任何强度的体力活动或运动前均应进行全面的医学检查并且获得许可。

运动或健康体适能专业人员通过合理地分析某个体的医疗/健康信息,按照危险分层的过程将该个体合理地分配到适当的危险类别中。运动或健康体适能专业人员应该具有全面的专业知识,包括:

①掌握心血管、肺脏和代谢性疾病的诊断标准。

②能够描述上述疾病的症状和体征。

③确定特异性心血管疾病危险因素的诊断标准。

④掌握每个危险类别的分类标准。

**2. 未明确或不易获得的心血管疾病危险因素信息**

进行危险分层时,尤其是当危险因素的信息缺失或诊断某一特异危险因素是否存在的标准未明确或不易获得时,应鼓励健康/体适能和运动专业人士采用谨慎的诊断心血管疾病危险因素的方法。若不能明确或不易获得特殊危险因素是否存在,应将其计为危险因素,糖尿病前期除外(见糖尿病前期的诊断标准)。对于年龄大于等于 45 岁的个体,特别是体重指数大于等于 25 kg/m² 的个体,及较年轻且体重指数大于等于 25 kg/m² 伴有其他糖尿病前期危险因素的个体,虽未诊断为糖尿病前期也应计为危险因素。

**3. 已知的心血管、肺脏和代谢疾病**

内科医师诊断的心血管、肺脏和代谢疾病包括以下几种情况:

(1)心血管疾病(CVD):心脏、外周动脉(PAD)或脑血管疾病。

(2)肺脏疾病:慢性阻塞性肺病(COPD)、哮喘、间质性肺病或囊性纤维化。

(3)代谢疾病:糖尿病(1 型或 2 型)、甲状腺异常和肾脏或肝脏疾病。

**4. 心血管、肺脏和代谢疾病可能出现的主要症状/体征**

表 2-6 列出的心血管、肺脏和代谢疾病可能出现的主要症状/体征为健康评估人员说明每个症状或体征的重要性提供了更详细的信息。这些症状/体征绝大部分是通过 AHA/ACSM 问卷调查确定的(问卷可参考附录 C 部分);然而,某些症状/体征(如端坐呼吸、踝部水肿和心脏杂声)需要更全面的医疗史或检查。这些症状/体征必须在其出现的相应临床背景下阐述,因为其并非心血管、肺脏和代谢疾病必须具备的特异性表现。

**5. 动脉粥样硬化心血管疾病的危险因素**

ASCM 危险分层部分是基于是否出现表 2-2 中列出的心血管疾病危险因素。表 2-2 中列出危险因素不包含所有可能增加心血管疾病危险的因素。更为准确地说,表2-2及表2-6中包含临床相关的可能增加心血管疾病危险的因素标准,在制订以下对策时应全面考虑:医疗许可的等级;参与运动前的运动测试;对参与运动测试和运动项目人员的监督水平。

**表 2-6　心血管、肺脏或代谢疾病的主要症状或体征**

| 体征或症状 | 解释/意义 |
|---|---|
| 可能由局部缺血引起的胸部、颈部、臂部或其他部位的疼痛、不适(或其他类似于心绞痛的感觉) | 心脏病的主要表现之一,特别是冠状动脉疾病支持局部缺血原因的关键特征如下:<br>(1)性质:收缩性,压榨性,烧灼性,"沉重"或"沉重感"。<br>(2)位置:胸骨后,胸部正中,两臂内侧,肩部,颈内,颊部,牙齿,前臂内,手指,肩胛间区。<br>诱发因素:运动或力竭,激动,其他应激形式,如冷天气,餐后。<br>非局部缺血原因所致疼痛的关键特征如下:<br>(1)性质:钝痛,"刀割样"锐痛,刺痛,使呼吸加重的刺痛。<br>(2)位置:左乳腺部位,左半胸。<br>诱发因素:运动结束后,某一特定的身体动作 |
| 休息或轻微用力时气短 | 呼吸困难(被定义为反常不适的呼吸感觉)是心脏病或肺病的主要症状之一。通常发生在健康的、受过良好训练者做剧烈运动时,或健康但没受过良好训练者做中等强度运动时。然而,如果某人做预期不会引起呼吸困难的体力活动时发生这种情况,应该被看作是异常的信号。当用力呼吸感到困难时,提示存在心肺功能失调,特别是左心室功能障碍或慢性阻塞性肺病 |
| 头晕眼花或晕厥 | 晕厥(定义为意识丧失)常由大脑血流减少引起头晕眼花,特别是运动期间的晕厥,可能由心脏功能失调引起,其阻碍了心脏血液排出量的正常上升(或急剧下降),这种心脏功能失调有潜在的致命性,包括严重的冠状动脉疾病、肥厚型心肌病、主动脉狭窄、恶性心律失常。尽管运动停止后短暂的头晕眼花或晕厥不应该忽视,但是也应知道,这些症状也可以发生在静脉回流减少的健康人身上 |
| 端坐呼吸或夜间阵发性 | 端坐呼吸是指发生在卧位休息时的呼吸困难,坐起或站立后可以迅速减轻。夜间阵发性呼吸困难是指通常在睡眠2~5h后开始的呼吸困难,可以通过坐在床边或下床减轻,这些均是左心室功能障碍的症状。有些夜间呼吸困难也可以发生在有慢性阻塞性肺疾病的病人身上,通常在排出痰液后减轻,而不是特定地通过坐起减轻 |
| 踝部水肿 | 双侧踝部水肿在夜间最明显是心力衰竭或双侧慢性静脉功能不全的特征性表现。一侧下肢水肿通常由该肢体的静脉血栓或淋巴回流障碍引起,无显著特点的水肿(称为全身水肿)常发生在有肾病综合征、严重心衰或肝硬化的人身上 |

续 表

| 体征或症状 | 解释/意义 |
| --- | --- |
| 心悸或心动过速 | 心悸(定义为因心脏有力地或快速地跳动而产生的不舒适感觉)可以由各种心律失常引起。这些心律失常包括心动过速、突然发作的心动过速、异位节律、代偿间歇和由瓣膜反流引起的心输出量增加。心悸通常也可由焦虑状态和较高心脏血液排出量(或功能亢进)状态引起,例如贫血、感冒、甲状腺功能亢进、动静脉瘘和所谓的先天性心脏功能亢进综合征 |
| 间歇性跛行 | 间歇性跛行是指供血不足(通常是动脉粥样硬化症的结果)引起肌肉的疼痛,可因运动而加重。疼痛不会发生在站立或坐位时,会一天天地重复发生,在上楼或爬山时更严重,常被描述为"抽筋",停止运动后1~2 min内疼痛消失。冠状动脉疾病在有间歇性跛行的人中更常见。糖尿病增加了间歇性跛行的风险 |
| 已知的心脏杂声 | 虽然有些心脏杂声是无害的,但是心脏杂声可能意味着瓣膜或其他心血管疾病。从安全运动的观点来说,排除肥厚型心肌病和主动脉狭窄是心脏杂声的潜在原因是特别重要的,因为它们是力竭性心脏猝死比较常见的原因 |
| 平常活动时异常的疲劳或气短 | 虽然这些症状可以由良性原因引起,但是它们也可能标志着心血管、肺或代谢性疾病的发生或这些疾病状态的变化 |

注:这些体征或症状必须在它们所出现的临床内容的范围内解释,因为它们不是心血管、肺或代谢性疾病的特异性表现。

## 2.5 运动测试以及基于危险分层的测试建议

一旦将个体分为低、中或高危某个危险类别后,应考虑以下相关建议:

(1)在参加运动锻炼或完全改变现有的的运动锻炼的 FITT 模式(即运动频率(Frequency)、运动强度(Intensity)、运动持续时间(Time)和运动类型(Type))前,有必要进行医学检查和声明。

(2)在参加运动锻炼或完全改变现有的运动锻炼的 FITT 模式前,有必要进行运动测试。

(3)有必要在参与极量或次极量运动测试时进行医务监督。

## 2.6 基于危险分层的运动测试和医务监督的建议

没有一套运动测试和运动指导方案能够涵盖所有状况。特殊计划步骤随着局部环境和策略改变也应进行适当调整。为了给参与中等到较高强度运动项目前的医学检查和运动测试提供指导,ACSM 提出了用以评价医学检查和诊断性的运动测试是否适当,以及何时需要进行医务监督的建议,如图 2-2 所示。尽管低危组人群不必要做运动测试,但是从测试中收集到的信息有利于为此类人群建立一个安全、有效的运动处方。如果以制订一个有效的运动计划为目的,建议低危人群进行运动测试就应是合理的。从图 2-2 中的运动测试建议中可以看出,运动强度(如高＞中＞低运动强度)和存在的危险因素对导致心血管事件的危险性有指导作用。虽然图 2-2 提出了界定中等和较高强度运动锻炼的绝对标准和相对标准,健康/体适能和运动专业人士在决定运动训练前的筛查级别和运动测试期间的医务监督级别时,也应该选择适宜的强度确定方法。应该注意的是,针对中危人群的医学检查和运动测试的建议也可适用于大强度运动,这与近来在 AHA 指南中提出的那些建议是一致的,见表 2-7 中健康个体美国心脏协会(AHA)危险分层标准。

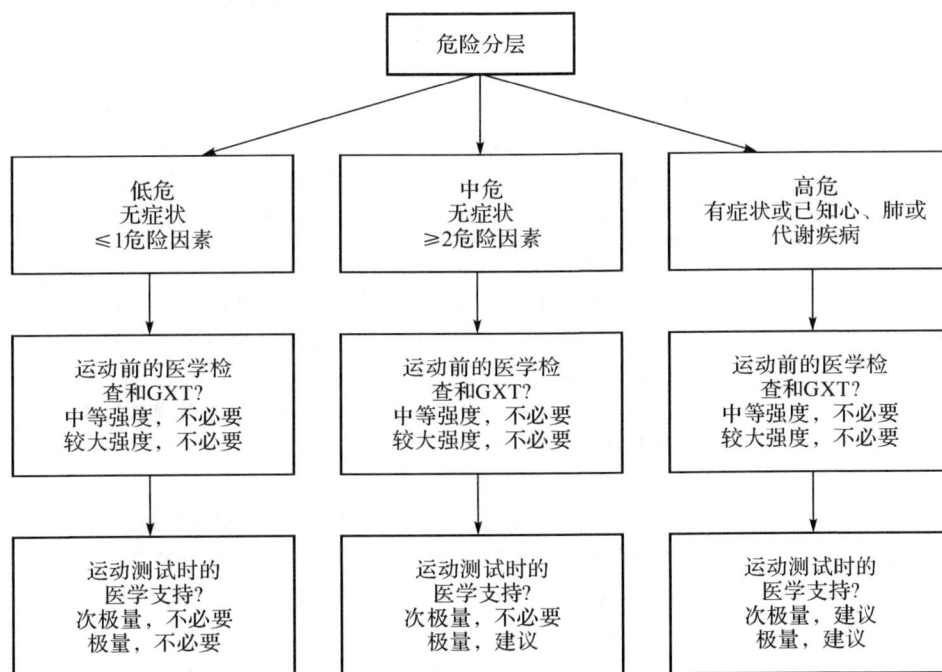

图 2-2 基于危险分层的运动测试和测试过程医务监督建议

运动测试的医务监督级别依据医务监督测试时是否有内科医生在场而不同。内科医生监护的级别可能随当地的监护原则和环境、患者的健康状况、实验室人员训练水平和经验的不同而异。复杂监护运动测试的内科医生应该符合或超过 AHA 规定的最低监护和结果解释的能力。在所有运动测试地点,在场的测试人员应至少具有基本生命支持能力(心肺复苏(CPR))的认证,并接受过使用自动除颤仪的训练。更好的情况是一个或多个工作人员有高级心脏生命支持水平认证。无论什么时候,只要有可能,就应该由获得了急救和 ACSM 证书的人员进行测试。对于以上的认证机构,目前在我们国家还没有专门的机构来负责。

**中等强度**:中等强度运动为 $40\% \sim 60\%$ $VO_{2max}$ 且 $3MET \sim 6MET$;对于一个人的适宜强度是指能以较轻松的状态承受持续 45 min 的运动。

**较大强度**:较大强度运动为大于 $60\%$ $VO_{2max}$ 且大于 6MET;运动强度足以使心肺系统承受较大的负荷。

**不必要**:反映医学检查、运动测试的医务监督不作为参加运动前筛查基本条件的概念。然而,不要误解此概念。

建议:考虑安全的需要,运动专业人员应在运动测试的附近区域,必要时可到现场处理有关情况。

**表 2 - 7　健康个体美国心脏协会(AHA)危险分层标准**

| A 级:健康个体 | 包括以下人群:<br>(1)儿童、少年,成年男性小于 45 岁,成年女性小于 55 岁,没有心脏病症状或没有已知存在的心脏病或主要冠状动脉疾病危险因素。<br>(2)男性大于等于 45 岁,女性大于等于 55 岁,没有心脏病症状或没有已知存在的心脏病,有小于 2 个心血管危险因素。<br>(3)男性大于等于 45 岁,女性大于等于 55 岁,没有心脏病症状或没有已知存在的心脏病,有大于等于 2 个主要心血管危险因素。<br>运动指南:除基本指南外,没有其他限制。<br>心电图和血压监测:不要求。<br>医务监督要求:无,只是建议划分为 A - 2 级,特别是 A - 3 级的人在进行高强度运动前做医学检查,并尽可能做医务监督下的运动测试 |
|---|---|
| B 级:有已知稳定的心血管疾病的个体,进行较大强度运动时发生并发症的风险低,风险略大于健康个体 | 包括有下述任何诊断个体:<br>(1)冠状动脉疾病(心肌梗死、冠状动脉搭桥术、经皮冠状动脉腔内成形术、心绞痛、运动测试异常及异常冠状血管造影片)病情平稳并有下述临床特征。<br>(2)心脏瓣膜病,包括严重的瓣膜口狭窄或瓣膜口反流,并有下述临床特征。<br>(3)先天性心脏病。<br>(4)心肌病,射血分数小于等于 30%,包括有下述任何一项临床特征的稳定性心力衰竭患者,但不包括肥厚型心肌病或新近发生的心肌炎。<br>(5)运动测试异常,并且不符合 C 级中列出来的标准。<br>临床特征:<br>(1)运动能力≤6MET。<br>(2)无充血性心力衰竭的证据。<br>(3)无心肌局部缺血的证据或休息时、运动测试≤6MET 时无心绞痛。<br>(4)运动时收缩压适度上升。<br>(5)休息或运动时无持续性或非持续性心室性心动过速。<br>(6)能够令人满意地自我检测活动强度。<br>运动指南:活动应该个性化,采用有认证人员制订的运动处方并且得到初级保健人员的许可。<br>医务监督要求:在实施运动处方的开始阶段有医务监督是有利的,在此后的过程中应该有经过适当培训的非医务人员的监督,直至运动者懂得怎样检测本人的活动。医务人员应该得到培训并且获得高级心脏生命支持资格,非医务人员应该得到培训并且获得基本生命支持资格(其中包括心肺复苏 CPR)。<br>心电图和血压监测:在实施运动处方的早期有帮助,通常监测 6~12 次运动 |

续　表

| C 级:运动期间发生心脏并发症的危险性中等或高危险的个体或不能自我管理活动 | 包括有下述任何诊断的个体:<br>(1)冠状动脉疾病,并有下述临床症状特征。<br>(2)心脏瓣膜病,包括严重的瓣膜狭窄或瓣膜口反流,并有下述临床特征。<br>(3)先天性心脏病,应根据第 27 次贝塞斯达会议意见进行危险分层。<br>(4)心肌病,射血分数小于等于 30%,包括有下述任何一项临床特征的稳定性心力衰竭患者,但不包括肥厚型心肌病或新近发生的心肌炎。<br>(5)没有得到良好控制的复杂的心室性心律失常。<br>临床特征:<br>(1)运动测试结果:运动能力小于 6MET,工作负荷小于 6MET 时出现心绞痛或局部心肌缺血性 ST 段压低;运动时收缩压下降,低于休息时水平;运动时有非持续性心室性心动过速。<br>(2)原发性心脏停搏(即不是发生在急性心肌梗死或心脏手术过程中的心脏停止)的前期阶段。<br>(3)有医生认为可能致命的医学问题。<br>运动指南:运动应该个体化,采用有认证人员制订的运动处方并且得到初级健康保健人员的许可。<br>医务监督要求:运动全程进行医务监督,直至保证运动的安全性。<br>心电图和血压监测:运动各阶段持续性进行,直至保证运动的安全性,通常监测大于等于 12 次运动 |
|---|---|
| D 级:有活动限制的不稳定性疾病的个体 | 包括有下述问题的个体:<br>(1)不稳定性局部心肌缺血。<br>(2)严重的、有症状的瓣膜口狭窄或瓣膜口反流。<br>(3)先天性心脏病,应根据第 27 次贝塞斯达会议意见中禁止运动的危险标准。<br>(4)失代偿性心力衰竭。<br>(5)没有得到控制的心律不齐。<br>(6)能够因运动加重的其他医学情况 |

## 2.7　心脏病患者的危险分层

可以对心脏病患者运动期间的安全性进行进一步的分层。AHA 对心脏病患者的医学证明建立了一个更为广泛的危险性分级系统。AHA 指南为参与运动、患者监测和医务监督以及运动限制提出了建议。运动专业人士应该认识到,AHA 指南并未包括那些能够导致运动训练期间的监测和医务监督建议发生改变的并发疾病(如 2 型糖尿病、病态肥胖、严重肺病、神经衰弱等)。

美国心血管-肺脏康复协会(AACVPR)的心脏病患者危险分层标准如下。

**1. 低危**

运动参与人群最低度危险患者的特征(要确定患者处于最低危险水平,所有列出来的特征都必须存在)。

(1)运动测试和恢复期间没有复杂的心室性心律失常。

(2)运动测试和恢复期间没有心绞痛或其他重要症状(如异常的呼吸短促、头晕或头昏眼花)。

(3)运动测试和恢复期间有正常的血流动力学反应(即随着工作负荷的增加和恢复,心率和收缩压有适当的上升和下降)。

(4)功能能力大于等于 7MET。

(5)休息时射血分数大于等于 50%。

(6)非复杂性心肌梗死或血管重建术。

(7)休息时没有复杂的心室性心律失常。

(8)没有充血性心力衰竭。

(9)发病后/手术后没有局部缺血的体征或症状。

(10)没有临床抑郁症。

**2. 中危**

运动参与人群中度危险患者的特征(有其中一项或几项特征即可确定患者处于中度危险)。

(1)有心绞痛或其他重要症状,例如只在高强度运动时(大于等于 7MET)出现异常的呼吸短促、头晕或头昏眼花。

(2)运动测试或恢复期间有轻微到中等水平的静息时局部缺血(ST 段从基线压低小于 2 mm)。

(3)功能能力小于等于 5MET。

(4)休息时射血分数为 40%～49%。

**3. 高危**

运动参与人群高度危险患者的特征(有其中一项或几项特征即可确定患者处于高危险)。

(1)运动测试或恢复期间有复杂的心室性心律失常。

(2)有心绞痛或其他重要症状,例如在低强度运动时(小于 5MET)或恢复期间有异常的呼吸短促、头晕或头昏眼花。

(3)运动测试或恢复期间有严重的静息时局部缺血(ST 段从基线压低大于等于 2 mm)。

(4)运动测试时有异常的血流动力学反应(即随着工作负荷增加有心率变异、心跳无力或收缩压下降)或恢复期间有反常的血流动力学反应(如严重的运动后低血压)。

(5)休息时射血分数小于 40%。

(6)心脏停搏史或突然死亡。

(7)休息时复杂的心律失常。

(8)复杂的心肌梗死或血管重建术。

(9)有充血性心力衰竭。

(10)发病过后/手术过后有局部缺血的体征或症状。

(11)有临床抑郁症。

## 2.8　代谢性疾病症状评定

代谢综合症描述心血管疾病的危险因子:高血压、血脂异常、胰岛素抵抗、腹部肥胖组合。根据临床标准采用国家胆固醇教育计划(2001),有 3 个或更多心血管风险因素可认为有代谢性疾病综合症(见表 2-3)。健康分层时的注意事项补充:

糖尿病患者降压标准:收缩压小于 130mmHg,舒张压小于 80mmHg。

血脂检查的四项内容:

(1)总胆固醇。

(2)低密度脂蛋白胆固醇。

(3)高密度脂蛋白胆固醇。

(4)甘油三脂。

胆固醇是最为重要的指标,高密度脂蛋白胆固醇数值越高,发生冠心病风险越小。四项指标当中,最有意义是前两项,前两项是冠心病和心肌梗死相关性最为密切的。临床,前瞻性试验用药干预后,改变生活方式,用降脂药物,疗效最好,所以应当锁定的目标是胆固醇、低密度胆固醇,而不要把精力放在中风预报、血液的黏稠度、甘油三脂上。第二个误区是化验单都是一个标准,只要总胆固醇不超过 220 mg/dL,医生都认为胆固醇不高。

中国人低密度脂蛋白胆固醇标准:

(1)无危险因素人群降到 160 mg/dL 以下。

(2)多重危险因素下降到 130 mg/dL 以下。

(3)患过心肌梗塞、糖尿病人群降到 100 mg/dL 以下。

每一个层面都差 30 mg/dL,可是实际上化验单的理解都是一样的,对血脂正常情况不太明确,缺乏科学的判断。

## 思　考　题

1.简述健康评估的目的。

2.简述健康评估的程序。

3.综述健康风险分层的流程。

# 第3章 体适能与健康

**内容提要**：本章主要是从体适能的概念，体适能的分类，体适能目标，健康、体适能、体质三者之间关系和体适能管理进行深入探讨。

## 3.1 体适能概念与健康概述

### 1.体适能及健康概念

目前，对于体适能（Physical Fitness）的定义有很多提法。WHO 将体适能定义为："身体有足够的活力和精力进行日常事物，而不会感到过度疲劳，并且还有足够的精力享受休闲活动，和应付突发事件的能力"。我国港、台学者将其定义为"一个人的身体适应生活、运动和环境（如温度、气候变化或病毒等因素）的综合能力"。体适能可视为身体对生活、活动与环境的综合适应能力，是一种满足生活需要和有足够的能量完成各种活动任务的能力。

在科技进步的文明社会中，人类身体活动的机会越来越少，营养摄取越来越高，工作与生活压力和休闲时间相对增加，每个人更加感受到良好体适能和规律运动的重要性。体适能较好的人身体健康，有匀称的体型，体姿良好，体态健美，拥有比实际年龄小的生理年龄，勇于接受挑战与压力；能缓解器官老化、身体机能衰退所导致的疾病发生；精力充沛，很少感到力不从心，身体经常处在康宁状态，能与人融洽相处；会享受生活、兴趣广泛，有足够的体力进行休闲活动。遇到紧急情况，体适能良好的人反应力敏捷，有理智，能快速应变危急状况而远离危险。

WHO 明确地指出："健康不仅仅是没有疾病或不虚弱，而是身体的、精神的健康和社会适应的完美状态。"WHO 在《阿拉木图宣言》中重申这一定义，并指出："健康是基本人权，达到尽可能高的健康水平是世界范围内一项最重要的社会性目标，实现它则要求卫生部门及社会各部门协调行动。"1998 年召开的第 51 界世界卫生大会通过《21 世纪人人享有卫生保健》文件，明确地指出："要实现人人享有卫生保健的目标，必须把健康作为人类发展的中心。"人类对健康的概念的理解越来越深刻，对于社会的发展强调"以人为本，以健康为中心"的指导思想。

### 2.体适能和健康教育的目的

在现代社会，运动锻炼已成为人类健康和幸福生活的重要和必需的组成部分。运动锻炼的重要性在群众中获得了普遍接受。人们认识到，规律的身体活动对增进健康、提高生活质量以及在许多疾患的预防和康复方面都具有非常积极和重要的作用。当今世界各国政府都清楚地认识到国民健康是社会可持续发展的源动力，因此纷纷制订出符合时代要求的相应健康计划，像中国的《全民健身计划纲要》、美国的《2010 年国民健康计划》、日本的《二十一世纪健康

《日本》等。计划的目标虽然同样是预防疾病和促进健康,但其内涵已极大扩展,尤其强调身体活动和体育锻炼对健康的促进作用。

虽然运动锻炼对健康的重要作用目前已广为人知,但仍有相当一部分的人仍然处于完全不锻炼的静态生活方式当中。而且,对于准备或已经在进行体育健身锻炼的群众而言,如何进行有助于健康的运动锻炼尚缺乏有效和科学的指导。即使是在该领域相对发达的美国,虽然美国运动医学会早已提出了关于通过定量的运动来增进健康的建议和标准,但群众并不清楚哪些体育活动被推荐用于增进健康和增强体适能;而在我国,关于群众体育锻炼标准的研究工作还处在起步阶段。人们的体适能和健康状况并不一致,不同的人如何根据自身情况确定合理的运动形式、运动强度、运动时间等问题,体育锻炼参加者往往并不清楚而需要专业人员的指导。这种指导群众通过科学的体育活动达到健身目标的专业人员,在美国称为健康和体适能指导员(Health and Fitness Instructor),在我国称为社会体育指导员。

从事体适能和健康职业的工作者必须掌握和体适能有关的广泛领域的知识。以美国为例,在现行的几种资格认证中,美国运动医学会(ACSM)《运动试验和运动处方准则》提出了其中最早的一套标准。以下是该标准中所建议的体适能和健康指导员应该学习的知识门类:运动生理学、急救操作、运动计划编制、实用解剖学和生物力学、健康评估和体适能测试、人类行为心理学、人类的生长发育和年龄、营养学和体重控制、病理学、管理学。

**3. 运动锻炼在健康和体适能系统中的地位**

有史以来,医生和哲学家们都观察到有规律的运动锻炼是人类健康生活的基本组成部分。公元前 400 年,希波克拉底在养生法当中写道:"单纯依靠饮食是不能让人健康的,他(她)必须还要进行锻炼。合理地摄取食物和进行运动相结合才能带来健康。"

自 20 世纪 40 年代开始,体适能领域的先驱者们,如 T. K. Cureton,Bruno Balke 和 Peter Karpovich 等人,以大量的试验研究探索规律的体育活动对体适能和健康,尤其是在心肺机能和身体成分等方面的影响。在这些研究的基础上,美国运动医学会(ACSM)在 1978 年发布了一份报告书,主要作者是 Michael Pollock,报告书主要内容是关于为增强体适能而进行体育锻炼所需要的运动类型和运动量。其中的推荐意见在后来的修订版中虽略有改动,但仍然是为增强体适能为目标而进行运动的黄金标准。

在众多研究的基础上,ACSM、美国疾病预防和控制中心、运动和体适能方面的总统顾问委员会发表了一份报告,作为对早期 ACSM 报告的补充。这份报告称:处于静态生活的个人可以大幅度地降低罹患心脏病和其他疾患的风险,而这仅仅需要在每周的大部分天数当中进行 30 min 左右的轻度或中强度的身体活动。如果在每周有 3~5 天进行较为强烈的有氧运动,将能够在增强体适能方面获得更大的益处。

美国的《2000 年国民健康计划》当中关于每日进行的中等强度活动和有规律的剧烈运动的内容也反映了同样的观点,即活跃的生活方式可以提高生活质量。在总体上,随着轻度和中强度的身体活动的增加,心脏病发病概率下降,而进行有规律的大强度运动则可以增强心血管和呼吸系统的机能。

从一定意义上看,在 21 世纪,体育活动对增进健康、提高人们生活质量进而对社会发展等方面所起的作用,将和 20 世纪免疫疫苗的发明相媲美。

## 3.2 体适能的分类

体适能在我国传统上称为体质,但又不完全等同于体质,相互之间的关系见 3.5 节。由于体质(Constitution)的范畴十分广泛,因此近年来体适能成为从体育学角度评价健康的一个最综合指标。"体适能"一词在我国逐步被接受。

体适能是众多参数的综合,包括与健康相关的(Health - related)、与技能相关的(Skill - related)以及与代谢相关的(Metabolic - related)多个参数,它直接与整体生活质量相关。应该说体适能更多地是从人体机能和技能角度考察机体的健康,是个体健康的综合评价指标。需要指出的是,体适能的发展是积极参加运动锻炼的结果,只有规律性的运动锻炼才能达到最佳的体适能,这已是众所周知的事实。

**1. 健康体适能**

健康体适能是人类适应工作、学习和日常生活等身体能力的主要组成部分,是影响人体身心健康的重要因素。健康体适能要求有最低限度的心肺耐力(Cardio - respiratory Endurance)、肌肉力量与肌肉耐力(Muscular Strength and Muscular Endurance)、关节柔软度(Joint Flexibility)及适宜的身体成分(Body Composition)。

1)心肺血管机能与健康

心肺血管机能是心脏、血管与呼吸系统协同工作的能力,提供给肌肉工作的燃料,它们的功能直接影响肌肉利用燃料长时间工作的能力。良好的心肺血管机能不仅能保证身体长时间有效地工作,同时也是机体工作后疲劳快速消除和机能有效恢复所必需的。

心肺血管机能能反映身体整体氧气供输系统能力的优劣,包括肺呼吸、心脏以及血循环系统的机能,因此,特别受到重视。

(1)增强心肌。心肌和骨骼肌类似,经由运动的刺激,可以变得较强而有力。所以,心肺适能好的人,心脏的尺寸和收缩力量会增大,对健康有益。具体的表现是每搏输出量增多,因此每分钟的心跳次数会减少。

(2)有益于血管系统。血管系统的责任是使由心脏泵出来的血,沿动脉微血管至组织,再由组织汇回静脉,流返心脏的顺畅流程。心肺血管机能好,表现为以良好的血管弹性及通畅无阻的血管口径为基础。另外,微血管在组织中的生长分布也较密,比较有利于血液的供应。血管口径变窄,血管壁逐渐硬化失去弹性,是造成健康威胁的直接因素。

(3)强化呼吸系统。心肺适能好,肺呼吸量大,肺泡与微血管间进行气体的交换效率就高。

(4)改善血液成分。心肺适能好的人,血液中的血红蛋白含量较多,有利于氧的输送。也可增加血中高密度脂蛋白与低密度脂蛋白的比值,可减少心脏病的发病率。

(5)有氧代谢的供应较为充裕。日常生活中,无论运动时间的长短,都要依赖有氧代谢系统供应能源,而有氧代谢系统的运作与心肺适能关系密切。因此,心肺适能好,长时间的身体活动不会提早出现疲劳现象。

(6)减少心血管循环系统疾病。由于心脏、血管以及血液成分都因心肺适能的改善而好转,因此,有助于减缓心血管循环系统机能退化性疾病的威胁。即使不幸患此类疾病,心肺适能好的人其康复率也较高。

2）肌肉骨骼系统机能

肌力是肌肉一次所能产生的最大力量。而肌耐力则是肌肉承受某种适当的负荷时,视肌肉运动反复次数的多少或持续运动时间的长短为代表。肌力与肌耐力同时并列为与健康有关的体适能要素,健身运动时,绝不能忽略肌肉机能。肌肉机能对人体有以下益处:

（1）适当的肌力使肌肉变得比较结实而有张力,避免肌肉萎缩松弛。

（2）适当的肌肉有助于维持比较匀称的身材,因为肌力的运动可以阻止肌肉流失,故外形较健美。

（3）肌肉机能好,身体的动作效率较佳。肌力、肌耐力较好,使肌肉在应付同样的负荷时比较省力,也较耐久。

（4）肌肉机能好,肌肉、关节等部位有较好的保护,有减缓受伤的防护功效。尤其是运动员,肌肉适能是避免运动伤害的重要因素。

（5）肌肉机能好,是维持好的身体姿势的基本条件。

（6）腹部和背部的肌肉机能与背部疼痛有密切关系。尤其是腹部肌力,肌耐力不好,骨盆即无法被悬吊在正常的位置而出现前倾,会迫使下背部位的腰椎过度前倾,可能压迫脊髓神经造成疼痛。

（7）肌肉机能好有助于提升身体运动能力,这种运动能力,能够使人充分享受到运动的成就感与乐趣。

3）柔韧性

柔韧性是指关节可动范围,由肌肉长度、关节结构及其他因素影响,良好的柔韧度可使关节在工作、娱乐中全范围活动。

虽然目前尚无法很精确地指出柔韧性到底要多好才符合标准,但是,很重要的观念与做法就是,任何人在其人生过程中,绝对不能因岁月的增加而使关节变得越来越僵硬,这样,在健康上会遭受不利的威胁。所以,柔韧性被公认为是与健康有关的体适能要素之一,是人体保持健康不可忽视的重要因素。

人体关节保持适当的柔韧性,具有以下益处:

（1）避免关节僵硬及肌肉缩短,保持适当的柔韧性是使身体的活动更灵活,并能减少肌肉紧张所带来的疲劳与疼痛。

（2）柔韧性好的人,身体动作比较优美,表现年轻,并充满活力。

（3）柔韧性好的人,有助于减少运动伤害。肌肉的延展性较佳,关节活动的范围较大,在用力运动状况下,不易出现危险。

（4）柔韧性好的人,有助于提升运动能力。如游泳选手的肩关节和肘关节的柔韧性是游泳运动的重要因素。

4）身体成分

身体成分是指肌肉、脂肪、骨骼及其他组织组成机体成分的相对百分比。其中体脂是评价身体成分的主要方面,理想健康体适能应有适当的体脂百分比。

身体成分指组成人体组织器官的总成分。总量为体重,含脂肪成分和非脂肪成分。体脂重量占体重的百分比称为体脂百分比;余下的包括骨、水分、肌肉重量为去脂体重(或称"瘦体重")。

大量流行病学调查显示：由于膳食结构不合理、运动不足导致脂肪堆积的肥胖症倾向对人类健康造成了极大威胁。从健康的角度出发，肥胖不仅是体重超标，也包括体脂百分比超过正常水平，因而身体成分的测量与评价一直是医生和体质专家评估健康的依据。

**2. 竞技体适能**

竞技体适能亦称运动体适能，是运动员在竞赛中，为了夺取最佳成绩所需具备的体适能。体适能中与技能相关的参数是灵敏度、平衡性、协调性、爆发力、反应时与速度。

灵敏度是指在空间迅速、准确地改变整个身体运动方向的能力。例如滑雪与摔跤就需要非凡的灵敏能力。

平衡性是指人体在静态或动态中维持身体平衡的能力。滑冰、平衡木运动及建筑物上的高空作业就需要高超的平衡能力。

协调性是指在神经系统和运动系统的调节整合下，人体在运动中准确、协调地完成动作的能力。杂技、高尔夫、棒球等运动需要很好的协调性。

爆发力是指以最快的速度将能量转化成力量的能力。铁饼与铅球运动是需要良好爆发力的运动项目。

反应时是指接受刺激与对刺激进行反应之间的时间间隔。赛车、短跑需要机体有灵敏的反应能力。

速度是指短时间快速移动的能力。田径、橄榄球等运动需要此项素质。

体适能中与技能相关的这些素质不是每个健康人都具有的，因为拥有这些素质还要有一个动作学习过程。拥有它们的人很容易完成高水平的技术动作，如在体育或特技中，与技能相关体适能有时也叫竞技体适能。

**3. 代谢性体适能**

代谢性体适能是近年来提出的新的体适能参数，反映机体生理系统的健康状况。代谢体适能的测量主要包括安静时心率、安静时血压、血糖、血脂参数、血胰岛素水平、骨密度、安静时肌肉功能等。代谢性体适能反映的是一种机能状态，它同许多慢性疾病的发生、发展直接相关，而且与运动锻炼的效果直接相关。通过运动锻炼可以降低血脂水平、控制血糖、提高骨密度等，都能增强机体代谢，减少各种运动不足性疾病的发生，并影响机体整体体适能水平。

代谢综合症是2000年WHO和一些重要的学术机构提出的，它是多种危险因素在一个人身上群集的一种综合征，就是同一个人既有糖尿病或糖代谢异常，又有高血压、血脂异常、肥胖（多数病人有肥胖）。糖尿病或血脂异常，餐后血糖高或者糖耐量实验（口服葡萄糖以后），再验血糖不正常，这是一个很重要的基本特征，常常多数都有肥胖，当然也有不胖的，再有高血压、血脂异常，就是一个人有多重危险因素同时存在，这种病人还没有发展成糖尿病，但这是一个很重要的阶段，如今在欧美国家，很多重要的学术会议上，特别强调提出代谢综合征。

体适能是三方面参数的综合表现。一个健康的人，三方面的参数至少达到适当水平，使机体能拥有一定的与健康、技能以及代谢体适能成分。不同的体适能特征之间存在着相互关系，但相互之间又有区别：一个拥有良好健康相关的体适能成分者并不一定具有优秀的技能类体适能，因为还涉及一个学习过程，但要拥有优秀技能体质的前提是机体要有良好的健康基础；

有些人体质发展会表现出不平衡性,如有时力量特别大的人并非一定拥有特别优秀的心血管机能,同样协调性极佳的人可能没有特好的柔韧度,这种现象的产生与个人的运动兴趣有关,作为健康/体适能指导者应予以正确引导。

## 3.3　体适能的目标

通过进行能够增强和维持心肺机能、合理脂肪量、适当的肌肉力量、耐力和柔韧性的运动,可以实现体适能的目标。

**1.降低严重疾病发生的风险**

这一目标是对免于疾病的健康目标的延续。很多导致人类非正常或过早死亡的严重疾病是能够通过详细的体格检查和预防措施(如免疫接种)等手段来预防的。世界上仍有很多人需要这些基本的医疗卫生措施,这正是医学科学的使命。其解决方法是寻求物质资源和政治意愿来使医疗卫生服务普及到每一个人。

在发达国家和富裕地区,人们都能享受到预防性的医疗卫生服务,这样另外的健康问题就相对突出(如心血管疾患等),成为引起过早死亡和残疾的主要原因。就像在第1章所说,体育活动在此对预防这些严重疾病的过早发生就起到了重要的作用。

**2.维持身体的良好状况**

许多能够降低严重疾病发生风险的特质能够同时为人们带来更高质量的生活。换句话说,拥有高水平的机能能力和理想水平的身体脂肪含量能够使人们感觉良好,精力充沛,生活丰富。此外,在躯干部位拥有良好的肌肉耐力和柔韧性意味着拥有健康的腰身。当人们提高他们的体适能水平时,他们的生活在向更好的方向发展,而体适能水平降低则会导致疾病和生活质量下降。

## 3.4　有利于增进健康和增强体适能的行为

前面讨论了体适能的概念、目标、组成,为了达到这些要求,个人必须采取一种健康的生活行为方式。为了增进健康,必须对个体健康行为进行诊断、分析与干预。

有利于增进健康和增强体适能的行为方式包括合理的饮食习惯、有规律地进行运动、不吸烟、不使用非法药物、不过度饮酒、适当睡眠、合理处理应激、进行柔韧性和力量练习等诸如此类的方法。同时,增进健康和体适能也可以通过诸如负重的抗阻训练来加强力量、静力性的伸展来维持柔韧性、参加规律的剧烈运动、进行间歇性的专项运动训练等行为来完成。

## 3.5　体质、体适能、健康的关系

体质是指人体的质量,是生命活动和劳动工作能力的物质基础,是在先天遗传和后天环境的影响下,在生长、发育和衰老的过程中逐渐形成的身、心两方面相对稳定的特质。

WHO 在 1948 年给健康下的定义是："健康是一种躯体、精神与社会和谐融合的完美状态，而不仅仅是没有疾病或身体虚弱。"具体来说，健康包括 3 个层次。第一，躯体健康，指躯体的结构完好、功能正常，躯体与环境之间保持相对的平衡。第二，心理健康，又称为精神健康，指人的心理处于完好状态，包括正确认识自我、正确认识环境、及时适应环境。第三，社会适应能力良好，指个人的能力在社会系统内得到充分的发挥，个体能够有效地扮演与其身份相适应的角色，个人的行为与社会规范一致，和谐融合。这就是所谓的"三维健康学说"，后来，有人将道德健康加进去，形成了"四维健康学说"。1986 年，WHO 从健康促进的角度又重新定义了健康："健康是每天生活的资源，并非生活的目的。健康是社会和个人的资源，是个人能力的体现。"

体质、健康和体适能三者的关系是紧密相连，不可分割的。体质是身体的质量，是静态的，相当于制造物品的"材料"或"材质"；体适能是身体的适应力，是一种能力，就如物品的"用途"或"功能"，是动态的；健康是一种"状态"。

体质与健康的关系是"质量"与"状态"的关系，"质量"决定"状态"；体质与体适能的关系是"材料"与"功能"的关系，在一定程度上，"材料"决定了"功能"。健康和体适能的关系就是"状态"与"能力"的关系，"状态"决定"能力"。

体质、健康和体适能是一组容易混淆的、意义相近的词汇。三者既有相同之处，又有不同之点。体质是身体的质量，体适能是身体的适应力，是一种能力，健康是一种"状态"。

## 3.6　健康体适能管理

### 1. 健康体适能管理介绍

健康管理最早出现于 20 世纪 50 年代的美国，所谓健康管理是指对个人或人群的健康危险因素进行全面监测、分析、评估以及预测和预防的全过程。健康管理立足于找出隐藏在人群中可能引起疾病的危险因素，并加以预防或解决。其宗旨是调动个人及集体的积极性，有效地利用有限的资源来达到最大的健康改善效果。健康管理是基于个人健康档案基础上的个性化健康事务性管理服务，它的应用范畴现在主要是慢性非传染性疾病的防治与管理，如高血压、高血脂、冠心病、脑卒中、糖尿病以及肿瘤等。以代谢综合症为例，发病和发病前的亚健康状态都和运动不足有很大的关系，在目前的健康管理项目中医疗预防和康复基本是一片空白，有的也只是简单的基本问卷和非个性化的简单计算来指导个体的运动，对于综合考虑个体的体适能差异来制定运动锻炼的模式、强度、频度和时间的需求日益迫切，对健康体适能的管理应该作为健康管理的一个重要的组成部分。

进入 21 世纪后，人们注意运动的重要性，也在无意识状态下希望能够拥有良好的健康体适能，但是对于健康体适能的认识却往往不够。事实上，由于健康体适能要素与一般人的健康与疾病有密切的关系，而且都需要通过运动的方式来促成，良好的体适能并不能靠一朝一夕的体育锻炼就可以得来，它必须通过长时期科学地参与体育锻炼，并维持健康良好的生活方式来得以改善。

健康体适能管理是通过对个体进行健康体适能组成要素的测试、评估、分析，并根据综合的结果,制订合适的运动处方,包括适当的运动项目、运动强度、运动频率和时间,同时在运动中进行健康指导和干预,并长期进行效果跟踪、评估分析、处方调整,整个管理过程还应包括运动时应注意的事项,如服装、器材与设备、身体的准备、认知上的准备等方面。

**2. 健康体适能管理的意义**

在美国对健康体适能的管理研究成果表明,可以通过一定的方法识别那些由于缺乏运动或不合理的运动,有明显趋势将进入疾病状态需要接受治疗的人,因而可以对他们采取相应的体适能管理的干预措施,利用这种强有力的措施可保持或改变人群的健康体适能状态。其意义在于:

(1)由于通过运动可以解决或减轻 70％的代谢综合征和 40％左右骨骼类疾病,合理的运动和完善的健康体适能管理可以使人群维持低水平的医疗消费。

(2)良好的健康体适能对于提高生活品质起到了决定性的作用。美国密执安大学健康管理研究中心指出:美国经过 10 多年的研究得出了这样一个结论,即健康体适能管理对于任何企业及个人都有这样一个秘密,即 90％和 10％。具体地说就是通过健康体适能管理后的90％的个人和企业,对于健康生活质量的满意度提高了;而没有进行健康体适能管理的个人和企业对于健康生活质量的满意度提高只有 10％。

由此可见,健康体适能管理不仅是一个概念,也是一种方法,更需要一套完善、周密的服务程序,其目的在于降低医疗消费和提高生活品质。生命在于运动,从新中国成立初期提出的"发展体育运动,增强人民体质",到目前的全民健身,健康体适能管理在中国的发展有很好的基础,如何将体育科研和社会体育指导的力量结合起来,介入到健康管理这个庞大的产业中,这本身也是从事体育运动事业的人们对于健康体适能管理关注的意义所在。

**3. 健康体适能管理的模式**

健康体适能管理可分为五大部分:个人状况调查、健康体适能评估、健康体适能干预、干预效果评估、体适能教育及指导。

(1)个人状况调查:以软件及互联网的形式收集将用于健康体适能管理和评估中涉及的个人基本信息、疾病危险性调查、运动饮食习惯等客观信息。

(2)健康体适能评估:根据个人信息制订运动试验方案,选择测评设备,对心肺耐力、肌肉力量和肌肉耐力、柔韧性、体成分、骨密度、国民体质监测项目等健康体适能及相关指标的测评得到个性化的评估。

(3)健康体适能干预:根据个人健康体适能评估,结合个人运动饮食习惯等客观信息综合制订个性化的运动处方或健身计划,并在执行过程中根据具体情况给予调整。

(4)干预效果评估:定期对健康体适能和相关指标进行测评,分析运动效果,调整运动处方和健身计划。

(5)体适能教育及指导:在以上所有过程中应安排不同程度的教育和指导,可以是一对一的,也可以是一对多的,形式可以是语言交流、纸媒或互联网等。

在实际运行中不同的健康体适能管理机构应该有各自的特点,有移动式或地面站的区别,有以健康体适能评估为主、与健康体适能干预机构的签约共享会员;也有以健康体适能干预为主,借助体育科研和运动医学机构来配合作健康体适能评估等。

**4. 健康体适能管理展望**

对于从事健康产业的人员,对健康体适能知识也要有基本的了解,这在与普通人群交流中很重要。在健康管理机构内,工作人员对疾病预防和治疗的相关咨询不存在问题,因为大部分人员是医护工作者,而对于健康体适能的概念基本还停留在"注意适当运动"的状态,如何适当运动、个体区别如何体现、运动综合因素如何考虑,这都是需要解决的问题,对于体育科研和运动医学研究的专业人士应该更大力度地介入健康管理和健康产业中来。

近年来我国健康体适能管理发展的实践表明,健康体适能的管理在整个健康管理中的作用显著,得到了广大人群的认可。虽然在我国健康管理产业正在逐渐走向成熟,但这个行业需要走的路还很长,完善和结合多方位综合管理正是目前健康管理发展的必然趋势,健康体适能管理模式的成熟还需要各方面的合作和努力,而它的前景良好,在社会发展进步过程中将起到非常重要的作用,督促人们养成良好的运动习惯,更好的保持健康,提升生活品质。

## 思 考 题

1. 简述体适能的分类。
2. 简述健康体适能的组成。
3. 论述体质、体适能、健康三者之间的关系。

# 第4章 健康体适能测试及评定

**内容提要:**本章主要是从健康体适能测试的目的与功效,健康体适能组成进行分析,对健康体适能的每个组成部分进行测试,对测试结果进行评价,最后对健身者进行全面健康体适能评价分析。

体适能的健康相关组成与良好的健康状态存在密切的关系,以日常生活精力充沛为特征,并已证明具有较低早期患有运动不足所致疾病的风险(如与缺少体力活动相关的疾病)的特征。所有健康和生理相关体适能的测量已应用到疾病预防和健康促进当中,并可通过规律的体力活动和运动得到改善。一级和二级干预项目的基本目标是促进健康,因此,这些项目的重点应放在提高健康相关体适能和生理相关体适能的要素上。

## 4.1 健康体适能测试的目的及功效

### 1.健康体适能测试的目的

体适能测试在预防和康复运动项目中是一种普遍和适宜的实践环节。健康相关体适能测试的目的包括以下方面:

(1)告知受试者当前与健康相关的体适能状态和年龄、性别相匹配的健康相关标准之间的关系。

(2)提供有助于制订增强所有体适能要素的运动处方数据。

(3)收集基线和干预后的数据,以评价受试者参与运动项目后的健康改观。

(4)通过建立合理、可实现的体适能目标,激励受试者参与运动。

(5)评估心血管疾病的风险。

### 2.体适能测试的功用

(1)区分社会中不同人的体适能层次。

(2)作为诊断体适能状况的工具。

(3)反映出个体在进行体适能活动时的进度及成就。

(4)用作激励参与体适能活动的工具。

(5)测试结果可转化为常模,作为参照。

## 4.2 体适能测试的基本原理

把在健康体适能相关测试中所获得的信息与个人健康和医学信息结合在一起,可使健康体适能专业人员帮助受试者实现特殊的体适能目标。一个理想的健康相关体适能测试是实用的、有效的,并非昂贵但易于操作。测试结果应能说明当前体适能状态、反映体力活动或运动干预带来的变化,并能与正常值进行比较。

**1. 测试前说明**

要提供所有测试前说明并粘贴在相关测试设备前方。在进行一个健康相关测试前,要采取措施保证受试者安全和舒适。至少每个受试者要完成一份如同运动锻炼前问卷或 ACSM/AHA 格式的问卷。受试者测试前的基本说明要根据特殊需要或环境要求而改进。

**2. 测试程序**

在受试者到达测试场地前要完成下列步骤:
(1)确保准备好所有的表格、评分表、图表及其他测试文件,并可被测试管理者所用。
(2)至少每月校准测试仪器一次,以确保测量的准确性(如节拍器、功率车记功器、运动跑台、血压计、皮褶厚度计)。
(3)按测试顺序放置测试仪器,避免同一群肌肉重复用力。
(4)提供知情同意书表格(见第 6 章知情同意书模板)
(5)维持室内温度在 20～22℃,湿度低于 60%。
根据要评估的体适能要素进行多项测试时,测试组织很重要。应该先测量心率、血压、身高、体重和身体成分等安静指标。安静指标测试之后应在同一时段内(顺序)测试如心肺耐力、肌肉力量/肌肉耐力、柔韧性等所有体适能要素。若在测试肌肉力量/肌肉耐力(其可提高心率)后再测试心肺耐力,会影响受试者心肺耐力测试结果的准确性,尤其是用心率预测摄氧量时。同样,如果用生物电阻抗分析法(BIA)测试身体成分,在此前进行的心肺耐力测试导致的脱水可影响身体成分测试结果。由于应用某些药物,如 β 受体阻滞剂,可降低心率,将影响体适能测试结果,应注明所使用的药物。

**3. 测试环境**

测试环境对测试的准确性和可靠性是很重要的。要尽可能对测试焦虑情绪、情感问题、胃内容物、膀胱充盈度、室温、室内通风等因素进行控制。为了尽量减少焦虑情绪,需要准确解释测试过程、保持测试环境安静,并注意保护个人隐私。在测试房间内,应当配备舒适的椅子和用以测量血压、心率、心电图的检查台。工作人员的言谈举止应随意且自信,从而可以使测试顺利进行。不要急于完成测试过程,在测试开始前清楚地说明所有测试步骤。这些细微工作很容易完成,但其对于获得正确可靠的测试结果是很重要的。

# 4.3 心肺血管机能

**1. 心肺血管机能表示方式**

心肺血管机能包括心脏、血管、肺以及有氧代谢等几方面的能力,又称心肺耐力,是指持续体力活动中呼吸系统吸入氧气、循环系统运送氧气和骨骼肌利用氧气的能力,体现人的心肺功

能和有氧耐力。以定量的方式来表达,可以用下述数值来表示心肺机能:

(1)机体每分钟摄入和利用的氧量,以 L 为单位,计为 L/min。

(2)机体每千克体重每分钟摄入和利用的氧量,以 mL 为单位,计为 mL · min/kg。

(3)梅脱(MET),即安静时代谢率的倍数。1MET 氧$=3.5$ ml · kg$^{-1}$ · min$^{-1}$。

安静状态下的心肺血管机能测试所获得的信息是远远不够的,而必须通过运动状态下来观察心脏和呼吸系统的反应,可以对心肺机能有着更加深入的了解。

**2. 测量心肺血管机能的意义**

心肺血管机能测试结果可以用于评价受试者的心肺血管机能状况,可以和健康标准得分进行对比,从而确定受试者的个人健康状况,并可以为制订运动处方提供数据支持。在测试过程中可对测试的类型和监控的水平进行调整,以适应各个年龄组的特殊需求,以取得可靠的信息。

可根据以下方面的需要进行心肺血管机能测试。

(1)确定心血管和呼吸系统对安静状态和次极量、极量运动的反应。

(2)为制订运动处方提供数据支持。

(3)可作为冠心病的检测手段。

(4)确定受试者执行某项特殊工作的能力。

选择测试的适应范围时应考虑:年龄、性别和体适能水平的差异,是否患有疾病,是否存在冠心病的危险因素等。

**3. 最大摄氧量的概述**

最大摄氧量(VO$_{2max}$)是心肺耐力的标准测量指标。最大摄氧量由最大心输出量和最大动静脉氧差决定。不同人群最大摄氧量不同,体适能水平主要取决于不同的最大心输出量,因此最大摄氧量与心脏功能密切相关。

开放式肺活量测量计可用于测量最大摄氧量,通过测量肺通气量及呼出气体中的 O$_2$ 和CO$_2$。现代化的自动操作系统可直接打印出详细的测试结果。测试的管理和测试结果描述应该由精通运动科学的专业人士来完成。

当不可能或不需要进行最大摄氧量直接测试时,多种次极量或极量强度的运动测试可以用来推算最大摄氧量,已经证实这些测试的有效性。

**4. 极量及次极量运动测试 VO$_{2max}$**

采用极量强度还是次极量强度运动测试很大程度上取决于测试的目的、可使用的设备及测试人员。在常规的运动测试方案中,可以通过功率车记功器上设定负荷的运动持续时间及用相应的公式来推算最大摄氧量。测试人员要考虑受试者与相关公式的标准误差。极量强度测试的不利之处是要求受试者运动至力竭,故需要在医务监督下进行,并配有急救设备。但极量强度测试可使无症状冠心病患者诊断的敏感性增加,并能提供更准确的最大摄氧量。此外,在极量强度运动测试中,使用开放式肺活量测试计可提高无氧阈和最大摄氧量测试的准确性。

由于极量强度的运动测试不适合于某些人的健康和体适能状态,通常采用次极量强度运动来测试受试者的心肺耐力。次极量强度运动测试的基本目的是测试一级或多级次极量负荷下的心率反应,并因此预测最大摄氧量。虽然从传统上说,此试验的主要目的是通过心率和负荷的关系预测最大摄氧量,但同时获得受试者对运动的其他反应也是很重要的。可以利用多级次极量强度下测试的心率、血压、负荷量、RPE 和其他主观反应作为有价值的信息来评估受试者对运动的功能性反应。在可控制环境条件下获得的上述信息可评价随着时间变化的次极量强度运动反应,以及优化运动处方。

次极量强度负荷试验,指测试中采用的负荷低于受试者所能达到的最大负荷,用预期目标心率(Perfet Target Heart Rate,PTHR)和测试结果,推测出受试者可能达到的最大负荷、最大摄氧量,最后推算出受试者的心肺血管机能。如果以下假设都能达到,则可准确地评估受试者的最大摄氧量。糖尿病患者的心率对运动的反应可能较迟钝,也可能达不到同年龄水平的最大心率。评估次极量强度运动测试中的心率来反映最大摄氧量应基于以下几点假设:

(1)在每级运动负荷下可以获得稳定心率,并且每次保持一致。

(2)心率和运动负荷之间存在线性关系。

(3)最大负荷量可预示最大摄氧量。

(4)与给定年龄人群的最大心率保持一致。

(5)每个人的机械效率相同(例如在给定负荷下的最大摄氧量)。

(6)受试者未服用影响心率的药物。

根据 Astand - Rhyming 设计的方法,让受试者在功率自行车上进行次最大摄氧量(即低于 100% 最大摄氧量的强度)运动,持续时间 6 min 的单级试验,一般受试者设置 50 r/min。目标是获得 125~170 次/min 之间的某一心率值,在运动的第 5 min 和第 6 min 时测心率。用两次心率的平均值通过列线图评价最大摄氧量(见图 4-1),结合输出功率,然后推测出该受试者的最大摄氧量,得出的数值要根据年龄(因为最大心率随年龄增长而下降)通过修正系乘以最大摄氧量值进行修正,见表 4-1。

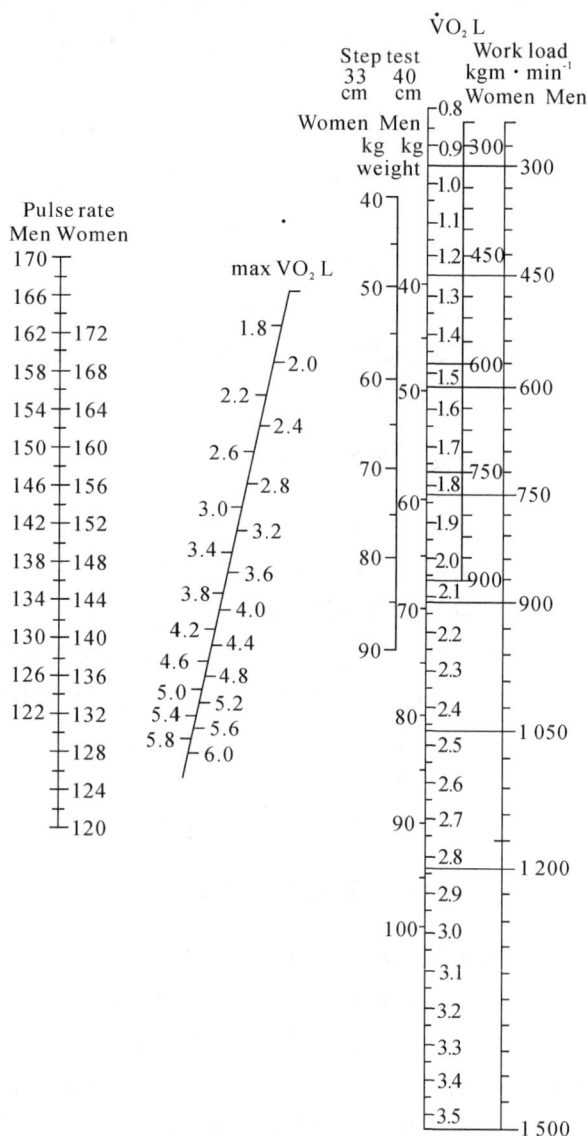

图 4-1 Astrand - Ryhming 列线图

表 4－1　修正系数

| 年龄/岁 | 修正系数 | 最大心率/(次·min$^{-1}$) | 修正系数 |
|---|---|---|---|
| 15 | 1.10 | 210 | 1.12 |
| 25 | 1.00 | 200 | 1.00 |
| 35 | 0.87 | 190 | 0.93 |
| 40 | 0.83 | 180 | 0.83 |
| 45 | 0.78 | 170 | 0.75 |
| 50 | 0.75 | 160 | 0.69 |
| 55 | 0.71 | 150 | 0.64 |
| 60 | 0.68 | | |
| 65 | 0.65 | | |

### 5.心肺血管机能测试顺序和方法

在运动测试中,首先测试安静时心率、血压、心电图、主观疲劳感觉(RPE),在最初的筛查后,应该在运动测试开始前选择基线测试项目。

次极量强度心肺适能测试的一般过程:

(1)运动前即刻测运动体态下静息心率和血压。

(2)受试者要熟悉记功器。若使用功率车记功器,受试者在记功器上应保持正确的姿势(如直立姿势,下肢在最大伸直位置应保持膝关节 5°弯曲,手应握在把手的正确位置上)。

(3)运动测试开始前要进行 2～3 min 的热身运动,使受试者熟悉记功器,并能适应第一级测试强度。

(4)一个运动测试方案应由每 2～3 min 一级到若干级,以及适应的递增负荷组成。

(5)在每级测试中,至少在每一个级第 2min 和第 3min 末监测 2 次心率。如果心率大于110 次/min,在增加负荷前要达到稳定心率(如两次心率相差不到 5 次/min)。

(6)在每个阶段结束前 1min 要测试血压,血压过低或过高时应进行重复测量(核实)。

(7)在每一阶段最后 1min 应使用 Brog 6～20 或 0～10 分主观疲劳感觉表进行监测(见表4－2)。

(8)要监测和及时记录受试者的表现和症状。

(9)在受试者达到 70％最大储备心率(85％年龄预测最大心率)、不能实施运动方案、出现不利体征或症状、受试者要求停止或出现紧急状况时应终止试验。

(10)完成适当的整理/恢复阶段:保持或低于运动方案第一阶段的运动负荷;如果受试者出现不适体征或紧急状态,应完成被动整理阶段。

(11)在恢复期,所有生理观察指标(如心率、血压、症状和体征)需要至少持续监测 5min,如果出现异常反应,应延长监护期。持续进行低水平的运动直到心率、血压稳定,但不需要达到运动前水平。

1)心率的监测

可以通过若干种技术确定心率,其中包括桡动脉或颈动脉脉搏触诊、听诊器听诊或使用心率监护仪。如果没有外界电场的干扰,佩带胸部电极的心率遥测仪测心率是准确和实用的。

2)血压的测量

测量血压时要求受试者手臂放松并置于心脏水平,不要握扶把手(功率车记功器)。为了确保读数准确,选择合适的袖带。血压计袖带的橡胶囊应至少包绕上臂的80%。测量血压时水银柱应与视线水平或使用近期校准过的无液气压计。收缩压和舒张压的测试可以作停止运动测试的指征。可参考静息状态下的血压测量方法获得准确的运动中血压测量结果。另外,如果不能辨别第4柯氏音,以第5柯氏音为准。在运动中,应该听到第1柯氏音、第4柯氏音及第5柯氏音。

3)RPE 检测

对于检测个体运动耐受性来说,RPE 是一个有价值的指标。尽管自觉用力程度与运动时的心率和负荷有关,但是在 RPE 分级的广泛应用中发现 RPE 在健康人群和心血管疾病病人中仍存在较大的个体差异。Brog 的 RPE 分级表(见表4-2)通过运动者主观评价受试者在运动中的感觉来分级,同时兼顾个人体适能水平、环境和一般疲劳水平。评价等级受心理、情感状态、环境条件、运动模式以及年龄等因素的影响,这些能降低其评价效果。

表 4 - 2  Brog 的 RPE 分级表

| Original/Category Scale | | Revised/Category - ratio Scale | | |
|---|---|---|---|---|
| 6 | | 0 | Nothing at all | NoIntensity |
| 7 | Very, Very Light | 0.3 | | |
| 8 | | 0.5 | Extremely Weak | Just Noticeable |
| 9 | Very Light | 0.7 | | |
| 10 | | 1 | Very Weak | |
| 11 | Fairly Light | 1.5 | | |
| 12 | | 2 | Weak | Light |
| 13 | Somewhat Hard | 2.5 | | |
| 14 | | 3 | Moderate | |
| 15 | Hard | 4 | | |
| 16 | | 5 | Strong | Heavy |
| 17 | Very Hard | 6 | | |
| 18 | | 7 | Very Strong | Heavy |
| 19 | Very, Very Hard | 8 | | |
| 20 | | 9 | Extremely strong | Strongest Intensity |
| | | 10 | | |
| | | 11 | | |
| | | | Absolute Maximum | Highest Possible |

注:引自 ACSM. ACSM's Guidelines for Exercise Testing and Prescription. ixth edition. U. S. A Lippincott Wolloams & Wilkins, 2000.

在国内外较常用的是 Brog 的 6 级～20 级的分级法。

RRE 是反映主观感觉的指标,研究表明,它与一些客观指标、运动强度之间有较好的相关性。例如,与"每分通气量、血乳酸、每分吸氧量等进行多因素相关性分析,其相关系数＝0.85,表明具有很好的相关性"。虽然由于个体差异,RPE 与一些客观指标不能直接换算,但与最大心率百分比、心率和吸氧量储备百分比等指标有一定关系(见表 4－3)。

**表 4－3　Brog 自觉用力程度分级表与运动强度的对应关系**

| RPE 级别 | 自我感觉 | 心率、吸氧量储备的比例/(%) | 最大心率的比例/(%) |
|---|---|---|---|
| 6 | | | |
| 7 | 非常非常轻松 | ＜20 | ＜35 |
| 8 | | (RPE＜10) | (RPE＜10) |
| 9 | 非常轻松 | | |
| 10 | | 20～30 | 35～54 |
| 11 | 尚且轻松 | (RPE10～11) | (RPE10～11) |
| 12 | | 40～59 | 55～69 |
| 13 | 有点吃力 | (RPE12～13) | (RPE12～13) |
| 14 | | | |
| 15 | 吃力 | 60～84 | 70－89 |
| 16 | | (RPE14～16) | (RPE14～16) |
| 17 | 非常吃力 | | |
| 18 | | ≥85 | ≥90 |
| 19 | 非常非常吃力 | (RPE17～19) | (RPE17～19) |
| 20 | | 100 | 100 |

注:指客观指标活动强度 60min 以内时,与 RPE 的对应关系;引自 ACSM. ACSM's Guidelines for Exercise Testing and Prescription. sixth edition. U. S. A Lippincott Wolloams & Wilkins,2000.

不同强度运动的 RPE 分值乘以 10,大约相当于当时的心率值。如 RPE 为 15 时,心率为 150 次/min。这一规律在年轻人中比较适用。最大心率随年龄的增加而下降,在年龄较大的人群中,这个推算是不准确的。

RPE 比较适合于成年人,在儿童中因受心理因素的影响,使用误差可能较大;在有训练经验的人群中使用,较在无训练经验的人群中使用可靠性强。此外,有 5%～10% 的受试者,当用中、低强度运动时,会对自己评估过低,或不能对自我感觉做出客观评定。

尽管 RPE 存在一些问题,但当测量心率有困难,心率受药物干扰,或受试者的脉搏不易测量时,还是可以参照 RPE 来掌握运动强度。对于运动中出现的不良症状,一般情况下主观感觉要早于客观指标(用 RPE 评定时症状表现早 2 min 左右),用 RPE 来控制运动强度也是很有必要的。

**6. 终止测试标准**

递增运动测试,无论是极量还是次极量强度,只要坚持对受试者进行筛查和遵循测试指导,就是一个安全的过程。有时出于安全原因,运动测试可能会在受试者达到最大摄氧量之前、感觉疲劳或达到预定终止点时结束。下面列举在极量或次极量运动测试终止的指征,其中不包括医生或心电监护识别。与临床或诊断性运动测试相关的更多特殊终止试验标准将在有关章节列出。

低危险因素人群停止运动测试的标准:

(1)出现心绞痛或类似心绞痛的症状。

(2)无论是否增加运动负荷,收缩压较基线血压下降大于 10 mmHg。

(3)血压过度升高:收缩压大于 250 mmHg 或舒张压大于 115 mmHg。

(4)呼吸短促、哮鸣音、下肢痉挛或跛行。

(5)头痛、意识不清、脸色苍白、发绀、恶心、皮肤湿冷。

(6)心率不随着运动强度增加而增加。

(7)心律显著改变。

(8)受试者要求停止。

(9)受试者口头表示或身体表现出极度疲劳。

(10)测试设备故障。

**7. 心肺血管机能测试方法与评估**

1)台阶试验

台阶试验是评定心肺耐力的主要测定方法,适用于 20～59 岁的成年人。台阶试验主要是通过观察定量负荷所持续运动的时间以及运动后心率恢复的速度来评定受试者的心肺耐力。

测试方法:台阶高度为男子 30 cm,女子 25 cm;上下台阶频率为 30 次/min;连续重复 3 min。完成后,受试者立即静坐在椅子上,测量并记录运动后 60～90 s、120～150 s、180～210 s 的 3 次脉搏数。如果受试者不能坚持运动 3 min。应立即停止运动,记录运动持续时间,并以同样方法记录 3 次脉搏数。详细测定方法见《国民体质测定标准手册》(成年人部分)第 14 页～第 16 页。

将记录结果代入下列公式计算台阶指数,评价标准见表 4－4。

台阶指数＝［运动持续时间(s)/(3 次测量脉搏数之和×2)］×100

表 4－4　《国民体质测定标准》台阶指数评价标准

| 性　　别 | 年龄/岁 | 1分 | 2分 | 3分 | 4分 | 5分 |
|---|---|---|---|---|---|---|
| 男 | 20～24 | 42.1～46.1 | 46.2～52.0 | 52.1～58.0 | 58.1～67.6 | ＞67.6 |
| | 25～29 | 42.1～46.1 | 46.2～51.9 | 52.0～58.3 | 58.4～68.1 | ＞68.1 |
| | 30～34 | 41.4～46.1 | 46.2～52.2 | 52.3～58.3 | 58.4～68.1 | ＞68.1 |
| | 35～39 | 41.3～46.1 | 46.2～52.2 | 52.3～58.7 | 58.8～68.1 | ＞68.1 |
| | 40～44 | 37.8～46.5 | 46.6～53.5 | 53.6～59.9 | 60.0～70.2 | ＞70.2 |
| | 45～49 | 35.5～46.3 | 46.4～53.5 | 53.6～60.3 | 60.4～70.2 | ＞70.2 |
| | 50～54 | 31.5～45.8 | 45.9～53.5 | 53.6～59.9 | 60.0～69.7 | ＞69.7 |
| | 55～59 | 29.9～44.7 | 44.8～53.2 | 53.3～59.9 | 60.0～69.7 | ＞69.7 |

续　表

| 性　别 | 年龄/岁 | 1 分 | 2 分 | 3 分 | 4 分 | 5 分 |
|---|---|---|---|---|---|---|
| 女 | 20～24 | 40.9～46.1 | 46.2～52.2 | 52.3～58.0 | 58.1～67.1 | ＞67.1 |
| | 25～29 | 40.7～46.8 | 46.9～53.2 | 53.3～59.1 | 59.2～68.6 | ＞68.6 |
| | 30～34 | 39.5～47.0 | 47.1～53.7 | 53.8～59.9 | 60.0～69.1 | ＞69.1 |
| | 35～39 | 37.0～46.8 | 46.9～53.8 | 53.9～60.3 | 60.4～69.7 | ＞69.7 |
| | 40～44 | 31.5～46.8 | 46.9～54.8 | 54.9～61.5 | 61.6～71.3 | ＞71.3 |
| | 45～49 | 30.0～45.6 | 45.7～54.4 | 54.5～61.5 | 61.6～71.3 | ＞71.3 |
| | 50～54 | 27.9～43.8 | 43.9～54.1 | 54.2～61.5 | 61.6～71.3 | ＞71.3 |
| | 55～59 | 27.3～39.8 | 39.9～52.8 | 52.9～60.3 | 60.4～70.2 | ＞70.2 |

**2. 12 min 跑**

在室外的 CRF(心肺功能)测试中,由 Cooper 提出的 12 min 跑是使用最多的方法之一。这种测试方法是:受试者在 12 min 之内尽可能快地慢跑/跑步。测试的原理是跑的速度与以该速度跑时的需氧量两者之间的相关性($r=0.897$)。跑的速度越快,以该速度跑时的需氧量就越大。之所以要跑一定长的时间是为了减少在跑的过程中无氧供能系统的影响。这一结果显示,可以用 12 min 跑的运动成绩间接推算每千克体重的最大摄氧量,见表 4-5 和表 4-6。

**表 4-5　12 min 跑的距离推算最大摄氧量**

| 12 min 跑成绩<br>m | 最大摄氧量<br>mL/(kg·min) | 12 min 跑成绩<br>m | 最大摄氧量<br>mL/(kg·min) |
|---|---|---|---|
| 1 000 | 14.0 | 2 500 | 45.9 |
| 1 100 | 16.1 | 2 600 | 48.0 |
| 1 200 | 18.3 | 2 700 | 50.1 |
| 1 300 | 20.4 | 2 800 | 52.3 |
| 1 400 | 22.5 | 2 900 | 54.4 |
| 1 500 | 24.6 | 3 000 | 56.5 |
| 1 600 | 26.8 | 3 100 | 58.5 |
| 1 700 | 28.9 | 3 200 | 60.8 |
| 1 800 | 31.0 | 3 300 | 62.9 |
| 1 900 | 33.1 | 3 400 | 65.0 |
| 2 000 | 35.3 | 3 500 | 67.1 |
| 2 100 | 37.4 | 3 600 | 69.3 |
| 2 200 | 39.5 | 3 700 | 71.4 |
| 2 300 | 41.6 | 3 800 | 73.5 |
| 2 400 | 43.8 | 3 900 | 75.6 |

表4-6　12 min 跑测试结果及对应心肺机能分类　　　　　单位：m

| 性　别 | 年龄/岁 | 跑步距离 | | | | |
|---|---|---|---|---|---|---|
| | | 优秀 | 良好 | 合格 | 及格 | 差 |
| 男 | 20～29 | >2 800 | 2 400～2 800 | 2 200～2 399 | 1 600～2 199 | <1 600 |
| 女 | 20～29 | >2 700 | 2 200～2 700 | 1 800～2 199 | 1 500～1 799 | <1 500 |
| 男 | 30～39 | >2 700 | 2 300～2 700 | 1 900～2 299 | 1 500～199 | <1 500 |
| 女 | 30～39 | >2 500 | 2 000～2 500 | 1 700～1 999 | 1 400～1 699 | <1 400 |
| 男 | 40～49 | >2 500 | 2 100～2 500 | 1 700～2 099 | 1 400～1 699 | <1 400 |
| 女 | 40～49 | >2 300 | 1 900～2 300 | 1 500～1 899 | 1 200～1 499 | <1 200 |
| 男 | 50 | >2 400 | 2 000～2 400 | 1 600～1 999 | 1 300～1 599 | <1 300 |
| 女 | 50 | >2 200 | 1 700～2 200 | 1 400～1 699 | 1 100～1 399 | <1 100 |

其他的测试方法见第 7 章的有关内容。

# 4.4　肌肉力量和肌肉耐力

肌肉力量和肌肉耐力是健康体适能的重要组成部分，并能改善或维持下列情况：骨骼重量，其与骨质疏松相关；糖耐量，其与 2 型糖尿病相关；肌腱完整性，与较低的损伤风险相关，包括腰背痛（Low-Back Pain，LBP）；完成日常活动的能力，与自我评价相关；去脂体重和基础代谢率，与体重控制相关。

ACSM 将肌肉力量和肌肉耐力统称为肌肉适能，作为健康相关体适能的一部分，并作为评价竞技体适能的指标之一。在本书中将肌肉耐力和肌肉力量称为肌肉机能。肌肉力量指肌肉抗阻能力。肌肉耐力指肌肉持续收缩的能力或重复的次数。

**1. 测试原理**

在开始运动锻炼之前或作为体适能筛查评估的一部分而进行的用于评估肌肉力量和肌肉耐力的体适能测试，可以为受试者的基线体适能水平提供有价值的信息。例如，肌肉体适能测试结果可以与已知标准进行对比，并可协助识别该肌肉群是否肌力弱或肌肉失衡，而这将成为运动训练计划的目标。通过对基线肌肉体适能评估获得的信息也可作为设计个性化运动处方的基础。进行同等的体适能测试是为了观察受试者经过一段时间训练计划的实施引起自身状况的不断改善，同时也可作为反馈信息而有利于促进受试者坚持长期运动。

肌肉适能测试是一种非常特殊的肌群测试，包括肌肉收缩类型、收缩速度、肌肉技能类型、关节活动范围等。每一种测试结果都来源于相应的测试程序，没有一种测试能够评价全身肌肉耐力和肌肉力量。几乎没有哪种肌肉耐力或力量测试可以控制完成一个重复动作所需要的持续时间（运动速度）或者关节活动范围，所以很难解释测试结果。因此，为了获得能够真正用于评价随时间变化的生理适应性的可靠分数，受试者应参加一些熟悉/习惯的、使用器材的运动，并遵循特定的运动方案（包括已经确定的一个重复动作所需要的持续时间和关节活动范围）。此外,应当在肌肉体适能测试之前进行适当的热身运动,包括 5～10 min 简单的心血管运动、轻度牵拉和几次轻度的重复特殊测试运动。这可以提高肌肉温度、增加局部血流并促进心血管反应对运动的适应性。标准状态应包括:

(1)姿势正确。

(2)一个重复动作所需要的持续时间(运动速度)。

(3)全关节活动范围。

(4)监护人(必要时)。

(5)熟悉器材。

(6)适当准备活动。

用外在负荷或阻力的绝对值可以评价一个人肌肉机能随时间而发生的变化,但是在进行个体之间比较时,应该使用相对值(千克/千克体重)来表示。在上述任何一种情况下,由于存在超出标准测试的特殊个体、未采用标准运动方案或使用的实际测试不同等因素,因而要对评分进行说明。

**2. 肌肉力量**

虽然肌肉力量指的是施加在某块特殊肌肉或肌群的外力,但通常用"抗阻"这一术语表示,力量可以是静态的(无明显肌肉或肢体运动)或动态的(外部负荷或身体某一部分运动,此时肌肉的长度发生改变),静态力量测试是针对相关肌群和关节角度的,一次静态力量的测试限制了针对肌肉力量测试效果的描述。在这些测试中,用最大随意收缩值(MVC)表示峰值肌肉力量。

通常,1 - RM(Repetion Maximum)即在正确姿势和一定规则下全关节活动范围遇到的最大阻力值,已成为动态力量的评价标准。但是,也可用多次最大重复力量,如 4 - RM 或 8 - RM 作为肌肉力量的评价方法,这种方法可以使受试者与他们的测试项目评价相结合。

1 - RM(或任何多 RM)测试的基本步骤:

(1)受试者通过完成一系列次极量强度重复运动进行准备活动。

(2)在 4 次试验内应获得 1 - RM(或多 RM)值,每两次测试之间应休息 3～5 min。

(3)在受试者预测能力范围内选择起始重量(50%～70%最大力量)。

(4)在起始重量的基础上逐渐增加阻力,直至受试者不能完成重复动作为止,所有重复动作要保持相同运动速度和关节活动范围,并保持测试的一致性。

(5)记录最后成功举起 1 - RM 或多 RM 重量的绝对值(1 - RM 或多 RM 之间换算关系见表 4 - 7)。

**表 4 - 7　1 - RM 与多个 RM 之间关系**

| RM 数值 | 相当于 1 - RM 重量的百分比/(%) |
|---|---|
| 1 - RM | 100 |
| 2 - RM | 95 |
| 3 - RM | 93 |
| 4 - RM | 90 |

续 表

| RM 数值 | 相当于 1 - RM 重量的百分比/(%) |
|---|---|
| 5 - RM | 87 |
| 6 - RM | 85 |
| 7 - RM | 83 |
| 8 - RM | 80 |
| 9 - RM | 77 |
| 10 - RM | 75 |
| 11 - RM | 70 |
| 12 - RM | 67 |
| 15 - RM | 65 |

**3. 肌肉耐力**

肌肉耐力是表示某肌肉群在一定时间完成重复收缩以引起肌肉充分疲劳的能力,或保持最大收缩能力在特定百分比的持续时间。如果测试在一定阻力下总的重复次数,其结果表示绝对肌肉耐力。如果在试验前后分别测量 1 - RM 特定百分比(如 70%)的重复次数,其结果表示相对肌肉耐力。简单的场地测试,如仰卧起坐测试,或连续、无间歇俯卧撑的最大数值,可分别用来评价腹部肌肉群或上身肌肉的耐力。虽然缺乏支持腹肌力量与腰痛之间因果关系的科学数据,但通常认为腹肌力量弱或耐力差可导致肌源性腰痛。以下为肌肉耐力测试过程。

1)握力

用握力计测试。调试适宜的握距,测定有力手的握力。测量两次,取最大值。如果受试者分不出有力手,双手各测试两次取最大值。详细方法见《国民体质测定标准手册(成年人部分)》第 16 页~第 17 页。评价标准见表 4 - 8。

表 4 - 8 《国民体质测定标准》握力评价标准　　　　　　　　　　单位:kg

| 性　别 | 年龄/岁 | 1 分 | 2 分 | 3 分 | 4 分 | 5 分 |
|---|---|---|---|---|---|---|
| 男 | 20～24 | 29.6～36.9 | 37.0～43.5 | 43.6～49.2 | 49.3～56.3 | >56.3 |
| | 25～29 | 32.6～38.3 | 38.4～44.8 | 44.9～50.4 | 50.5～57.6 | >57.6 |
| | 30～34 | 32.2～38.0 | 38.1～44.9 | 45.0～50.6 | 50.7～57.6 | >57.6 |
| | 35～39 | 31.3～37.2 | 37.3～44.4 | 44.5～50.2 | 50.3～57.7 | >57.7 |
| | 40～44 | 30.0～36.4 | 36.5～43.4 | 43.5～49.5 | 49.6～56.7 | >56.7 |
| | 45～49 | 29.2～35.5 | 35.6～42.4 | 42.5～48.5 | 48.6～55.4 | >55.4 |
| | 50～54 | 31.5～45.8 | 45.9～53.5 | 53.6～59.9 | 60.0～69.7 | >69.7 |
| | 55～59 | 25.9～31.4 | 31.5～38.5 | 38.6～43.9 | 44.0～50.7 | >50.7 |
| | 60～64 | 21.5～26.9 | 27.0～34.4 | 34.5～40.4 | 40.5～47.5 | >47.5 |
| | 65～69 | 21.0～24.9 | 25.0～32.0 | 32.1～38.1 | 38.2～44.8 | >44.8 |

续 表

| 性　别 | 年龄/岁 | 1 分 | 2 分 | 3 分 | 4 分 | 5 分 |
|---|---|---|---|---|---|---|
| 女 | 20～24 | 18.6～21.1 | 21.2～25.7 | 25.8～29.8 | 29.9～35.0 | ＞35.0 |
| | 25～29 | 19.2～21.7 | 21.8～26.1 | 26.2～30.1 | 30.2～35.3 | ＞35.3 |
| | 30～34 | 19.8～22.3 | 22.4～26.9 | 27.0～30.9 | 30.1～36.1 | ＞36.1 |
| | 35～39 | 19.6～22.3 | 22.4～27.0 | 27.1～31.2 | 31.3～36.4 | ＞36.4 |
| | 40～44 | 19.1～22.0 | 22.1～26.9 | 27.0～31.0 | 31.1～36.5 | ＞36.5 |
| | 45～49 | 18.1～21.2 | 21.3～26.0 | 26.1～30.3 | 30.4～35.7 | ＞35.7 |
| | 50～54 | 17.1～20.1 | 20.2～24.8 | 24.9～28.9 | 29.0～34.2 | ＞34.2 |
| | 55～59 | 16.3～19.2 | 19.3～23.5 | 23.6～27.6 | 27.7～32.7 | ＞32.7 |
| | 60～64 | 14.9～17.1 | 17.2～21.4 | 21.5～25.5 | 25.6～30.4 | ＞30.4 |
| | 65～69 | 13.8～16.2 | 16.3～20.3 | 20.4～24.3 | 24.4～29.7 | ＞29.7 |

注:引自国家体育总局《国民体质测定标准手册》。

2)纵跳(20～39 岁)

采用高度式电子纵跳仪测试。受试者站在纵跳仪踏板上,尽量垂直向上跳起。测试两次,取最大值。详细方法见《国民体质测定标准手册(成年人部分)》第 19 页～第 20 页。评价标准见表 4 - 9。

表 4 - 9　《国民体质测定标准》纵跳评价标准　　　　　　　　　　　单位:cm

| 性　别 | 年龄/岁 | 1 分 | 2 分 | 3 分 | 4 分 | 5 分 |
|---|---|---|---|---|---|---|
| 男 | 20～24 | 19.9～24.8 | 24.9～32.3 | 32.4～38.4 | 38.5～45.8 | ＞45.8 |
| | 25～29 | 19.6～23.9 | 24.0～31.3 | 31.4～36.8 | 36.9～43.6 | ＞43.6 |
| | 30～34 | 18.4～22.3 | 22.4～29.3 | 29.4～34.7 | 34.8～41.1 | ＞41.1 |
| | 35～39 | 17.8～21.4 | 21.5～27.9 | 28.0～33.0 | 33.1～39.5 | ＞39.5 |
| 女 | 20～24 | 12.7～15.8 | 15.9～20.5 | 20.6～24.7 | 24.8～30.0 | ＞30.0 |
| | 25～29 | 12.4～15.0 | 15.1～19.7 | 19.8～23.4 | 23.5～28.5 | ＞28.5 |
| | 30～34 | 12.0～14.5 | 14.6～18.7 | 18.8～22.6 | 22.7～27.7 | ＞27.7 |
| | 35～39 | 11.5～13.7 | 13.8～17.8 | 17.9～21.9 | 22.0～26.1 | ＞26.1 |

注:引自国家体育总局《国民体质测定标准手册》。

3)俯卧撑测试(20～39 岁,男)

受试者双手撑地,手指向前,双手间距与肩同宽,身体挺直,屈臂使身体平直下降至肩与肘处于同一水平面,然后将身体平直撑起。记录完成的次数,详细测量方法见《国民体质测定标准手册(成年人部分)》第 18 页～第 19 页。评价标准见表 4 - 10。

表 4-10　《国民体质测定标准》俯卧撑评价标准　　　　单位:次

| 性别 | 年龄/岁 | 1分 | 2分 | 3分 | 4分 | 5分 |
|---|---|---|---|---|---|---|
| 男 | 20～24 | 7～12 | 13～19 | 20～27 | 28～40 | ＞40 |
| | 25～29 | 5～10 | 11～17 | 18～24 | 25～35 | ＞35 |
| | 30～34 | 4～10 | 11～15 | 16～22 | 23～30 | ＞30 |
| | 35～39 | 3～6 | 7～11 | 12～19 | 20～27 | ＞27 |

注:引自国家体育总局《国民体质测定标准手册》。

4)1 min 仰卧起坐(20～39 岁,女)

受试者仰卧于垫上,两腿稍分开,屈膝成 90°左右,两手指交叉抱于脑后,由同伴压住双脚以固定下肢。受试者起坐时两肘触及或超过双膝为完成一次,还原成仰卧位时量肩胛必须触垫。记录 1 min 内完成次数。详细测量方法见《国民体质测定标准手册(成年人部分)》第 17 页～第 18 页。评价标准见表 4-11 和 4-12。

表 4-11　《国民体质测定标准》1 min 仰卧起坐评价标准　　　　单位:次/min

| 性别 | 年龄/岁 | 1分 | 2分 | 3分 | 4分 | 5分 |
|---|---|---|---|---|---|---|
| 女 | 20～24 | 1～5 | 6～15 | 16～25 | 26～36 | ＞36 |
| | 25～29 | 1～3 | 4～11 | 12～20 | 21～30 | ＞30 |
| | 30～34 | 1～3 | 4～10 | 11～19 | 20～28 | ＞28 |
| | 35～39 | 1～2 | 3～6 | 7～14 | 15～23 | ＞23 |

注:引自国家体育总局《国民体质测定标准手册》。

表 4-12　《普通人群体育锻炼标准》1 min 仰卧起坐评价标准　　　　单位:次/min

| 性别 | 年龄/岁 | 1分 | 2分 | 3分 | 4分 | 5分 |
|---|---|---|---|---|---|---|
| 男 | 20～24 | 23～27 | 28～35 | 36～47 | 48～55 | ＞56 |
| | 25～29 | 20～25 | 26～33 | 34～45 | 46～50 | ＞51 |
| | 30～34 | 16～20 | 21～28 | 29～39 | 40～46 | ＞47 |
| | 35～39 | 12～18 | 19～25 | 26～35 | 36～42 | ＞43 |
| 女 | 20～24 | 12～21 | 22～28 | 29～38 | 39～47 | ＞48 |
| | 25～29 | 10～19 | 20～26 | 27～35 | 36～44 | ＞45 |
| | 30～34 | 8～17 | 18～24 | 25～32 | 33～41 | ＞42 |
| | 35～39 | 6～14 | 15～22 | 23～28 | 29～38 | ＞39 |

注:引自国家体育总局《普通人群体育锻炼标准》。

5)原地纵跳摸高(20～39 岁)

使用摸高器或画有标志的立墙进行测试。受试者立于摸高器下或立墙前,保持身体正直,一手臂尽量向上伸,脚跟不许离地,测试者记录受试者手摸高度。然后进行测试,取纵跳手摸高度与原地手摸高度之差作为其测试成绩,测试 3 次,取其最好成绩。详细测定方法见《普通人群体育锻炼标准》第 4 页~第 5 页。评价标准见表 4-13。

**表 4-13 《普通人群体育锻炼标准》原地纵跳摸高评价标准** 单位:cm

| 性 别 | 年龄/岁 | 1 分 | 2 分 | 3 分 | 4 分 | 5 分 |
|---|---|---|---|---|---|---|
| 男 | 20~24 | 32.0~38.0 | 38.1~47.0 | 47.1~57.0 | 57.1~64.0 | >64.1 |
| | 25~29 | 31.0~37.0 | 37.1~46.0 | 46.1~56.0 | 56.1~62.0 | >62.1 |
| | 30~34 | 29.0~35.0 | 35.1~44.0 | 44.1~54.0 | 54.1~60.0 | >60.1 |
| | 35~39 | 27.0~34.0 | 34.1~42.0 | 42.1~52.0 | 52.1~58.0 | >58.1 |
| 女 | 20~24 | 17.0~23.0 | 23.1~29.0 | 29.1~36.0 | 36.1~45.0 | >45.1 |
| | 25~29 | 16.0~21.0 | 21.1~27.0 | 27.1~34.0 | 34.1~43.0 | >43.1 |
| | 30~34 | 14.0~18.0 | 18.1~25.0 | 25.1~32.0 | 32.1~41.0 | >41.1 |
| | 35~39 | 13.0~16.0 | 16.1~23.0 | 23.1~30.0 | 30.1~39.0 | >39.0 |

注:引自国家体育总局《普通人群体育锻炼标准》。

6) 俯卧背伸(40~59 岁)

受试者俯卧在体操垫上,胸部垫一块厚 10 cm、长 20 cm、宽 10 cm 的海绵,双手背于身后,一名辅助测试者双手握住受试者足踝,并向下压住。受试者尽力上抬上体离开海绵,随机还原,此为完成一次动作。记录受试者在 1 min 内所完成的动作个数。详细测定方法见《普通人群体育锻炼标准》第 20 页~第 21 页。评价标准见表 4-14。

**表 4-14 《普通人群体育锻炼标准》1 min 俯卧背伸评价标准** 单位:次/min

| 性 别 | 年龄/岁 | 1 分 | 2 分 | 3 分 | 4 分 | 5 分 |
|---|---|---|---|---|---|---|
| 男 | 40~44 | 20~26 | 27~39 | 40~55 | 56~70 | >71 |
| | 45~49 | 18~23 | 24~37 | 38~52 | 53~67 | >68 |
| | 50~54 | 18~23 | 24~37 | 38~52 | 53~67 | >68 |
| | 55~59 | 12~18 | 19~30 | 31~45 | 46~61 | >62 |
| 女 | 40~44 | 19~23 | 24~34 | 35~47 | 48~58 | >59 |
| | 45~49 | 17~20 | 21~32 | 33~44 | 45~55 | >56 |
| | 50~54 | 14~19 | 20~30 | 31~41 | 42~51 | >52 |
| | 55~59 | 11~15 | 16~28 | 29~38 | 39~48 | >49 |

注:引自国家体育总局《普通人群体育锻炼标准》。

7) 跪卧撑(40~59 岁,男)

受试者跪于体操垫上,双脚离地;两臂直撑于体操垫上,略宽于肩;髋关节挺直,成斜卧撑姿势。然后两臂尽量弯曲,使肘部高于背部,胸部贴近于支撑面,然后用力撑起,还原成预备姿势。记录受试者 1 min 内所完成的动作个数。详细测定方法见《普通人群体育锻炼标准》第 21 页。评价标准见表 4-15。

表 4 - 15　《普通人群体育锻炼标准》1 min 跪卧撑评价标准　　单位：次/min

| 性　别 | 年龄/岁 | 1分 | 2分 | 3分 | 4分 | 5分 |
|---|---|---|---|---|---|---|
| 男 | 40～44 | 15～18 | 19～25 | 26～40 | 41～50 | 51 以上 |
| | 45～49 | 13～16 | 17～22 | 23～35 | 36～47 | 48 以上 |
| | 50～54 | 10～13 | 14～19 | 20～33 | 34～42 | 43 以上 |
| | 55～59 | 8～11 | 12～16 | 17～29 | 30～38 | 39 以上 |

注：引自国家体育总局《普通人群体育锻炼标准》。

8）仰卧举腿（40～59 岁，女）

受试者仰卧于体操垫上，两臂置于身体两侧，两腿并拢伸直。垫侧放置一个双柱标杆，位于髋关节两侧，标杆高 50 cm，用一皮筋连于两杆。受试者做收腹、直腿抬高动作，两腿必须碰到皮筋，然后还原成开始姿势。记录受试者在 1 min 内所完成动作的个数。详细测定方法见《普通人群体育锻炼标准》第 22 页。评价标准见表 4 - 16。

表 4 - 16　《普通人群体育锻炼标准》1 min 仰卧举腿评价标准　　单位：次/min

| 性　别 | 年龄/岁 | 1分 | 2分 | 3分 | 4分 | 5分 |
|---|---|---|---|---|---|---|
| 女 | 40～44 | 13～19 | 20～26 | 27～34 | 35～40 | 41 以上 |
| | 45～49 | 12～18 | 19～25 | 26～33 | 34～39 | 40 以上 |
| | 50～54 | 11～17 | 18～24 | 25～32 | 33～38 | 39 以上 |
| | 55～59 | 10～15 | 16～23 | 24～31 | 32～36 | 37 以上 |

注：引自国家体育总局《普通人群体育锻炼标准》。

# 4.5　柔　韧　性

关节在人体运动中起到"轴"的作用，柔韧性是指关节在最大的范围内活动的能力，可以分为静态的柔韧度与动态的柔韧度两种。静态的柔韧度是以关节为支点的活动范围。动态的柔韧度为一关节对于动作的抵抗或阻力，例如排球杀球时，攻击手臂在人跳起后所能伸展的最大范围。

柔韧性在某些运动项目和日常活动能力中都非常重要。因此，保持所有关节的柔韧性有助于完成运动。相反，当某项运动使关节活动超出已经限定的关节活动范围时，会导致组织损伤。柔韧性下降，即关节活动幅度下降，甚至会影响到一个人的生活质量（如严重肩周炎患者会影响其生活质量）。

**1. 柔韧性的决定因素**

柔韧性取决于一些特殊变量，如关节囊的伸展性、充分的准备活动及肌肉黏滞性。另外，多种其他组织的顺应性，如韧带和肌腱，也可影响关节活动范围（Range of Motion，ROM）。影响关节活动范围大小的因素有以下方面：

（1）关节本身的解剖结构是影响关节活动幅度的主要因素。

（2）关节囊、韧带的松紧。相同关节的解剖结构，个体之间差异不大，但柔韧性却有很大差异。在关节结构基本相同的情况下，关节周围软组织的差异，成为关节柔韧性好坏的决定因素。关节囊和关节周围韧带的松紧，是影响关节活动幅度的重要因素。关节囊和韧带有很高的可塑性，经过专门的训练，演员和运动员就有可能做出精彩的表演（超出常人的关节活动范围）。

（3）肌肉的延展性。跨关节肌肉的延展性，是影响关节活动幅度的又一因素。肌肉的延展性差，将限制关节的活动，降低柔韧性，多关节肌表现更为明显。

（4）准备活动的作用。准备活动能够提高身体的柔韧性，是通过提高身体的温度，使肌肉的黏滞性下降，并改善关节周围软组织的性能而实现的。在对身体柔韧性进行测量时，应当考虑到这一点。

（5）各种病理改变。因伤病引起的某些病理改变，会降低关节的活动性，柔韧性将受到很大影响。在进行康复性运动处方设计时应给于充分考虑。

①关节结构的改变：如骨质增生、骨性僵直、关节囊及韧带挛缩等均可影响关节活动的幅度。

②肌肉痉挛：当原动肌收缩时，对抗肌痉挛，不能充分放松，必然会使 ROM 下将。

③肌力改变：原动肌衰弱或麻痹，原动肌损伤等，不能引起关节产生运动，也表现为关节活动幅度下降。

④关节炎症状：由于炎症引起疼痛、肿胀等症状，将影响关节的活动。如风湿性关节炎、类风湿性关节炎、强直性脊柱炎患者的关节活动幅度会出现明显下降。

⑤皮肤、肌肉的瘢痕组织挛缩等也会对关节的活动幅度产生影响。

**2. 柔韧性下降的原因**

关节、肌肉的改变均可引起柔韧性下降，除伤病引起的功能障碍之外，柔韧性下降的主要原因有两个：

（1）年龄因素。随着年龄的老化，由于摄入、吸收、代谢等方面的障碍，钙在体内沉积发生改变。本来应当有钙的部位沉积减少，不该有钙的部位沉积增加，于是在出现骨质疏松的同时，又形成骨赘，影响了关节的活动；再加上关节周围的软组织老化、肌肉弹性下降等，使全关节活动幅度减少，柔韧性素质下降。

（2）缺乏运动。缺乏运动包括长期不参加运动锻炼，特别是柔韧性的运动锻炼。关节长期不在全关节范围内活动，以及由于伤病使关节被长期制动、长期卧床休息等。最终引起关节结构和周围软组织产生一系列改变，导致关节活动幅度下降。

长期制动对关节的影响表现为，关节囊和韧带组织缺乏被动牵伸，可逐渐缩短，引起关节活动受限。制动使关节周围疏松结缔组织中的胶原纤维因胶原分子横链增加或新纤维形成而互相粘连，致使伸展性受限，引起关节挛缩。关节滑膜纤维组织、脂肪组织增生，软骨表面有血管增生，可侵蚀软骨，形成关节内粘连。制动妨碍关节滑液的分泌和流转，关节面软骨缺乏挤压，可引起软骨营养障碍及萎缩。受压处软骨出现坏死、脱落，形成溃疡。制动还可使滑液干涸，滑囊闭合、粘连，甚至消失，从而造成关节周围粘连。

**3. 柔韧性测量**

正如肌肉力量是肌肉的特性一样，柔韧性是关节的特性。因此，没有单一的柔韧性测试用于评价整个身体的柔韧性。实验室测试通常用关节活动量化柔韧性，用度数来表示。柔韧性测试常用的仪器包括传统量角器、重力量角器、液体量角器、电子量角器、Leighton 曲率计及等速测力系统。对于大多数解剖学关节柔韧性评价来说,熟悉关节的结构是非常重要的。关节活动范围的观察推测可用于柔韧性的筛查,但相对于活动范围的直接测试来说不够准确。这种推测可用于包括颈部和躯干柔韧性、髋部柔韧性、下肢末端柔韧性、肩部柔韧性以及姿势评价。遵循严格的测量方法及正确使用量角器,可准确测量大多数解剖学关节的活动范围(具体方法如图 4-2 和图 4-3 所示,测试结果见表 4-17)。准确的测量要求有良好的骨骼、肌肉及关节的解剖知识,以及管理评价的经验。在运动处方制订过程中对柔韧性评价时有关柔韧性的测量见第 6 章。

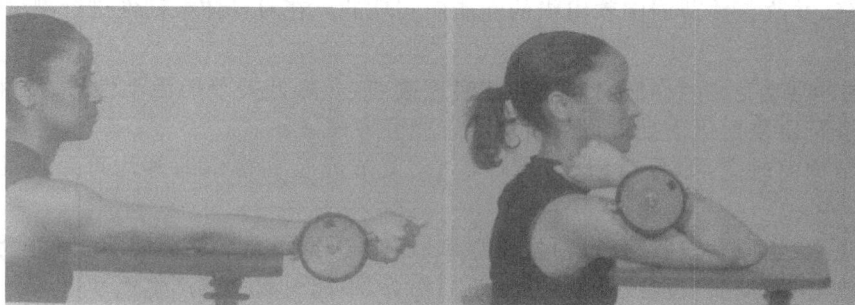

图 4-2 肘关节活动范围测试

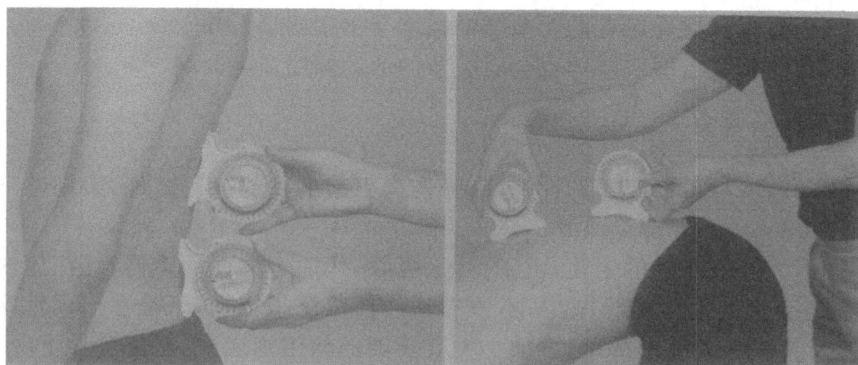

图 4-3 腰部柔韧性测试

**表 4-17 全身主要关节活动范围** 单位:(°)

| | | | |
|---|---|---|---|
| 躯干正常关节活动幅度 | 颈部 | 屈 | 0~60/70 |
| | | 伸 | 0~35/45 |
| | | 侧屈 | 0~45/55 |
| | | 旋转 | 0~80/90 |
| | 脊柱 | 屈 | 0~80/90 |
| | | 伸 | 0~30/35 |
| | | 侧屈 | 0~35/45 |
| | | 体转 | 0~25/30 |

续 表

| | | | |
|---|---|---|---|
| 上肢各关节活动幅度正常值 | 肩 | 屈 | 0～160/180 |
| | | 伸 | 0～35/45 |
| | | 内收 | 0～40/45 |
| | | 外展 | 0～170/180 |
| | | 内旋 | 0～80/90 |
| | | 外旋 | 0～80/90 |
| | 肘 | 屈 | 0～135/145 |
| | | 伸 | 0～5/15 |
| | 前臂 | 内旋 | 0～80/90 |
| | | 外旋 | 0～80/90 |
| | 腕 | 屈 | 0～80/90 |
| | | 伸 | 0～60/70 |
| | | 内收 | 0～35/45(尺侧) |
| | | 外展 | 0～15/20(桡侧) |
| 下肢各关节活动幅度正常值 | 髋 | 屈 | 0～120/125° |
| | | 伸 | 0～5/10 |
| | | 内收 | 0～5/10 |
| | | 外展 | 0 ～35/45 |
| | | 内旋 | 0～35/45 |
| | | 外旋 | 0～35/45 |
| | 膝 | 屈 | 0～130/140 |
| | | 伸 | 0～10 |
| | 踝 | 屈 | 0～35/45 |
| | | 伸 | 0～15/20 |
| | | 内翻 | 0～35/45 |
| | | 外翻 | 0～15/20 |

　　不同的测量方法会引起身体各关节活动幅度的正常值有一定差异。以上身体各关节的正常值,可以作为柔韧性评定时的参考。正常值没有按性别区分,但女性的柔韧性要优于男性。

**4. 柔韧性评定测试**

　　柔韧性的测试包括评价躯干和下肢柔韧性的坐位体前屈试验、肩关节的持棍转肩试验、双手背勾试验以及躯干旋转活动性的臂夹棍转体试验等。

坐位体前屈试验常用于测腰部和髋关节柔韧性,但是其不能有效预测腰背痛的发生率。相对腰部柔韧性来说,坐位体前屈试验能更好地测试下肢柔韧性。然而,由于下肢柔韧性对于日常活动和运动训练的相对重要性,需要将坐位体前屈试验包含在健康体适能测试之中,直至形成可使用的腰部柔韧性测量标准。虽然关节和躯干长度不同可能影响坐位体前屈的测试评分,但给每个受试者设定零点的修正测试方法并未增加腰部柔韧性或腰痛的预测指数。

较差的腰部和髋部的柔韧性伴有较差的腹部力量/耐力等可能对肌肉型腰背痛的形成有一定的关系。

1)坐位体前屈

测试时,需要一块有垂直背靠面的平地,及一个宽50 cm、高30 cm的测试木箱。受试者坐在垫子上,背及臀部仅靠在垂直面上,两腿并拢,膝关节保持伸直状态,脚尖向上;将箱体架在双腿上方,双手尽量伸直,以虎口握住箱体边缘;测试时,身体尽量前倾并缓慢推动箱体,测量木箱滑动的距离,如图4-4所示。详细测定方法见《普通人群体育锻炼标准》第11页~第12页。评价标准见表4-18。

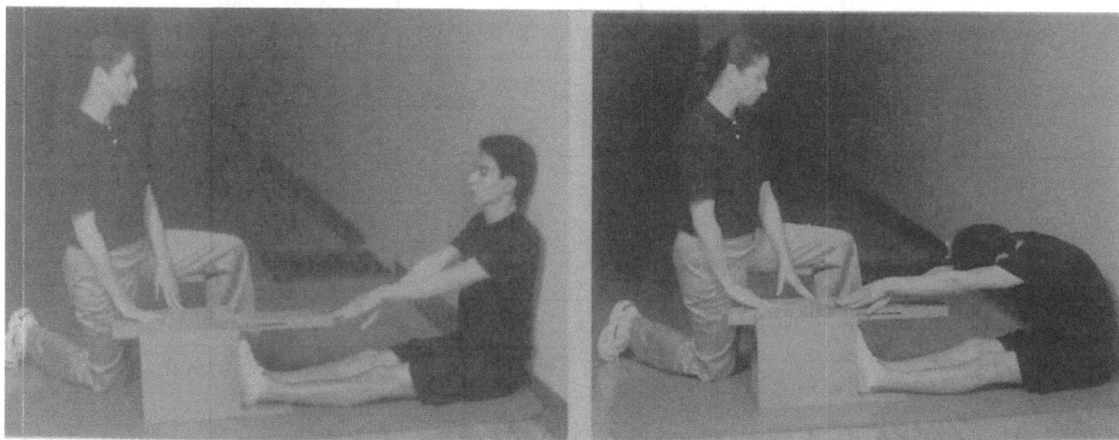

图4-4 坐位体前屈测试图

**表4-18 《普通人群体育锻炼标准》坐位体前屈价标准** 单位:cm

| 性　别 | 年龄/岁 | 1分 | 2分 | 3分 | 4分 | 5分 |
|---|---|---|---|---|---|---|
| 男 | 20～24 | 17.0～27.0 | 27.1～36.0 | 36.1～44.0 | 44.1～52.0 | >52.1 |
| | 25～29 | 16.0～25.0 | 25.1～34.0 | 34.1～42.0 | 42.1～51.0 | >51.1 |
| | 30～34 | 14.0～23.0 | 23.1～32.0 | 32.1～41.0 | 41.1～50.0 | >50.1 |
| | 35～39 | 13.0～20.0 | 20.1～30.0 | 30.1～39.0 | 39.1～49.0 | >49.1 |
| | 40～44 | 12.0～18.0 | 18.1～28.0 | 28.1～37.0 | 37.1～47.0 | >47.1 |
| | 45～49 | 10.0～16.0 | 16.1～26.0 | 26.1～36.0 | 36.1～45.0 | >45.1 |
| | 50～54 | 9.0～14.0 | 14.1～25.0 | 25.1～34.0 | 34.1～44.0 | >44.1 |
| | 55～59 | 7.0～12.0 | 12.1～24.0 | 24.1～33.0 | 33.1～42.0 | >42.1 |

续　表

| 性　别 | 年龄/岁 | 1 分 | 2 分 | 3 分 | 4 分 | 5 分 |
|---|---|---|---|---|---|---|
| 女 | 20～24 | 11.0～17.5 | 17.6～28.5 | 28.6～37.5 | 37.6～49.5 | ＞49.6 |
| | 25～29 | 10.5～17.0 | 17.1～28.0 | 28.1～37.0 | 37.1～49.0 | ＞49.1 |
| | 30～34 | 10.0～16.5 | 16.6～27.5 | 27.6～36.5 | 36.6～48.5 | ＞48.6 |
| | 35～39 | 9.5～16.0 | 16.1～27.0 | 27.1～36.0 | 36.1～48.0 | ＞48.1 |
| | 40～44 | 9.0～15.5 | 15.6～26.5 | 26.6～35.5 | 35.6～47.5 | ＞47.6 |
| | 45～49 | 8.5～15.0 | 15.1～26.0 | 26.1～35.0 | 35.1～47.0 | ＞47.1 |
| | 50～54 | 8.0～14.5 | 14.6～25.5 | 25.6～34.5 | 34.6～46.5 | ＞46.6 |
| | 55～59 | 7.5～14.0 | 14.1～25.0 | 25.1～34.0 | 34.1～46.0 | ＞46.1 |

注：引自国家体育总局《普通人群体育锻炼标准》。

2）臂夹棍转体

在平地上，画一直径 1.5 m，标有角度刻度（最小刻度为 5°）、圆心和直径的圆圈。受试者自然直立，双脚分开与肩同宽，站在圆圈中央，身体垂直轴位于圆圈的圆心上，双肘关节弯曲，将直径 2～2.5 cm 的横杆棍夹于体后，两端长短一致，使横杆保持与地面平行，且与直径方向一致；身体沿垂直轴尽量做转体动作，脚不能转动，膝关节不能弯曲。测量夹棍转过的角度。详细测定方法见《普通人群体育锻炼标准》第 11 页。评定标准见表 4－19。

表 4－19　《普通人群体育锻炼标准》臂架棍转体评价标准　　　单位：(°)

| 性　别 | 年龄/岁 | 1 分 | 2 分 | 3 分 | 4 分 | 5 分 |
|---|---|---|---|---|---|---|
| 男 | 20～24 | 85～95 | 96～110 | 111～125 | 126～135 | ＞136 |
| | 24～29 | 80～90 | 91～110 | 111～120 | 121～130 | ＞131 |
| | 30～34 | 75～85 | 86～105 | 106～120 | 121～130 | ＞131 |
| | 35～39 | 70～80 | 81～100 | 101～110 | 111～120 | ＞121 |
| | 40～44 | 65～75 | 76～90 | 91～105 | 106～115 | ＞116 |
| | 45～49 | 60～70 | 71～90 | 91～105 | 106～115 | ＞116 |
| | 50～54 | 55～65 | 66～85 | 86～100 | 101～110 | ＞111 |
| | 55～59 | 50～55 | 56～80 | 81～100 | 101～110 | ＞111 |
| 女 | 20～24 | 90～100 | 101～115 | 116～125 | 126～140 | ＞141 |
| | 24～29 | 90～100 | 101～115 | 116～125 | 126～135 | ＞136 |
| | 30～34 | 85～95 | 96～110 | 111～120 | 121～130 | ＞131 |
| | 35～39 | 85～95 | 96～110 | 111～120 | 121～130 | ＞131 |
| | 40～44 | 80～90 | 91～100 | 101～115 | 116～125 | ＞126 |
| | 45～49 | 80～90 | 91～100 | 101～115 | 116～125 | ＞126 |
| | 50～54 | 75～85 | 86～95 | 96～110 | 111～120 | ＞121 |
| | 55～59 | 75～85 | 86～95 | 96～105 | 106～120 | ＞121 |

注：引自国家体育总局《普通人群体育锻炼标准》。

3)持棍转肩

测定需用长度 1.5 m 左右、直径 2～2.5 cm 的圆棍一根。身体直立，双脚与肩同宽，两臂向前伸直，双手虎口相对在体前握棍；然后双臂直臂上抬至头顶，从头顶处开始向体后下方做翻转动作，保持双臂自然伸直状态至体后，呈体后握杆姿势。测量能够完成转肩动作两手虎口间的最小握距。详细测定方法见《普通人群锻炼标准》第 12 页～第 13 页。评价标准见表 4-20。

表 4-20 《普通人群体育锻炼标准》持棍转肩评价标准　　　　单位:cm

| 性　别 | 年龄/岁 | 1 分 | 2 分 | 3 分 | 4 分 | 5 分 |
|---|---|---|---|---|---|---|
| 男 | 20～24 | 124.0～110.0 | 109.9～95.5 | 94.9～79.0 | 78.9～64.0 | <63.9 |
|  | 24～29 | 125.0～113.0 | 112.9～98.0 | 97.9～82.0 | 81.9～70.0 | <69.9 |
|  | 30～34 | 127.0～115.0 | 114.9～102.0 | 101.9～87.0 | 86.9～74.0 | <73.9 |
|  | 35～39 | 130.0～120.0 | 119.9～106.0 | 105.9～90.0 | 89.9～76.0 | <75.9 |
| 女 | 20～24 | 105.0～95.0 | 94.9～82.0 | 81.9～64.0 | 63.9～52.0 | <51.9 |
|  | 24～29 | 110.0～100.0 | 99.9～89.0 | 88.9～68.0 | 67.9～56.0 | <55.9 |
|  | 30～34 | 116.0～107.0 | 106.9～95.0 | 94.9～72.0 | 71.9～62.0 | <61.9 |
|  | 35～39 | 120.0～110.0 | 109.9～99.0 | 98.9～75.0 | 74.9～65.0 | <64.9 |

注:引自国家体育总局《普通人群体育锻炼标准》。

4)双手背勾(40～59 岁)

受试者自然直立，抬头挺胸，首先一侧臂至头顶，屈肘，手掌向下尽力伸展；同时另一侧臂向后夹肩屈肘，手背贴在背侧，尽力向上伸展，触及上方的手指。测试双手中指之间的最短距离。详细测定方法见《普通人群体育锻炼标准》第 13 页。评价标准见表 4-21。

表 4-21 《普通人群体育锻炼标准》双手背勾评价标准　　　　单位:cm

| 性　别 | 年龄/岁 | 1 分 | 2 分 | 3 分 | 4 分 | 5 分 |
|---|---|---|---|---|---|---|
| 男 | 40～44 | -15.0～-9.0 | -8.9～0.8 | 0.9～5.7 | 5.8～10.5 | >10.6 |
|  | 45～49 | -17.7～-10.0 | -9.9～-1.0 | -0.9～5.0 | 5.1～10.1 | >10.2 |
|  | 50～54 | 9.0～-13.0 | -12.9～-2.0 | -1.9～3.5 | 3.6～9.5 | >9.6 |
|  | 55～59 | 7.0～-17.0 | -16.9～-5.0 | -4.9～2.3 | 2.4～9.0 | >9.1 |
| 女 | 40～44 | -7.5～-1.4 | -1.3～2.9 | 3.0～7.9 | 8.0～11.1 | >11.2 |
|  | 45～49 | -9.6～-3.0 | -2.9～2.2 | 2.3～6.7 | 6.8～10.8 | >10.9 |
|  | 50～54 | -11.5～-4.3 | -4.2～0.6 | 0.7～5.1 | 5.2～10.0 | >10.1 |
|  | 55～59 | -13.5～-5.5 | -5.4～-0.8 | -0.7～3.9 | 4.0～9.7 | >9.8 |

注:引自国家体育总局《普通人群体育锻炼标准》。

**5. 柔韧性的简易评定方法**

1）颈部

取坐位，背部紧靠椅背。尽量低头、抬头、左右转头、左右侧倾。理想幅度为低头时下颌可贴近胸部，抬头时可看到后上方天花板，侧倾时耳朵可贴近肩部（不得耸肩），转头时下颌可转至肩头的方向（达 90°）。测量时要求固定躯干，可令被测者坐在一个有垂直靠背的椅子上，臀部尽量向后，两肩靠在椅背上，两上肢放在体侧，两脚固定在椅子腿的后方。采用这样的测试体位，可以限制身体其他部位的运动，较准确地测定颈部各方向的活动幅度。

2）躯干

取坐位，上体前倾时，躯干应能触到大腿；上体后屈时，观察被评定者在髋关节保持不动的前提下，上体能够向后屈曲的程度。测试上体左右旋转的幅度时，确保骨盆固定不动。上体的转动应能达到 90°。

3）肩关节

取仰卧位，要求被评定者肩关节尽量屈曲，如能将上肢平放于床面，上臂贴近耳侧，说明肩关节屈曲、外展的 ROM 正常。

坐或站立位，如果手可以摸到颈后，说明肩关节外旋功能基本正常；如果向后可以摸到对侧的肩胛骨，说明肩关节内旋功能基本正常。

4）肘关节

坐在桌旁，将上肢平放于桌面，掌心向上，如果手背能触摸桌面，说明伸肘的 ROM 正常。如果屈肘，手指能触到同侧的肩部，说明屈肘的 ROM 基本正常。

5）髋关节

仰卧位，抬起一侧下肢，膝关节伸直。如果被评定者的下肢能达到垂直位，说明下肢的柔韧性正常。

6）膝关节

仰卧于床上，两脚伸出床外。小腿远端如果可以平放于床边，说明伸膝功能 ROM 正常。膝关节有功能障碍者，可进一步观察两足跟是否同高，足跟较高的一侧膝关节有伸膝功能障碍。

坐位，双手抱膝，尽量使足跟靠近臀部。足跟能接近臀部，说明屈膝功能基本正常。观察两足尖位置，足尖在前的一侧，有屈膝功能障碍。

7）踝关节

取坐位，两腿伸直，踝关节尽量跖屈、背伸，观察踝关节活动幅度。赤足或穿平底鞋全蹲，如果足跟不能平放在地面上，说明踝关节背伸 ROM 不足，需要进行锻炼。

8）躯干下肢

站立摸足尖实验，可以用来评定体前驱、骨盆前倾、髋关节屈曲的活动幅度，以及下肢的柔韧性。上体前屈时，膝关节不得屈曲，用双手尽量触及地面，观察指间与地面的距离，或双手可以触及地面的方式。也可使用类似坐位体前驱测试仪的仪器，进行精确的测定。

年轻人应当能够达到手指尖可以触及地面的最低要求；30 岁～40 岁的青年人，应当能够达到手指尖距离地面小于 12 cm 的要求；50 岁以上及老年人，手指尖距离地面小于 15 cm 左右，仍为柔韧性正常。

针对身体不同部位柔韧性的简易评估,也可选择其他一些方法进行测试。

## 4.6　身体成分测试

研究已证实,过多的身体脂肪尤其是腹部脂肪与高血压、2 型糖尿病、脑卒中、冠心病和高脂血症等疾病有关。目前,发达国家和发展中国家肥胖和超重人群逐年增加,且有年轻化趋势。据《中国居民营养与慢性病状况报告(2015)》,全国 18 岁及以上成人超重率为 30.1%,肥胖率为 11.9%。6~17 岁儿童青少年超重率为 9.6%,肥胖率为 6.4%。据《汤臣倍健国民健康报告(2012)》,有近 40% 体重正常的成人体脂肪过量,尤其是男性群体,其隐性肥胖检出率超过 50%(隐性肥胖是指体重正常甚至较低,但体脂百分比超过正常范围。体内脂肪超标,肌肉严重不足,力量差,心肺耐力差,健康风险依然存在,但却容易被忽视)。

基本身体成分可以用脂肪组织和非脂肪组织(瘦体重)在体重中的百分比来表示,即两种成分模式。身体成分的测量可以使用实验室和场地技术,且测量结果受测试方法的复杂性、成本和准确度的影响。在获得身体成分测试数据之前,技术人员必须经过严格的测试培训。有很多的技术手段可以用来评价身体成分,对于这些方法专业人员应该有较深入的了解,有助于熟练地进行身体成分测量和准确地评价测量结果。常用的方法有人体测量方法、皮褶厚度测量法、生物电阻抗法、水下称重法、超声波法、CT 法、双光子吸收法(DEXA)、核磁共振法、空气置换法(BOD POD)等,然后结合体重指数、围度、腰臀比等指标进行评定。在进行群体测量时,水下称重计算体密度的方法有效性和可靠性较高,被称为黄金测量法。

**1. 人体测量方法**

身高、体重、围度、WHR 的测量可用于评价身体成分。

1)体重指数

体重指数(Body Mass Index,BMI),即 Quetelet 指数,可以用来表示身高相对体重,其计算方法是以千克体重除以以米为单位的身高的二次方($kg/m^2$)。对欧美国家的人来说,体重指数超过 25,与肥胖相关的问题会增加。虽然体重指数不能区分身体脂肪、肌肉重量或骨骼,但是当体重指数超过 30 时,高血压、总胆固醇/HDL -胆固醇比率、冠心病、死亡率的风险升高与之相关(见表 4 - 22 和表 4 - 23)。体重指数低于 18.5 $kg/m^2$ 也能增加患心血管疾病的风险,是 BMI 与心血管疾病风险 J 形曲线的低值部分。体重指数价值的特殊用途是可以用来预测体脂百分比和健康风险。由于体重指数评价身体脂肪百分比还存在较大标准差(±5% 脂肪),因此在体适能评估中还应该使用其他身体成分评价方法预测体脂百分比。

**表 4 - 22　基于体重指数(BMI)及腰围的疾病风险分层(西方人群的参考标准)**

| BMI | | 相对于正常体重指数及腰围的疾病风险* | |
|---|---|---|---|
| | | ≤102 cm(男性) | >102 cm(男性) |
| | | ≤88 cm(女性) | >88 cm(女性) |
| 低体重 | <18.5 | — | — |
| 正常 | 18.5~24.9 | — | — |

续 表

| BMI | | 相对于正常体重指数及腰围的疾病风险* | |
|---|---|---|---|
| | | ≤102 cm(男性) | >102 cm(男性) |
| | | ≤88 cm(女性) | >88 cm(女性) |
| 超重 | 25.0～29.9 | 增加 | 高 |
| 肥胖Ⅰ级 | 30～34.9 | 高 | 非常高 |
| 肥胖Ⅱ级 | 35～39.9 | 非常高 | 极高 |
| 肥胖Ⅲ级 | ≥40 | 极高 | 极高 |

注:＊表示患 2 型糖尿病、高血压和心血管疾病的风险,—表示表示处于这种 BMI 水平时无另外风险。对于体重正常的人来说,腰围增加也是风险增加的标志。

**表 4 - 23　基于体重指数(BMI)及腰围的疾病风险分层(亚洲人群的参考标准)**

| 分　类 | 体重指数＝体重/身高$^2$ | 合并症风险 | |
|---|---|---|---|
| | | 腰围 | |
| | | <90 cm(男性) | ≥90 cm(男性) |
| | | <80 cm(女性) | ≥80 cm(女性) |
| 过轻 | <18.5 | 低(但其他临床问题的风险增加) | 一般 |
| 正常 | 18.5～22.9 | 一般 | 增加 |
| 过重 | ≥ 23 | | |
| 高危 | 23～24.9 | 增加 | 中 |
| Ⅰ级肥胖 | 25～29.9 | 中 | 高 |
| Ⅱ级肥胖 | ≥30 | 高 | 极高 |

注:改编自 International Obesity Task Force, World Health Organization Western Pacific Region, IASO. (Feb 2000). The Asia - Pacific perspective:Redefining obesity and its treatment.

2)围度测量

身体脂肪分部类型被认为是一个预测肥胖风险的重要指标。向心性肥胖是以脂肪堆积在身体躯干部位为特点(腹部肥胖),与离心性肥胖(脂肪分布在臀部和大腿)个体相比,可使高血压、2 型糖尿病、血脂异常、冠心病、早期死亡的风险增加。

因为腹部肥胖是最根本的问题,腰围可作为一种健康风险指标单独使用。同时结合 BMI 评价慢性病风险。用于风险评估时,所有测量方案中应该至少包括腰围或 BMI 之一,最好二者均有,见表 4 - 24。

**表 4 - 24　标准化围度测量部位与过程**

| 腹围 | 受试者直立、放松,水平测量腹部隆起明显处,通常在脐处水平测量 |
|---|---|
| 上肢 | 受试者直立,两臂自然下垂于身体两侧,掌心朝向大腿,在肩峰到尺骨鹰嘴连线中点处水平测量 |

续 表

| 臀围 | 受试者直立,两脚并拢,水平测量臀部隆起最明显处。此测量用于腰臀比中的臀围测量 |
|---|---|
| 小腿围 | 受试者直立(两腿分开约 20 cm),水平测量膝与踝之间围度最大处,注意与纵轴线垂直 |
| 前臂围 | 受试者直立,两臂自然下垂稍离开躯干,掌心向前,垂直于纵轴线测量围度最大处 |
| 臀围或大腿围 | 受试者站立,两腿稍分开(约 10 cm),水平测量臀部/靠近大腿围度最大处,臀横纹线下 |
| 大腿中围 | 受试者直立,一条腿踏在凳子上,使膝关节弯曲成 90°,在腹股沟皱褶处到髌骨上缘连线中点处测量,注意与纵轴线垂直 |
| 腰围 | 受试者直立,双臂垂直于两侧,两脚并拢,腹部放松,水平测量躯干最细处(脐以上,剑突以下) |

注:测量过程注意以下几点。

(1)测量尺应是可弯曲而无弹性的带状尺;

(2)尺子应该置于皮肤表面,不能压迫皮下脂肪组织;

(3)同一部位应进行两次测量,若两次测量结果相差 5 mm 以上要再次进行测量;

(4)更换测试部位或等该处皮肤恢复正常状态。

国外最新研究报道,腰围是评价脂肪分布,预测心血管病危险因素的最佳单项指标。国外学者研究用腰围评价心血管疾病的发病关系比腰臀比更为准确,国际健康协会和 WHO 认为男性腰围大于 102 cm 和女性大于 88 cm 时各种疾病危险系数增加。脂肪分布也是糖尿病发病的一个重要危险因素,即使在 BMI 正常范围内,腰围大于 102 cm 糖尿病发病率也会提高3.5 倍(见表 4 - 25)。男女脂肪分布的差异是产生冠心病及其危险因素的性别差异的主要因素。

表 4 - 25  成人腰围新的评定标准

| 风险类别 | 腰围/cm(in) | |
|---|---|---|
| | 女性 | 男性 |
| 非常低 | <70 (28.5) | <80 (31.5) |
| 低 | 70~89 (28.5~35.0) | 80~99(31.5~39.0) |
| 高 | 90~109 (35.5~43.0) | 100~120 (39.5~47.0) |
| 非常高 | >110 (43.5) | >120 (47.0) |

注:1 in＝2.54 cm,括号内为国外评定标准。引自 Bray GA. Don't throw the baby out with the bath water. Am J Clin Nutr,2004,70(3):347 - 349. Adapted with permission by the American Journal of Clinical Nutrition. Am J Clin NutrAmerican Society for Clinical Nutrition.

但对于中国人及亚洲人群目前还没有明确相对合理的数据,有些专家认为中国男性腰围不超过 88 cm,女性不超过 80 cm。目前,亚太地区常用标准为男性腰围超过 90 cm,女性腰围超过 80 cm 时,多种疾病危险性就开始增加,需要加以注意。

3）体重

标准体重的计算方法：国际上常用的人的体重计算以及身材比例计算公式比较适合东方人。

标准体重（男）＝（身高（cm）－100）×0.9（kg）

标准体重（女）＝（身高（cm）－100）×0.9（kg）－2.5（kg）

正常体重：标准体重±10％。

超重：大于标准体重10％，小于标准体重20％。

轻度肥胖：大于标准体重20％，小于标准体重30％。

中度肥胖：大于标准体重30％，小于标准体重50％。

重度肥胖：大于标准体重50％以上。

我国常用的标准体重计算公式为 Broca 的改良式：

男性：标准体重（kg）＝身高（cm）－105

女性：标准体重（kg）＝身高（cm）－105－2.5

评价标准：实测体重占标准体重的百分数上下10％为正常范围，大于10％～20％为过重；大于20％为肥胖；小于10％～20％为消瘦；小于20％为明显消瘦。

4）腰臀比（Waist‐Hip Ratio，WHR）

目前，国内外也通常使用腰臀比作为间接判断腹型肥胖的指标。WHR 增高的为向心型肥胖（或称腹部肥胖/苹果型肥胖/枣核型肥胖）；WHR 降低的为外周肥胖。男性腰臀比应在0.85～0.90之间，女性应在0.75～0.80之间；男性大于等于0.9，女性大于等于0.8时健康风险明显增加。WHR 反映一种雄激素状态，而脂肪组织主要是通过转化为雄烯二酮成为绝经后妇女的雌激素来源；与非肥胖妇女相比，肥胖妇女血清中性激素结合球蛋白量较低，而向心性肥胖者，其量更低，而与此相应的非蛋白结合具有生物活性的雌激素增加。

**2. 皮褶厚度测量法**

通过皮褶厚度测量确定身体成分与水下测量法确定身体成分高度相关（$r＝0.70～0.90$）。此技术的测量原理是皮下脂肪与身体总脂肪量成一定比例。假设大约有1/3的身体脂肪分布于皮下。皮下脂肪与身体总脂肪量的确切比例受性别、年龄和种族的影响。用回归方程将皮褶厚度之和转化为体脂百分比时要考虑这些变量以获得最准确的结果。

下面列举标准皮褶厚度测量的部位和程序。

皮褶测量部位和过程的标准描述：测量部位一般在上臂部、背部和腹部。

上臂部：在右上臂肩峰顶与鹰嘴突连线的中点，肱三头肌的肌腹上（见图4‐5）。

背部：在右肩胛骨下角下方约1 cm处，皮褶方向向外下方，与脊柱成45°角（见图4‐6）。

腹部：在肚脐右侧2 cm处（见图4‐7）。

髂部：髂嵴上缘与腋中线交界处，方向稍向下前方倾斜（见图4‐8）。

大腿部：大腿内侧前部中点处。皮褶走向与股骨平行。

1）测量过程

（1）所有测量要在受试者身体右侧进行，受试者成直立位；

（2）皮褶钳应置于皮肤表面，垂直于皱褶，测量点距拇指和食指边缘处约1 cm、皮褶游离缘与基底部中间；

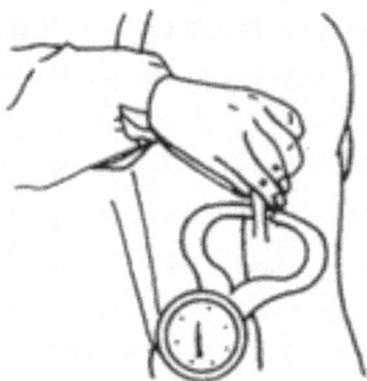

图 4-5　测定肱三头肌部

图 4-6　测定肩胛下角部

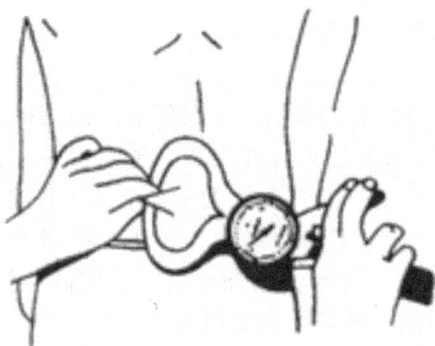

图 4-7　测定脐部

图 4-8　测定髂嵴上缘部

（3）读数时要捏住皮肤皮褶不能松开；

（4）读数前等 1～2 s(不要太长时间)；

（5）每一部位要进行两次测试,如果两次测量结果差别大于 1～2 mm,应重新测量；

（6）更换测量点或给于充分时间让皮肤恢复正常纹理和厚度。

仪器校正:校正皮脂厚度计指针刻度时合上钳口,看指针是否停在"0"位,如果不在"0"位,可用手轻轻转动刻度盘,使指针对准"0"位。

校正压强:指针校至"0"位后,再检查钳口压强是否合乎要求。检查方法如图 4-9 所示。左手持皮脂厚度计使之呈水平位置,在皮脂厚度计的下侧臂顶段小孔中挂上重 200 g 的砝码,使下侧臂基部与顶端的接点处于同一直线上,观察圆盘内指针的偏离情况。若指针处在 15～25 mm 范围内,表明两接点间的压力符合 10 g/mm² 的要求;若指针超

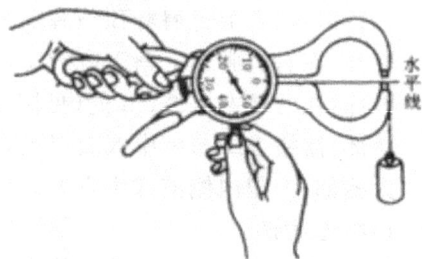

图 4-9　皮脂厚度计较正

过 25 mm,表明接点压力不足,须转动压力调节旋钮增加压力至 15～25 mm。反之,若指针不到 15 mm,表明压力过高,须转动压力调节旋钮校正指针至规定的范围内。允许指针有 ±5 mm 的误差。

2)测量方法

受试者应穿着背心、短裤,自然站立。检测者右手紧握卡钳手柄,并使两半弓形臂张开,左手拇指和食指将受试者测量部位的皮肤及皮下组织捏紧提起,两指间相距 3 cm 左右,但不应连带该部位的肌肉。为避免皮褶中连带肌肉,可令受试者主动收缩该部位肌肉,既可滑脱也可捏起皮褶后向上提两下。然后,将张开的皮脂厚度计从距离手指捏起部位 1cm 处钳入皮脂厚度计,既不要接近皮褶底部,又不要接近顶部。松开把柄待指针停住后即记录度数。每名受试者重复测量 2 次,以 2 次的平均数记录。两次测量结果的误差不应超过 5%。

3)计算身体成分

计算人体密度($D_b$),将测得的皮褶厚度数值代入人体密度计算公式计算体密度,见表 4 - 26。

表 4 - 26　推测人体密度的回归方程式

| 年龄/岁 | 男　子 | 女　子 |
|---|---|---|
| 9～11 | $D=1.087\,9\sim0.001\,51X_1$ | $D=1.079\,4\sim0.001\,42X_1$ |
| 12～14 | $D=1.086\,8\sim0.001\,33X_1$ | $D=1.088\,8\sim0.001\,53X_1$ |
| 15～18 | $D=1.097\,7\sim0.001\,46X_1$ | $D=1.093\,1\sim0.001\,60X_1$ |
| 成人 | $D=1.091\,3\sim0.001\,16X_1$ | $D=1.089\,7\sim0.001\,33X_1$ |
|  | $D=1.086\,3\sim0.001\,76X_2$ | $D=1.070\,9\sim0.001\,05X_2$ |
|  | $D=1.087\,2\sim0.002\,05X_3$ | $D=1.071\,1\sim0.001\,64X_3$ |

注:$D$ 为体密度;$X_1$ 为肩胛部与臂部皮脂厚度之和;$X_2$ 为腹部皮脂厚度;$X_3$ 为髂部皮脂厚度。

计算体脂百分比:将利用上述公式推算出的身体密度代入下列公式,便可计算出体脂百分比。

$$体脂(F)百分比＝[4.570/身体密度(D)－4.142]×100$$

计算体脂重量:把所得的体脂百分比,按下列公式换算成体脂重量。

$$体脂重量＝体脂％×体重$$

瘦体重(去脂体重)计算:把所得的体脂重量,按下列公式求出瘦体重。

$$瘦体重＝体重－体脂重量$$

注意事项:测量时,左手捏皮褶时用力应均匀,并保持恒定;皮脂厚度计的位置要正确;捏皮褶时,不应连带肌肉;测量过程中,皮脂厚度计的刻度盘和钳口应经常校正。

**3. 生物电阻抗法(Bioelectrical Impedance Method,BIA)**

1)测试原理

生物电阻抗法是一种简单、安全、无创性的测量身体成分的方法(见图 4 - 10)。其测量原理是将微量电流通入人体内,通过测量电流阻抗的情况来推算身体内各种组织的含量。体内水分大部分存在肌肉中,因此,体内去脂组织是良导体,而脂肪组织的导电性能则较差。因此,根据电阻抗情况就可以计算出体内总的水分含量,从而可以推算去脂体重和脂肪的百分比。

BIA 在体适能测试和研究领域应用较广。根据报道,该法存在大约±4%的误差。BIA 应用时的另一个问题是目前对于其在不同种族和年龄的人群中的适用性和准确程度所知甚少。而且,该方法对于截肢者、明显的肌肉萎缩者、严重肥胖者以及其他影响身体水合状态的疾病患者,都不能准确地测量结果。BIA 所采用的公式需要用到身高、体重的数据。

个人的水合状态可以在很大程度上影响 BIA 的结果,因此,应用 BIA 时应遵循一套标准化的方法。

2)测试原则

(1)在安放电极前先用酒精擦除皮脂和护肤液。

(2)将电极准确地安放在设备生产者指定的部位。

(3)身高测量应精确到 0.5cm,体重应精确到 0.1kg。

(4)避免使用影响机体水合状态的因素,例如酒精饮料或利尿剂等都应在测试前至少48 h避免。

(5)受试者在测试前 4 h 应限制饮食。

(6)在测试前 12 h 避免剧烈运动。

(7)月经期间应注明。

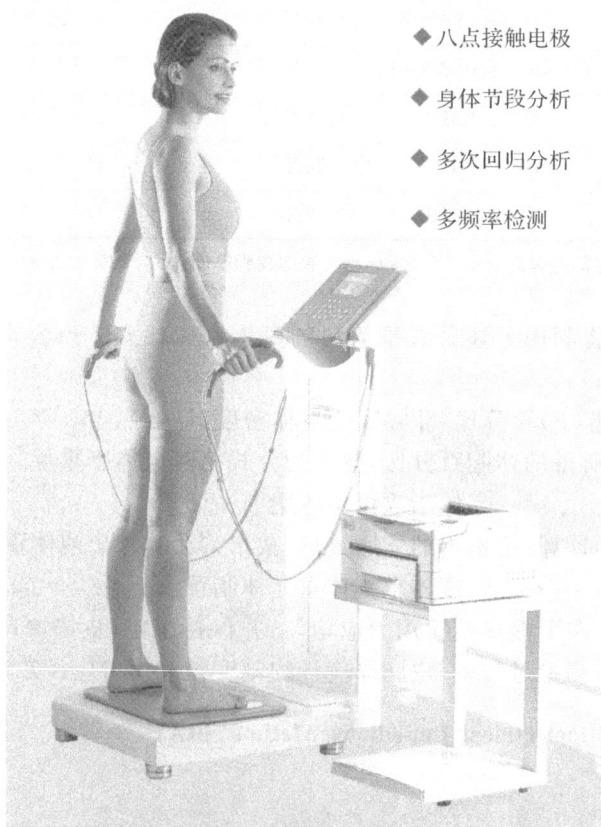

◆八点接触电极

◆身体节段分析

◆多次回归分析

◆多频率检测

图 4-10　身体成分测试仪

#### 4. 水下称重法(Hydrodensitometry Weighing)

1)测试原理

水下称重法是建立在阿基米德原理的基础上。也就是浸没在水下的物体所受到的浮力等于它排开水的重量。浮力使浸没于其中物体重量比其在空气中的重量减轻,这两个重量的差就是浮力的大小,或者说物体排开水的重量。水在不同温度下的密度是已知的(见表4－27),因此可得出物体排开水的体积,就是受试者身体的体积。这样就可以计算出受试者的身体密度。

表 4－27　水温与水密度对应关系

| 水温/℃ | 水密度/(kg·L$^{-1}$) | 水温/℃ | 水密度/(kg·L$^{-1}$) |
|---|---|---|---|
| 21 | 0.998 0 | 31 | 0.995 4 |
| 22 | 0.997 8 | 32 | 0.995 1 |
| 23 | 0.997 5 | 33 | 0.994 7 |
| 24 | 0.997 3 | 34 | 0.994 4 |
| 25 | 0.997 1 | 35 | 0.994 1 |
| 26 | 0.996 8 | 36 | 0.993 7 |
| 27 | 0.996 5 | 37 | 0.993 4 |
| 28 | 0.996 3 | 38 | 0.993 0 |
| 29 | 0.996 0 | 39 | 0.992 6 |
| 30 | 0.995 7 | 40 | 0.992 2 |

2)使用方法

水下称重法是身体成分研究中最常见使用方法,被称为是最正确推定身体脂肪率的方法之一,即以水中的体重求人体的体积,并用水中体重和空气中体重的比来求出身体密度。从身体密度来了解体内脂肪的比例。但这种方法需要受试者身着泳装将整个身体潜入水中保持静止状态并将肺中的空气尽力排出,来测量体重,推算的过程也比较复杂(见图4－11)。

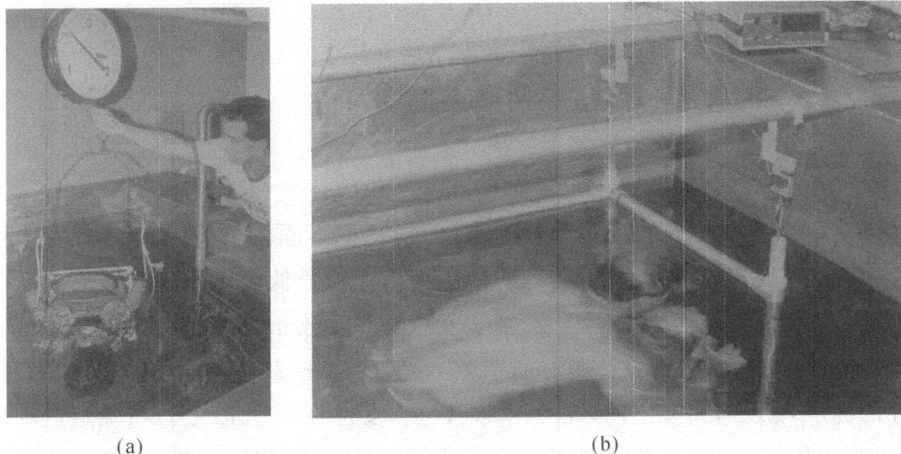

(a)　　　　　　　　　　　　(b)

图 4－11　水下称重法测量体成分

为了测量的精确性,首先是要准确测量水的温度,以保证将重量转化成体积的精确性;其次要考虑受试者在水下时肺内余下的气体,因为它可以产生额外的浮力。由于年龄、性别、身高都与肺内存在的气体密切相关,因此肺内余气量可以通过公式计算得出。

以身高(cm)和年龄(岁)计算肺余气量的公式:

男子:$(0.017 \times 年龄) + (0.068\,58 \times 身高) - 3.447 = 肺余气量$

女子:$(0.009 \times 年龄) + (0.081\,28 \times 身高) - 3.9 = 肺余气量$

国内常用的计算肺剩余气量的方法:

肺余气量(男子)$= 肺活量 \times 0.23$

肺余气量(女子)$= 肺活量 \times 0.28$

人体密度($D_b$)的计算公式为

$$D_b = \frac{空气中体重}{\dfrac{(空气中体重) - (水下体重)}{水密度} - 肺余气量}$$

人体密度 $D_b$ 得出后,就可以计算体脂。对于不同种族的人群,身体脂肪的密度是 0.8 kg/L 的假定是相同的,但其他身体组织的密度并不完全相同。在国内,根据体密度计算体脂率的公式为

$$体脂率 = 4.570/D_b - 4.142$$

然后根据体脂率和体重就可以计算出身体的脂肪重量和瘦体重。

水下称重法是一种常用而且较为准确的身体成分测量方法,并作为其他测量方法的校标。但缺点是耗时、代价较高、需要专业操作人员等。一些人由于不能适应水下环境而不能完成测试规定程序。

3)注意事项

为了保证测试水下称重法测量的准确性,应该强调:

(1)测试前 4 h 不进食。

(2)测试开始前排空大小便。

(3)尽量少穿衣物。

(4)浸没在水下时尽力呼气。

(5)在水下时尽量不动。

(6)连续测量 5~10 次并计算测量值的平均值。

**5. 身体成分评价**

目前尚没有一个普遍接受的身体成分标准,但是基于不同人群分别对男女的体脂百分比提供了百分位数值。尽管多数人关于准确的体脂百分比与最低健康风险之间的关系意见还没有定论,但是男性体脂百分比为 10%~22% 和女性体脂百分比为 20%~32% 对健康是有益的。对于亚洲人群,理想体脂百分比范围很大,男性为 12%~23%,女性为 16%~27%。但对于确定肥胖的标准,意见基本相同:男性为 25% 以上,女性为 30% 以上。在确定运动处方锻炼目标时,可以此为依据。另外,不同测试方法、不同测试仪器的测试结果,具体评价标准也会有

一定差异,见表 4 - 28。

表 4 - 28　体脂百分比评价标准

| 评　定 | 女 | 男 |
|---|---|---|
| 体脂很低 | 14.0～16.9 | 7.0～9.9 |
| 低体脂 | 17.0～19.9 | 10.0～12.9 |
| 正常体脂 | 20.0～23.9 | 13.0～16.9 |
| 高于正常体脂 | 24.0～26.9 | 17.0～19.9 |
| 体脂很高 | 27.0～29.9 | 20.0～24.9 |
| 肥胖病 | >30.0 | >25.0 |

## 4.7　全面健康体适能评价

一个典型的体适能评价应包括以下内容:

(1)运动前的健康筛查/危险分层。

(2)静息时心率、血压、身高、体重、心电图等。

(3)身体成分:腰围;皮褶厚度。

(4)心肺适能:功率车记功器测试。

(5)肌肉力量:1 - RM,3 - RM,6 - RM 或 8 - RM 身体上部(卧推)和身体下部(腿蹬)。

(6)肌肉耐力:仰卧起坐测试;俯卧撑测试。

(7)柔韧性:坐位体前屈或单个解剖学关节的量角器测量。

尽管还可以增加其他测试,但是上述体适能评价组成部分呈现出比较全面的评价,并且可在 1 h 内完成。测试所获得的数据应由专业人员向受试者说明。综合以上这些指标的测试结果,评定受试者体适能状况,作为制订运动处方的依据及后期评价的基础。

## 思　考　题

1.简述健康体适能测试的目的。

2.简述心肺机能测试过程中常用的检测指标。

3.简述柔韧性的决定因素及柔韧性下降的原因。

4. 简述常用体成分的测试方法。

5. 设计一套全面健康体适能评价方案。

# 第 5 章　运动处方概述与基本原理

**内容提要:**本章介绍运动处方的概念及作用,运动处方制订的基本原则,详细地阐述运动处方中心肺耐力组成、运动处方肌肉力量/肌肉耐力组成、运动处方柔韧性运动处方组成,以及运动处方信息系统设计要求。

在国家大力推广健康中国的背景下,全民健身与全民健康上升为国家战略:2014 年 10 月 2 日国务院发布《关于加快发展体育产业促进体育消费的若干意见》(46 号文件),2016 年国务院又发布《全民健身计划纲要(2016—2020 年)》《"健康中国 2030"规划纲要》等文件,明确指出要加快体育运动指导,推广运动处方,发挥体育锻炼在疾病防治及健康促进等方面的积极作用;开展全民健身运动,国民体质监测,实施运动健康促进,促进体医融合等具体措施,来满足日益增长的健康需求,形成健康生活方式,增强人民体质。

自国务院 2014[46]号文件发布以来,大众的体育运动参与热情空前高涨。各项体育运动成为热词,随之而来的是运动中的伤病骤然爆发,伤病率惊人。原因是运动锻炼缺乏科学性,专业的健身指导人员满足不了健身发展需求等系列问题。

不合理的运动锻炼无法达到健康改观的目的。如何编制合理化的、系统的、科学的运动锻炼计划呢,即如何为受试者设计一套个性化运动处方方案,是未来运动处方的发展趋势。

## 5.1　运动处方的概念与概述

**1. 运动处方的概念**

运动处方广泛应用于健身、康复、治疗等各个领域,可将运动处方理解为:由康复医师、康复治疗师以及体育教师、社会体育健身指导员、私人健身教练、体适能教练等,根据患者或健身者的年龄、性别、一般医学检查、运动试验、身体素质/体适能测试等结果,按其年龄、性别、健康状况、身体素质以及心血管、运动器官的功能状况,结合主、客观条件,用处方的形式制订对患者或健身者适合的运动内容、运动强度、运动时间及频率,并指出运动中的注意事项,以达到科学地、有计划地进行康复治疗或预防健身的目的。

虽然我国还没有运动处方师这个职业,但我国一些学者已开始进行这方面的努力,呼吁政府设立运动处方师这个职业。2015 年 11 月北京体育大学开办首届《运动测试及运动处方》资质证书培训班,2018 年国家体育总局开始开展运动处方讲师培训。大量研究证实,根据运动处方科学锻炼既安全可靠,又有计划性,可在短时间内达到健身、预防疾病和疾病康复的目的。

**2. 运动处方在国内外的应用研究**

运动处方已广泛应用于大众健身,并视为健身科学化的标志在全球应用。目前,慢性非传染性疾病在全球迅速蔓延,最近几年又呈低龄化发展态势。针对这种严峻形势,相关专家学者通过大量试验证实,科学的运动锻炼对于慢性病的预防和治疗起着极为重要的正面作用,而科学的运动锻炼则依赖运动处方学科的建设与发展。运动处方源于现代康复医学,1954 年,美国生理学家 Karpovich 曾提出"运动处方"的概念,20 世纪 60 年代,由于运动处方被用于冠心病的康复,引起心血管疾病治疗领域的一场革命而受到重视。1969 年,WHO 正式采用了"运动处方"这一术语,使"运动处方"得到了国际上的认可。进入 21 世纪以来,运动处方无论是在国内还是国外,均有了很大进展,健身运动处方已成为各国实施健康计划的重要内容,科学指导人们进行锻炼,已得到人们的普遍认识。另外健身处方的任务已由单一健身发展到追求身心全面的发展。随着社会压力的增加,心理障碍、心理疾病已经严重地困扰着人们,运动处方的任务也由单一的健身发展到追求身心全面健康。随着生活水平的提高,人们对健康的重视程度不断加强,预防和治疗慢性非传染性疾病也将成为健身运动处方的共同任务。

人类应用运动治疗疾病已有 3000 多年的历史。现在运动处方已发展成为指导群众体育锻炼和对运动员进行科学训练指导的方法应用于体育教学中,将成为指导健身者进行个体评价、自我练习的手段。

现代运动处方仅有半个多世纪的历史。其中,德国、美国及日本一些运动专家对运动处方进行了许多理论研究,为其应用和推广做出了大量的贡献。

(1)德国 Hollmann 研究所,从 1954 年起,对运动处方的理论和实践进行了大量的研究工作,成绩卓著,制订出健康人、中老年人、运动员的以及高血压、心肌梗塞、糖尿病、肥胖病人的各类运动处方,并对市民进行运动处方的指导和咨询工作。

(2)美国人库伯(Kenneth H·Cooper)用了 4 年时间进行健身与健康关系指导的研究,于 1968 年发表了《有氧代谢运动》(Aerobics)、《12 分钟跑体能测验》及《有氧运动得分制》等专著,其中影响最大的是《有氧代谢运动——通向全面身心健康之路》,已被译成 25 种文字、发行 1200 万余册,为世界许多国家所采用,誉满全球。

(3)日本体育科学中心,对运动处方的研究成果、贡献巨大。该中心于 1970 年成立后,第二年就在猪饲道夫教授倡导下成立了"运动处方研究委员会",以 9 名教授为核心跨越全国各地组成 20 个研究小组。其目的是为了增强体弱的中老年心肺功能和全身耐力水平。他们先研究基础理论 3 年,后研究实践应用 2 年。到 1975 年制订出应用于各年龄组的运动处方方案,并出版了《日本健身运动处方》,以指导群众和学生们进行科学锻炼。

(4)中国对运动处方的推广和应用,成绩颇多。10 余年来,我国翻译出版了日本及美国的运动处方专著;应用运动处方治疗冠心病、肥胖病、糖尿病等资料已有临床报道;在医学院校和体育院校的运动医学与康复医学的教学中,运动处方已列入专业核心课程;在向广大群众宣传普及运动处方知识,指导群众进行科学锻炼方面做了大量的工作。

**3. 运动处方的生理作用**

运动处方与普通的体育锻炼和一般的治疗方法不同,运动处方是有很强的针对性、有明确的目的、有选择、有控制的运动疗法。运动处方的生理作用主有以下几个方面。

(1)运动处方对心血管系统的作用。运动处方主要是采用中等强度的有氧代谢为主的耐力运动,即有氧运动。正常情况下,有氧运动对增强心血管系统的输氧能力、代谢产物的清除,调节做功肌肉的摄氧能力、组织利用氧的能力等有明显的作用。按运动处方锻炼可使心率减慢、血压平稳、心输出量增加、心血管系统的代偿能力增强等。但注意在有心脏疾病的情况下要慎重。

（2）运动处方对呼吸系统的作用。实施运动处方可增强呼吸系统的通气量、摄氧能力，改善呼吸系统的功能状态。

（3）运动处方对运动系统的作用。实施运动处方可增强肌肉力量、肌肉耐力和肌肉协调性，保持及恢复关节的活动幅度，促进骨骼的生长，刺激本体感受器，保存运动条件反射，促进运动系统的血液和淋巴循环，消除肿胀和疼痛等。

（4）运动处方对消化系统的作用。实施运动处方能促进消化系统的机能，加强营养素的吸收和利用，增进食欲，促进胆汁合成和排出，减少胆石症的发生，促进胃肠蠕动，防治便秘等疾病。

（5）运动处方对神经系统的作用。实施运动处方能提高中枢神经系统的兴奋或抑制能力，改善大脑皮质和神经体液的调节功能，提高神经系统对各器官、系统的机能调节。

（6）对体脂的作用。实施运动时间长、运动强度中等的运动处方能有效地减少脂肪组织，达到预防疾病和健美的目的。

（7）运动处方对代偿功能的作用。因各种伤病导致肢体功能丧失时，人体产生各种代偿功能来弥补丧失的功能。有的代偿功能可以自发形成，例如，一侧肾切除后，身体的排泄功能由对侧肾负担。而有的代偿功能则需要有指导地进行训练或刻苦训练，才能产生所需要的功能，例如，肢体残缺后，用健侧肢体代替患侧肢体的功能。运动处方对代偿功能的建立有重要的促进作用。

此外，运动处方对精神、心理也有良好的作用。

**4. 运动处方的分类**

运动处方开始主要用于康复医学领域，后来使用的范围逐步扩大。按照处方目的不同，可分为用于伤病后进行康复的"治疗性运动处方"，用于疾病（如冠心病）预防的"预防性运动处方"，以及可用于指导全民健身用的"健身性运动处方"。

此外，还可以分为用于提高心肺功能的心脏康复运动处方、提高肌肉力量的运动处方、提高身体柔韧性的运动处方等。不同种类的运动处方，有不同的制订原则和方法。本书以个性化运动处方的制订为指导原则进行阐述。

# 5.2 运动处方制订考虑要点及实施原则

**1. 运动处方制订考虑要点**

开具运动处方时应考虑的六个要点，分别为效果（Effectiveness）、便利程度（Accessibility）、安全程度（Safety）、个性化原则（Individualize）、享受程度（Enjoyment）及定期评估（Regular Evaluation）。

1）效果

运动处方的效果应从以下几方面衡量：

（1）健身者对改变自己行为习惯的动力。

(2)个人动力的可持续性。

(3)以不同种类的运动改善体适能的各个范畴。

2)便利程度

寻求社区健身路径的支持和合适的健身中心,以及得到健身者家属对运动处方的支持。

3)安全程度(健康检查及风险分层)

目的:找出拥有潜在运动风险,并需要在开始运动计划前接受更多临床评估及运动测试的健身者;找出有特殊需要的个别病人。

4)个性化原则

运动处方制订者在为健身者制订运动处方时,应与健身者紧密合作,确保运动处方可行,并可达成目标。

运动处方应切合健身者的以下情况而制订:

(1)健康状况(包括所患疾病、性别、年龄、风险因素组合、功能障碍等)。

(2)性格特征(包括准备改变的阶段、过往运动习惯、社交支持等)。

(3)健康需要。

(4)个人目标。

(5)运动喜好。

5)享受程度

选择健身者认为有兴趣参与的运动,或已掌握的运动项目,有助于健身者遵照运动处方实行,运动的动力得以持续。

在运动计划中加入不同种类的运动项目,不但可以令运动计划更有趣,更可减少因重复进行同一种运动而令肌肉骨骼受压,并使更多肌群得以活动。

选择适合运动的时间带,避免进食后不久或气温太高时进行运动。

时间安排要合理,并安排休息时间。

6)定期评估

个人对运动的反应可通过以下方法评估:

(1)心率及血压。

(2)主观运动强度评分表(RPE)。

(3)心电图(如适用)。

(4)在分阶段运动测试中直接测试或估计所得出的最大摄氧量。

(5)肌力、柔韧度及平衡力。

利用进度表来记录运动锻炼效果。

**2. 运动处方实施原则**

制订运动处方时除了遵循运动处方制订的程序外,还要遵循一定的原则。

1)全面了解运动处方对象的体适能和健康状况

在制订运动处方之前,一定要通过问卷调查、医学检查、临床测试、体适能测定等途径,了解受试者的体适能和健康状况。需要了解的内容有身体发育、疾病史、目前伤病情况和治疗情况、近期身体健康体检结果、健康体适能测定结果、运动史、运动锻炼情况等。

全面了解受试者的体适能和健康状况的目的是:

（1）排除运动禁忌症。通过全面了解受试者有无运动禁忌症或临时禁忌运动的情况，是否能够参加运动锻炼或康复锻炼，以保证在功能测试和锻炼过程中的安全。

（2）确定运动处方的目的。全面了解受试者，有助于确定运动处方的目的。

（3）确定运动功能评定方案。同一性质的运动功能评定，有适合于不同年龄段、性别、健康状况、运动习惯等情况的试验方案，需要根据运动处方受试者的体适能和健康状况选择适合的方案。

2）确定运动处方的目标

首先，确定对受试者实施运动处方的目的是为了疾病或功能障碍的康复治疗，还是为了预防健身。其次确定锻炼的目的是为了提高心肺功能、增强肌力、提高柔韧性，还是为了减少多余的脂肪、控制血压、血糖、血脂、消除或减轻功能障碍，以及调节心理状态、提高生活质量，还是掌握某项运动技能和方法等。目的不同，采用运动功能评定方法不同，制订运动处方的原则也不同。

3）进行相应的运动功能评定

运动功能评定是制订运动处方的依据。重点检查相关器官系统的功能状况。如处方目的为提高心肺功能或控制体重、血压、血糖、血脂等，应做心肺功能检查评定。如果目的是为增强肌肉力量，需要做肌力的测定。目的是为提高柔韧性，则需做关节活动幅度的测定。以肢体功能障碍康复为目的时，需做临床医学检查、关节活动幅度评定、肌肉力量评定、步态分析等。

4）制订运动处方

功能检查的结果作为制订运动处方的依据，同时结合运动处方制订考虑要点，区别对待，因人而异。还需考虑受试者的性别、年龄、健康状况、运动基础、客观条件，安排适当的运动内容。在制订过程中遵循的基本原则：

（1）因人而异的原则。要根据每一个参加锻炼者或病人的具体情况，制订出符合个人身体客观条件及要求的运动处方。不同的疾病，运动处方应有所不同；同一疾病在不同的病期，运动处方应有所不同；同一人在不同的功能状态下，运动处方也应有所不同。

（2）有效的原则。运动处方中运动强度和运动量安排要保证对机体刺激有效，运动处方的制订和实施应使参加锻炼者或病人的功能状态有所改善。在制订运动处方时，要科学、合理性安排各项内容；在运动处方的实施过程中，要保质保量认真完成锻炼。

（3）安全的原则。按运动处方规定的运动强度，保证在安全的范围内进行，若超出安全的界限，则可能发生危险。在制订和实施运动处方时，应严格遵循各项规定和要求，以确保安全。

（4）全面的原则。运动处方应遵循全面发展身心健康的原则，在运动处方的制订和实施中，应注意维持人体生理和心理的平衡，以达到"全面发展身心健康"的目的。

（5）科学性原则。所设计的运动处方必须符合人体的生理和心理特点，运动处方的运动时间和运动强度要符合处方对象的身体特点及健身目标要求。

（6）趣味性原则。兴趣是锻炼的原动力，运动处方中选择搭配的运动内容要有趣、多样，切忌枯燥的训练式运动处方。

（7）调整性原则。运动处方实施一段时间后，要根据健身者适应的情况和体质状况进行及时调整。

5）指导受试者如何执行运动处方

在按照运动处方开始锻炼之前，运动专业人士应帮助受试者了解运动处方中各项指标的含义,对如何执行处方提出要求。第一次按照运动处方锻炼时,应当在制订处方者的监督下进行,让受试者通过实践了解如何执行运动处方。有时需要对运动处方进行适当的调整。患慢性病者、肢体功能康复者进行运动锻炼时,最好在专业人员的指导下进行,根据每次锻炼后的反应,及时调整运动处方。

6)监督运动处方执行情况

通过检查锻炼日志、定期到锻炼现场或定期到实验室进行锻炼,对运动处方的执行情况进行监督。有研究表明,在监督下进行锻炼,可收到更好的锻炼效果。在监督锻炼过程中,还可以随着功能的提高,及时调整运动处方,以取得更好的效果。

7)定期调整运动处方

按照运动处方进行锻炼,一般在 6～8 周后可以取得明显效果。此时需要再次进行功能评定,检查锻炼的效果,调整运动处方,以进一步提高锻炼效果。

## 5.3　运动处方主要内容

根据受试者的个人健康状况,明确了运动处方的目的,完成相应的功能评定后,就可以为受试者制订运动处方。一个完整的运动处方应包括运动处方实施目标、锻炼内容、总运动量、实施进度、实施过程中医务监督的力度和注意事项等内容。

### 1. 锻炼目标

制订运动处方之前,首先应当明确锻炼的目标,或称为近期目标。

以心肺耐力为主的锻炼目标,可以提高心肺功能、减肥、降血脂,或防治冠心病、高血压、糖尿病等。对于力量和柔韧性为主的运动处方的锻炼目标,应当具体到进行锻炼的部位,如加大某关节的活动幅度、增强某肌群的力量等。力量为主的运动处方中需要确定增强何种力量以及采用何种力量训练方法等,如动力性力量还是静力性力量训练,向心运动还是离心运动。

在康复锻炼运动处方中,首先需要考虑康复锻炼的最终目标,或称"远期目标"。如达到使用轮椅进行活动、使用拐杖行走、恢复正常步态、恢复正常生活能力和劳动能力、恢复参加运动训练及比赛等。在近期目标中,应该规定当前康复锻炼的具体目标,如提高某个或某些关节的活动幅度,增强某块肌肉或某组肌群的力量,需要增强何种肌肉力量等。

### 2. 锻炼内容

锻炼内容即锻炼时应采用的手段和方法。为提高全身耐力,以选择有氧运动为主;肢体康复功能的锻炼,可采用抗阻练习、柔韧性练习、医疗体操和功能练习、水中运动等;偏瘫、截瘫和脑瘫患者需要使用按神经发育原则采用的治疗方法,并且常常需要采用肢体伤残代偿功能训练、生物反馈训练等。

### 3. 运动量

运动量的大小,取决于多种因素,综合起来有以下方面:

(1)运动强度。在有氧运动中,运动强度取决于走或跑的速度、蹬车的功率、爬山时的坡度等。在力量和柔韧性练习中,运动强度取决于给于助力或阻力的负荷重量。运动强度制订是否恰当,关系到锻炼的效果及锻炼者的安全。应按照个人特点,规定锻炼时应达到的有效强度和安全界限。

(2)持续时间。在以耐力为主的运动处方中,主要采取"持续训练法",应该规定有氧运动持续的时间;在以力量和柔韧性为主的运动处方中,则需要规定完成每个动作所需要的时间。

(3)重复次数、完成组数及间隔时间。力量为主和柔韧性为主的运动处方中,应规定每个练习需重复的次数(次/组)、完成组数,以及次与次、组与组之间间隔的时间。不同的锻炼方案将收到不同的锻炼效果。

(4)运动频率。指每周锻炼的次数。运动频率跟锻炼的目标有着一定的关系,也与运动强度、受试者的健康状况等有关。

4.注意事项

为确保安全,根据运动处方对象的具体情况,提出锻炼时应当注意的事项,如锻炼时心率不得超过靶心率、进行抗阻练习时注意预防意外事故等。

# 5.4 运动处方制订信息系统设计

知识库的运动处方信息系统是一个综合性的信息系统,涉及医学、心理学、训练学、教育学、统计学、计算机技术和网络技术等多学科领域。运动处方信息系统涉及国家、WHO、体育领域制订的参考标准,同时借助于先进的检测仪器,规范化的量表对采集的数据进行评估,建立数据库系统,体现运动处方信息系统的个性化。运动处方信息系统在开发时要做到规范性、实用性、技术先进性、教育普及性、数据采集多样性、简洁易用性、运动处方个性化、保密性、可靠性、易扩充性及构架灵活性,同时具备数据处理模式多样性、运动处方的导出功能、运动处方实施前后效果的自动生成对比分析功能。同时运动处方信息系统能满足各级健身会所、各级国民体质监测管理部门、体科所及科研院校相关部门对信息的要求。遵从国家、省部委、地区体育管理部门的信息规范和相关标准。

**1.运动处方电子化信息系统开发的目的**

我国运动处方的发展只有近 30 年的历史,且多数是借鉴西方发达国家及日本的研究成果,同时我国运动处方的信息化系统(运动处方的计算机应用与国民体质监测评价、健康档案的管理、健身知识普及教育、数据统计与分析等相结合形成运动处方信息系统)管理研究还处于初期阶段,运动处方没有大量应用于实践中。

欧美发达国家的运动处方软件评定标准不符合亚洲人群的指标。具备运动处方制订的专业资质人员数量相对较少,全民健身的推广,健身人群数量的剧增,少数专业人员制订个性化的运动处方不能满足现实的需要。运动处方的电子化和信息化将在全民健身中,对于日益增多、低龄化慢性病的预防和治疗发挥一定的作用。

制订运动处方的人员资质应为体育保健康复专业和部分体育专业的教师、康复部门的康复医生和治疗师等,从业者应具有很强的专业知识及相应的运动处方制订和实施专业的技能。目前我国还没有审批这项专业职务,此外本书还对运动专业人士应具备的资质条件提出可行性的建议,为健身俱乐部如何选用运动专业人士提供建议性指导。

**2.运动处方制订流程**

参照 7.2 节运动处方制订流程。

**3.系统模块功能**

依据运动处方制订流程,通过阅读国内外运动处方书籍、互联网查找、沿用经典的调查问卷和运动处方的相关的专家交流广泛收集资料,并对收集来的资料进行研究。建立健身者个人基本档案信息管理、健身者的基本信息资料管理、问卷调查信息管理、健康体适能测试资料管理、运动试验信息管理、临床测试信息资料管理、运动处方制订导出管理、数据库管理以及权限管理等模块为一体的运动处方信息系统。

(1)个人基本档案信息管理。实现对健身者资料的增、删、修改以及查询功能。

(2)健身者的基本信息资料管理。实现对健身者基本信息进行录入。

(3)问卷调查信息管理。对健身者的行为习惯、生活习惯、运动习惯、饮食习惯,以及家族、既往病史等的问卷调查,记录个人的健康问卷信息资料模块,进行管理。

(4)健康体适能测试资料管理。实现对健康体适能资料的查看、删除操作以及数据的统计功能。体适能评估是通过专门的仪器测试,对健身者的健康体适能的心肺耐力、肌肉力量和耐力、柔韧性、身体成分多个指标进行测试,然后录入到健康体适能测试资料管理模块内,为运动处方的制订提供资料。

(5)运动试验信息管理。实现对健身者运动机能进行检查与评估。

(6)临床测试信息资料的管理。实现对健身者临床体检资料的查看、对比操作以及数据的统计功能。临床检测与评估通过专门的体检公司或正规的医院检测中心,对健身者的生理、生化的指标(心率、血压、心电、肺功、血脂、血糖、血流变、全血分析等)进行检测,将测试结果录入或导入临床测试信息资料管理模块。录入健身者的测试信息资料的管理模块,为运动处方的制订提供资料。

(7)运动处方制订导出管理。可以实现个性化运动处方导出。

(8)数据库管理。实现数据的备份和恢复功能。

(9)权限管理。可以进行查询、增减和修改及权限操作。

健身者通过自己的账号进行查询个人的基本信息、健康体适能的状况、临床的生理生化指标和运动处方方案,以及相应的健康教育内容等。

管理者可以通过对健身者的多项指标进行运动处方的导出和运动处方的微调等权限操作。

## 5.5　有氧运动(心血管耐力)运动处方的组成

多大强度运动量才能获得健康体适能的益处,是为每位健身者在制订运动处方时所必须关注的。应依据运动处方内容确定有氧运动处方的组成。

**1.运动强度**

对于大多数成年人,采取中等及较大强度[大于等于 60% $VO_2R$($VO_2R$,储备摄氧量),心率和血压增加幅度较大）]相结合是较为理想的提高健康体适能的运动强度。

只有获得了受试者和患者在递增负荷试验中推测的最大运动能力值时，才能完整地讨论运动强度。一直以来，都是使用公式"220-年龄"来推算男女的最大心率。这个公式使用简单，但是变化范围较大（对于40岁以下的男女，其推算值较实际低；而对于40岁以上的男女，推测数值较实际高）。目前，有一种由 Gellish 等人推荐的更为精确地推算最大心率的方法，即

$$HR_{max} = 206.9 - 0.67 \times 年龄$$

可以使用多种方法来计算运动强度，包括储备心率（HRR）、储备摄氧量（$VO_2R$）、主观疲劳感觉、推测的最大心率（$HR_{rest}$）、最大摄氧量百分比（$VO_2\%$）、代谢当量以及每分钟消耗的能量（kcal/min）。在制订运动处方方案时，采取哪种计算方法取决于制订者的爱好和/或测试条件（见表5-1）。

**表 5-1　多种确定运动强度方法的应用示例**

（1）心率储备（HRR）法。

①可用的数据：

$HR_{rest}$：70次/min

$HR_{max}$：180次/min

计算运动强度范围：50%～60%

公式：靶心率（THR）＝（$HR_{max}$－$HR_{rest}$）×强度%＋$HR_{rest}$

②计算 HRR：

$HRR = HR_{max} - HR_{rest}$

$HRR$＝（180次/min－70次/min）＝110次/min

③以%HRR设计运动强度范围：

将%HRR除以100转换为小数

%HRR＝设计强度×HRR

%HRR＝0.5×110次/min＝55次/min

%HRR＝0.6×110次/min＝66次/min

④确定 THR 范围：

THR＝%HRR＋$HR_{rest}$

计算 THR 下限：THR＝55次/min＋70次/min＝125次/min

计算 THR 上限：THR＝66次/min＋70次/min＝136次/min

THR 范围：125次/min－136次/min

（2）摄氧量储备（$VO_2R$）法。

①可用的数据：

$VO_{2max}$：30mL/（kg·min）

$VO_{2rest}$：3.5mL/（kg·min）

设计运动强度范围：50%～60%

公式：靶摄氧量＝（$VO_{2max}$－$VO_{2rest}$）×%强度＋$VO_{2rest}$

②计算 $VO_2R$：

$VO_2R = VO_{2max} - VO_{2rest}$

$VO_2R$＝30mL/（kg·min）－3.5mL/（kg·min）

$VO_2R$＝26.5mL/（kg·min）

③%$VO_2R$设计运动强度范围：

## 续　表

将％HRR 除以 100 转换为小数

％$VO_2R$＝设计强度×$VO_2R$

④计算％$VO_2R$：

％$VO_2R$＝0.5×26.5 mL/(kg·min)＝13.3 mL/(kg·min)

％$VO_2R$＝0.6×26.5 mL/(kg·min)＝15.9 mL/(kg·min)

⑤确定靶 $VO_2R$ 范围：

$VO_2R$＝％$VO_2R$＋$VO_{2\,rest}$

计算靶 $VO_2$ 下限：

靶 $VO_2$＝13.3 mL/(kg·min)＋3.5 mL/(kg·min)＝16.8 mL/(kg·min)

计算靶 $VO_2$ 上限：

靶 $VO_2$＝15.9 mL/(kg·min)＋3.5 mL/(kg·min)＝19.4 mL/(kg·min)

靶 $VO_2R$ 范围：16.8 mL/(kg·min)－19.4 mL/(kg·min)

⑥确定 MET 范围(可选)：

1MET＝3.5 mL/(kg·min)

靶 MET＝靶 $VO_2$÷(1MET)

计算 MET 范围下限：

靶 MET＝16.8 mL/(kg·min)÷3.5 mL/(kg·min)＝4.8MET

计算 MET 范围上限：

靶 MET＝19.4 mlL/(kg·min)÷3.5 mL/(kg·min)＝5.5MET

⑦运动过程中消耗的能量可以参考以下的代谢公式计算示例。也可以参考其他文献资料。

(3)％$HR_{max}$(测试或推侧法)

①可用数据(45 岁男性)：

设计运动强度范围：70％～80％

公式：THR＝$HR_{max}$×设计强度％

②推测 $HR_{max}$ 方法(无法通过测试得到 $HR_{max}$ 时)：

$HR_{max}$＝220－年龄

$HR_{max}$＝220－45＝175 次/min

③确定 THR 范围：

THR＝$HR_{max}$×强度％

以％$HR_{max}$设计运动强度范围

计算 THR 下限：

THR＝175 次/min×0.7＝123 次/min

计算 THR 上限：

THR＝175 次/min×0.8＝140 次/min

THR 范围：123～140 次/min

(4)％$VO_{2max}$(测试或推测)法。

①可用数据(45 岁女性)：

设计运动强度范围：50％～60％

公式：$VO_{2max}$×强度％

②确定靶 $VO_2$ 范围：

续 表

靶 $VO_2$＝设计强度％×$VO_{2max}$

以％$HR_{max}$设计运动强度范围

计算靶 $VO_2$ 下限

靶 $VO_2$＝0.50×30 mL/(kg·min)＝15 mL/(kg·min)

计算靶 $VO_2$ 下限

靶 $VO_2$＝0.60×30 mL/(kg·min)＝18 mL/(kg·min)

靶 $VO_2$ 范围：15 mL/(kg·min)～18 mL/(kg·min)

③确定 MET 范围：

1MET＝3.5 mL/kg·min

计算 MET 下限：

靶 MET＝15 mL/(kg·min)÷3.5 mL/(kg·min)＝4.3MET

计算 MET 上限：

靶 MET＝18 mL/(kg·min)÷3.5 mL/(kg·min)＝5.1MET

④运动锻炼消耗的能量可以参考下面的代谢公式计算示例。

(5)利用代谢公式确定在运动跑台上跑步的速度。

①可用数据(32 岁男性)：

身高：70in(177.8 cm)

体重：130Ib(59 kg)

$VO_{2max}$：54 mL/(kg·min)

设计跑台坡度：2.5％

设计运动强度：80％$VO_{2max}$

公式：$VO_2$＝3.5＋(0.2×速度)＋(0.9×速度×坡度％)

②确定靶 $VO_2$：

靶 $VO_2$＝设计强度％×$VO_{2max}$

靶 $VO_2$＝0.80×54 mL/(kg·min)＝43.2 mL/(kg·min)

③确定跑台速度：

$VO_2$＝3.5＋(0.2×速度)＋(0.9×速度×坡度％)

43.2 mL/(kg·min)＝3.5＋(0.2×速度)＋(0.9×速度×0.025)

39.7 mL/(kg·min)＝(0.2×速度)＋(0.9×速度×0.025)

39.7 mL/(kg·min)＝(0.2×速度)＋(0.025×速度)

39.7 mL/(kg·min)＝0.025×速度

速度＝175.6 m/min

跑台速度：10.5 km/h

(6)利用代谢公式确定在运动跑台上能够步行的坡度。

①可用数据(54 岁男性,中等体力活动水平)：

身高：177.8 cm

体重：86.4 kg

设计跑速：2.5 m/h

设计 MET：5MET

公式：$VO_2$＝3.5＋(0.1×速度)＋(1.8×速度×坡度％)

**续 表**

②确定靶 $VO_2$：

靶 $VO_2 = MET \times 3.5\ mL/(kg \cdot min)$

靶 $VO_2 = 5 \times 3.5\ mL/(kg \cdot min) = 17.5\ mL/(kg \cdot min)$

③确定坡度：

$VO_2 = 3.5 + (0.1 \times 速度) + (1.8 \times 速度 \times 坡度\%)$

$17.5\ mL/(kg \cdot min) = 3.5 + (0.1 \times 67) + (1.8 \times 67 \times 坡度\%)$

$14\ mL/(kg \cdot min) = (0.1 \times 67) + (1.8 \times 67 \times 坡度\%)$

$14\ mL/(kg \cdot min) = 6.7 + (120.6 \times 坡度\%)$

$7.3 = 120.6 \times 坡度\%$

坡度$\% = 0.06$

坡度$\% = 6\%$

(7)利用代谢公式确定在使用 Monarch 下肢功率车记功器的功率负荷。

①可用数据(42 岁男性)：

身高：177.8 cm

体重：86.4 kg

设计 $VO_2$：18 mL/(kg · min)

公式：$VO_2 = 7.0 + 1.8 \times 功率/体重$

②计算功率车记功器功率

$VO_2 = 7.0 + 1.8 \times 功率/体重$

$18\ mL/(kg \cdot min) = 7.0 + 1.8 \times 功率/86.4kg$

$11 = 1.8 \times 功率/86.4\ kg$

$950.4 = 1.8 \times 功率$

功率$= 528(kg \cdot min)/m = 96.6W$

建议使用 RPE 主观感觉疲劳分级作为运动强度制订的基本和辅助手段。需要强调的是，与表 5-1 中提出的计算运动强度的方法并不是完全对等的。

**2.运动量和运动持续时间**

运动持续时间用一段时间内进行的运动锻炼活动总时间(如每节训练课、每天或每周)来表示，或者用总的能量消耗表示。运动锻炼可以是连续性的，也可以是在一天中以每次至少持续运动 10 min、间隔的多次运动进行。

每周通过运动锻炼和运动消耗的总能量与所获得的健康体适能益处之间存在剂量反应关系。事实证明，每周通过运动锻炼累积消耗至少 1 000 kcal 的能量确实可以得到健康体适能益处。这一最低能量消耗数值也是美国医学总监报告、ACSM 和美国心脏病协会(AHA)推荐的(见第 1 章)。这一数值运动锻炼大约相当于每周运动 150 min 或每天运动 30 min，强度为中等强度的运动。

对于一些体适能较低的健身者来说，每周小于 1 000 kcal 的运动量也能提高其健康体适能水平。但是对于大多数成年人来说，更大的运动量会得到更多的健康体适能益处，同时更大的运动量也有助于促进降体重和长期保持降体重成果。

目前,最大的安全运动量还不清楚。虽然需要进一步研究来确定最大安全运动量,但是在向运动者推荐每周进行超过 3 500~4 000 kcal 的运动量时,需要慎重权衡发生过度训练造成损伤的可能性。

**3. 运动频率**

美国医学总监推荐在每周的大多数日子里都进行运动锻炼,最好至少每周 5 天,但是美国运动医学会(ACSM)推荐每周进行 3~5 天运动即可。对于运动频率,众多的观点更倾向于以获得和保持健康体适能益处为目的的大多数成年人,推荐每周进行至少 5 次中等强度的有氧运动,或者是每周进行 3~5 天中等强度和较大强度相结合的运动。

**4. 有氧运动处方的运动方式(类型)**

推荐给所有成年人采用大肌肉群的、并且几乎不需要技巧的、有规律的有氧运动来提高心血管机能,进而提高健康体适能。对于那些技巧性很强的运动项目可以推荐给掌握此项运动技能的健身者。专业人员在为运动处方选择运动方式时,应坚持训练的个性化原则。这一原则体现不同个体对不同的运动方式的生理适应是具有特殊性的。

## 5.6 肌肉力量和肌肉耐力运动处方的组成

肌肉组织的减少会导致新陈代谢率的下降,其中影响最大的还不是运动代谢率,而是静息代谢率(占 65%),静息代谢率在 30 岁以后每十年以 5% 左右(肌肉含量下降引起的)的速度下降,进行抗阻训练可减缓肌肉组织的下降速率,维持机体的静息代谢率。

抗阻训练是运动处方制订中必不可少的组成部分。抗阻训练的目的应该是:能够完成对生理压力较小的日常活动;有效地控制、延缓或预防诸如骨质疏松、2 型糖尿病和肥胖等慢性疾病;同时抗阻训练对老年人维持其正常的生活以及提高其生活质量很重要。

**1. 抗阻训练的频率**

建议成年人每周对每一个大肌群训练 2~3 次,并且同一肌群训练的时间间隔至少 48h。

**2. 抗阻训练的方式**

成年人应进行多关节抗阻训练,同时发展主动肌和拮抗肌,避免出现多关节肌的"主动不足"和"被动不足"现象。

**3. 抗阻训练重复次数和组数**

抗阻训练的强度和每组动作的重复次数是负相关。也就是说,强度或阻力越大,需要完成的次数越少。为了提高肌肉的力量和体积以及在某种程度上提高肌肉耐力,抗阻训练中一组动作的重复次数应该为 8~12 次。换算成负荷强度大约为 60%~80% 最大重复次数(1 - RM)。

如果抗阻训练的目的主要是提高肌肉耐力,而不是增加力量和体积的话,应该采用增加重复次数、缩短组间休息时间、减少组数(如同一肌群进行 1~2 组)的训练方案。这种训练以强度或阻力不超过 50% 1 - RM 为特点。同样地,对于更容易发生肌腱损伤的年龄较大和体适能较差的健身者来说,开始实施抗阻训练运动处方时,应以多重复次数(如 10~15 次/组),中等 RPE 强度为宜。对于健康成年人进行抗阻训练指南等相关知识见第 6 章运动处方制订指标测试部分。

## 5.7　柔韧性运动处方的组成

推荐给大多数成年人的运动处方方案中柔韧性拉伸训练为:每周至少 2~3 次对每一大肌群肌腱(如颈部、肩部、上背部和下背部、髋部、臀部和下肢)进行至少 4 次 10 min 的拉伸。建议采用静力性拉伸、动力性拉伸、神经肌肉本体促通术(PNF)和动态关节活动度技术来提高柔韧性。考虑到动力性拉伸可能会增加运动损伤,健康专业人员一般避免健身者采用此类拉伸方式。进行拉伸训练时,在关节活动范围内要限制出现不适,不要过度拉伸,以免出现损伤。

柔韧性训练要点总结:

(1)当肌肉充分活动后,牵拉效果最好。

(2)柔韧性牵拉训练应安排在正式运动训练的前面和/或后面。

(3)在进行肌肉力量、爆发力和耐力的运动之后进行牵拉可能效果更好。

(4)柔韧性牵拉也许并不能预防损伤。

(5)每周至少进行 2~3 天的柔韧性牵拉练习。

## 5.8　神经肌肉控制运动处方的组成

针对中老年人在设计运动处方时,有时必须考虑那些跌倒风险系数高的人群。对其进行神经肌肉控制相关训练,对于提高其平衡能力很有帮助。神经肌肉控制练习包括平衡性、协调性、步态、灵活性和本体感觉训练。建议中年人在进行运动处方训练时每周至少进行 2~3 天的神经肌肉训练,可采取的方式有太极拳、瑜伽和普拉提以及可以通过单足站立、闭眼单足站立来评定训练效果。针对成年人闭眼单足站立评分标准见第 6 章节内容。利用该方法能测验出反应肌力与平衡功能,有助于判断人体老化程度,此方法简便且实用性强。

## 5.9　改善启动和坚持运动处方实施的策略

大力提倡人们增加运动锻炼,静坐少动的趋势在我国乃至全球已开始降低。但是运动不足的现象仍然很普遍。以行为改变理论为基础的一些干预方法已经成功地帮助个体开始一个短期的运动计划。但是研究表明,行为干预对于提高运动锻炼的作用很小或一般,而行为干预对于提高长期规律性运动锻炼的研究结果不一致。有报道指出,大部分运动健身者中途放弃了制订的运动锻炼计划。

对于某些个体来说,个性化的运动处方可能比提高运动的坚持性更有效。对于准备参加运动锻炼的个体进行评价,有助于健康专业人员了解其适应的情况。体力活动改变阶段见表 5 - 2。

表 5－2　评价体力活动改变阶段

| 阶　　段 | 项　　目 | | | |
|---|---|---|---|---|
| | 1 | 2 | 3 | 4 |
| 前意向阶段 | 否 | 否 | — | — |
| 意向阶段 | 否 | 是 | — | — |
| 准备阶段 | 是 | — | 否 | — |
| 行动阶段 | 是 | — | 是 | 否 |
| 维持阶段 | 是 | — | 是 | 是 |

说明：在下列每个问题后面填充"是"或"否"。请仔细阅读说明。

(1)我目前体力活动活跃。　　　　　　　　　　　　　　　　　　　　　　　　　　　　(　　)

(2)在接下来的 6 个月里，我打算进行更为活跃的体力活动。　　　　　　　　　　　(　　)

(3)我目前渴望进行规律的体力活动。　　　　　　　　　　　　　　　　　　　　　　(　　)

(4)在过去的 6 个月里，我从事规律的体力活动。　　　　　　　　　　　　　　　　(　　)

规律的体力活动指：每天至少运动 30 min，每周至少 5 天。

针对体力活动行为，行为改变阶段表现为：

(1)前意向阶段(pre－contemplation)：个体静坐少动并且没有任何开始改变的意向。他们没有认真地思考在接下来的 6 个月中体力活动水平改变的问题或者是否有改变的需要。

(2)意向阶段(contemplation)：仍然静坐少动，但是已打算在未来 6 个月中开始有规律的体育锻炼。

(3)准备阶段(preparation)：开始有意识地增加体力活动，不过活动水平较低，未能达到获得健康效益所需的活动量(每周至少 3 次，每次至少 30 min)。但是他们打算未来的 30 天内加大体力活动量。

(4)行动阶段(action)：已经进行推荐水平的体力活动至少 6 周。在这个阶段行为改变的动机很足，感知到的效益大于感知到的障碍。然而，这也是最不稳定的阶段，个体回退到以前阶段的风险最大。

(5)保持阶段(maintenance)：坚持有规律的锻炼至少 6 个月。锻炼行为已经建立，回退的风险低。

体力活动辅导的"五 A 模式"提供了一个适合参与者不同改变阶段进行辅导的行为改变方法的简单有效的框架。

**1. 提高运动处方实施坚持性的经验推荐**

(1)获得健康专业人员对运动计划的支持。

(2)阐明建立运动目标的个体需求。

(3)确定运动的个性化、运动目标的可实现性和客观性。

(4)确定运动的安全性、便利性以及器材设施的良好维护。

(5)确定运动锻炼的社会支持。

(6)确定运动环境支持者和提醒者。

(7)确定自我监测运动计划的动机,运动的结果和成就,如运动日记和计步器。

(8)强调和监测急性运动或即刻的运动效果(如降低血压、血糖以及一定药物需求量)。

(9)强调运动计划的多样性和趣味性。

(10)建立规律运动的时间表。

(11)介绍有资格、有风度以及热心的运动专业人士。

(12)实施中等强度,特别是在运动的早期适应阶段,尽可能减少肌肉酸痛和损伤。

**2. 以健身者为中心的运动处方辅导(五 A 模式)**

1)探讨日程安排(个人改变的所有阶段)

(1)关注健身者的日程安排(如"您今天为什么来找我?")。

(2)表达渴望谈论健康行为(如"我想和您探讨下运动锻炼的问题。")。

2)评估(个人改变的所有阶段)

(1)改变的准备(如"您是否考虑改变一下您的运动习惯?")。

(2)了解危险/困难(如"您认为运动会有怎样的危险?")。

(3)危险相关症状/疾病的历史(如"您是不是担心运动锻炼会使您感到很累? 对您来说,疲劳是一个困难吗?")。

(4)恐惧/顾虑(如"您对运动锻炼有什么顾虑吗?")。

(5)对健康行为的看法(如"您今天为什么来找我?")。

(6)选择健康行为的历史(如"您曾经是否尝试进行运动锻炼?")。

(7)以前在试图改变过程中出现的问题(如"告诉我有关您以前运动锻炼的情况。您遇到了什么问题?")。

(8)阻碍改变的问题(如"现在有什么使得您无法开始进行运动锻炼的事情?)。

(9)试图改变行为的原因(如"您为什么要进行运动锻炼呢?")。

(10)继续进行危险行为的原因(如"您为什么坚持这样做,而不是参与运动锻炼呢?")。

3)劝告 (个人改变的所有阶段)

(1)对健身者大力劝告其改变行为方式(如"作为您的私人健身教练,我极力推荐您开始进行一个运动处方实施计划来提高您的健康水平。")。

(2)个人风险(如"您是担心心脏病的发作吗? 如果保持静态的生活方式,发生心脏病的风险将是现在的 2 倍。")。

(3)强调改变带来的短期和长期益处(如"运动锻炼可以降低您的高血压,并且可以降低您发生心脏病的危险。")。

4)帮助

(1)利用口头语和非口头语之间关联/助长技巧(采用开放式问题,避免使用规定性陈述,如"你应该……",可以使用直接的眼神交流等)。

(2)纠正误区,提供咨询(如"您打算利用更多的运动锻炼在 6 周内减掉 5 kg 或更多的体重,这是一个不实际、不健康的目标。运动锻炼可以使您在长期运动中保持体重逐渐减少,但是在短期内效果甚微。")。

(3)表达感想/提供支持(如"我理解您对开始运动有些紧张。开始的时候的确很困难,但是我相信您是可以做到的。")。

(4)找出改变的障碍(如"您提到您的日程安排比较紧。让我们来看看您的安排吧,看看是否可以找出一定的时间进行短时间的运动")。

(5)找出潜在的资源和支持(如"您的伴侣是否有兴趣和您一起运动吗? 在您家附近是否有健身房或者公园?")。

(6)描述可以改变的内容(如"根据您和我的交流的情况,看来您应该选择一定的运动锻炼。")。

(7)在选择中精选(如"在这些选择中,您觉得哪个最好?")。

(8)提供资源/材料(如"这是一个节拍器,可以在您步行的时候打出简单的节拍。")。

(9)传授技巧/推荐行为改变策略(如"开始一个运动处方实施计划是困难的。有一个可以帮助您的办法,将运动计划画在日历上,把它当作任务来完成。")。

(10)适当的时候提建议(如"我认为您会乐意参加瑜伽课程")。

(11)考虑一份书面合同(如"很多人发现签署一份书面合同有助于跟踪运动处方实施计划。如果我们这样做,您觉得可以吗?")。

(12)找出障碍并解决问题(如"人们经常碰到使运动变得困难的问题,您认为什么会成为您的问题呢? 让我们找出克服这些困难的办法吧。")。

(13)鼓励采用支持和应对策略(如"坏天气经常使出去步行很困难。您能够想到一个可以替代的步行场地吗? 在坏天气进行其他的运动可以吗?")。

5)随后的安排

(1)重申计划(如"现在我们确认下,我们两个都理解了我们的运动锻炼计划。我们打算前往您家附近的三个健身房,去考察那里的器材和训练课情况,是这样吗?")。

(2)安排随后的日程或打电话(如"让我们每两个星期互相检查一下事情进展得怎样了,您可以每两周给我打个电话吗?")。

# 思 考 题

1.简述运动处方的生理作用。

2.简述运动处方的实施原则。

3.简述运动处方的主要内容。

# 第6章　运动处方制订的指标测试及评定标准

**内容提要**：运动处方制订过程中，涉及的指标包括身体形态、生理生化指标、身体机能等方面，本章介绍如何对其进行测试以及依据评定标准进行健康评估和分层。

## 6.1　运动测试前评估

通过对健身者的各项身体的指标进行测试和监视的结果进行综合的分析，全面、科学地评定出健身者的身体状况，对健身者进行健康分层，同时结合健身者的自身的运动爱好和周围环境的条件为制订和实施运动处方进行资料搜集。

### 1.个人信息

运动专业人士应该随时掌握运动健身者个人的基本信息，以备需要时联系运动健身者的家庭成员和医生。另外，通过对运动健身者信息的掌握可以推算出运动健身者的最大心率和进行不同形式运动锻炼时大致的心率范围，通过对数据的分析和对比给健身者进行健身指导时提供帮助。

个人的基本信息包括：姓名、性别、出生年月、职业、身体的基本状况、主观感觉有无异常、联系电话以及运动锻炼的目的等指标。

对于多数运动健身者来说，其运动锻炼的目的主要有：提高心肺功能；防治某些疾病，保持健康，延缓衰老；增强体质，提高工作效率；丰富文化娱乐生活，调节心理状态或心理压力，提高生活质量；增加社会交往。

### 2.个人病史、医疗史、体格检查

病史和家族史信息能够帮助运动专业人士制订适当的身体活动计划以及确定对参加者进行相关知识教育的具体内容。

运动前测试中的医疗史应完整且包括过去和现在的情况。在给中危和高危人群做运动测试前，要由内科医生或其他具备相应资质的人员为其进行初步的身体检查。

医疗史的组成：

(1)医学诊断。心肌梗塞等心血管疾病；经皮冠状动脉手术，包括血管成形术、血管移植及动脉粥样斑块切除术；冠状动脉搭桥术；瓣膜手术及瓣膜功能不全（如大动脉狭窄或瓣膜病）；其他心脏手术，如左心室动脉瘤、心脏移植；心脏电除颤；大动脉瘤；异常节律消除术；冠状动脉缺血综合征（咽痛、心绞痛）；外周血管疾病；高血压；糖尿病；肥胖；肺部疾病，包括哮喘、肺气肿、支气管炎；脑血管疾病（如脑卒中）；贫血和其他血液异常（如红斑狼疮）；静脉炎、深静脉血栓；癌症；妊娠；骨质疏松症；骨骼肌异常；情感异常；饮食紊乱。

(2)个人以往体检结果。听诊心脏是否有"咕哝"音、"喀啦"音、奔马律及其他异常心音，是否有其他心脏和血管异常；肺部异常（如哮鸣音、水泡音、爆破音）；血糖、血脂、脂蛋白异常，或其他重要实验室检查结果异常；高血压；水肿。

（3）症状史。身体不适（肺部、下颌、背部、上肢等处压榨感、麻木、疼痛、沉重感、烧热感、紧缩感、挤压感）；轻度头疼；头晕或头昏眼花；暂时性视觉或语音能力丧失；一侧短暂性麻木或虚弱；呼吸短促；心率加快或心悸，尤其是否伴随在体力活动、饮食过量、心情沮丧或暴露在寒冷环境中（或这些因素的综合）出现。

（4）最近患病史、住院史，最近的医学诊断或外科手术史。

（5）整形外科问题，包括关节炎、关节肿大及引起步行或运动测试障碍的情况。

（6）用药史、过敏史。了解健身者近期服药的情况和运动健身者的病例书。

（7）其他生活习惯，如喝咖啡、饮酒、抽烟、出于娱乐的需要服用违禁药物。

（8）运动史。准备改变的信息及习惯的体力活动水平；运动类型、频率、每次运动的持续时间和运动强度。

（9）家族史，包括心脏病史、肺部疾病、代谢性疾病、脑卒中或猝死。了解与遗传、不良生活方式有关的疾病病史。

通过以上方面主要了解健身者是否有身体损伤、运动损伤的历史，家庭是否有遗传病和自身是否患有某种疾病。作为运动专业人士应当进行详细而全面的询问，同时作为健身者来讲同样要做到如实告知，运动专业人士要和运动健身者之间保证互相信任，避免运动健身者在运动处方实施过程中造成不必要的伤害。

对于运动专业人士不可能做到对任何的药物和疾病的了解，可以通过和一些医生进行交流，是否适合运动，适合什么强度的运动锻炼，以及运动锻炼时有可能造成什么样的后果等情况向医生进行详细的询问，同时做记录，以及与运动健身者进行详细的沟通。

**3. 与健康有关的行为、态度**

运动专业人士通过对运动健身者的询问/问卷调查或对健身者的观察去发现健身者客观上存在不利于健康的行为，通过健康教育的方式改变不利于健康的行为，运动专业指导人士有义务向健身者宣传存在的不良行为与疾病发生有关的问题，以及解决这些不良行为的做法，从而来维护健身者的健康和增进其健康。

运动专业人士可以帮助参加运动健身者改变其危险行为，建立有利于健康的生活方式，向有利于健康的生活方式方向发展。促使健身者自觉地采纳有益于健康的行为和生活方式，消除或减轻影响健康的危险因素，预防疾病、促进健康、提高生活质量。对运动专业人士自身要理解、要明确何为不良的生活方式，何为影响健康的危险因素。

危险行为指的是偏离个人、他人乃至社会的健康期望，客观上不利于健康的一组行为。对于运动健身者，在投入运动锻炼时或即将投入运动锻炼时，主要的危险行为是不良生活方式与习惯。不良生活方式则是一组习以为常的、对健康有害的行为习惯，包括各种成年期慢性退行性病变的生活方式，如吸烟、酗酒、缺乏运动锻炼，以及高盐、高脂饮食等不良进食习惯。不良的生活方式与肥胖、心血管系统疾病、早衰、癌症等的发生关系密切。

运动健身者填写基本情况表，运动专业人士作为进行询问相关的情况参考。见附录C运动处方制订相关问卷部分。

# 6.2　身体形态、生理生化指标测试

**1. 身体形态指标测试**

身体形态的测试常用的指标有身高、体重、身高体重指数、腰围、臀围以及由腰围和臀围比值演化出的腰臀比指标、身体成分等。其测试方式和方法见第 4 章。

在多数情况下测体重指数、腰围和/或身体成分（体脂百分比）是必要的。

**2. 生理生化指标的测试**

通过对先前健康体适能（见第 4 章）检查结果，在必要情况下加上冠脉造影、运动核素法或超声心动等检测，可使冠心病和冠心病高危人群的识别和分层更加容易实现。同时，一些附加的检查包括动态心电图监控（Holter）和药物负荷测试能进一步阐明干预的必要性和范围、评估疗效，如药物治疗和再造血管化过程，或决定是否还要进行其他评估。

下面列举基于病人的危险水平和临床状态应进行的实验室测试，测试指标包括血压、心率、血清生化、全血分析、血脂和脂蛋白、空腹血糖、尿液化验和肺功能等检查，但不仅仅限于以上项目，依据需要可增加一些检测。

1) 根据危险水平和临床评估推荐的实验室测试

(1) 健康人群（低危）或危险因素在增长但无已知疾病者（中危）。

① 空腹总胆固醇、低密度脂蛋白胆固醇、高密度脂蛋白胆固醇和甘油三酯。

② 空腹血糖，尤其是 45 岁以上者、年轻的超重者和一个或多个 2 型糖尿病危险因素者：近亲属中有患糖尿病者，糖耐量或空腹血糖异常，缺乏体力活动，多囊性疾病，血管病史。

(2) 已知或怀疑心血管疾病的病人（高危）。

① 以上的检查加上相关心血管实验室测试（如 12 导心电图、动态心电图监控、冠脉造影、放射性核素检查或超声波心动描记，以前的运动测试）。

② 颈动脉或其他外周血管的超声检查。

③ 考虑检查载脂蛋白 a、高敏感应 c 反应蛋白、纤维蛋白原、LDL－C 颗粒大小及数量、HDL－C 亚型（特别关注有严重冠心病家族史，但无传统意义上心血管危险因素的年轻人群）。

④ 对于存在或怀疑充血性心力衰竭的病人进行胸部 X 线检查。

⑤ 由既往史及身体检查指定的全面血清化学成分和血常规测试。

(3) 肺部疾病。

① 肺部 X 线。

② 肺功能测试。

③ 其他特殊肺部检查（如血氧饱和度或血气分析）。

2) 根据危险水平实验室测试指标

(1) 血压测试。

血压与心血管疾病危险的关系是连续的、持续性的,并独立于其他危险因素。

生活方式的调整,包括体力活动、减轻体重(必要时)、合理的饮食计划(如富含水果、蔬菜以及低脂乳制品,以减少饱和脂肪酸和总脂肪的含量),减少食物中的钠,适量的酒精摄入,保持抗高血压治疗。静态血压测试是运动前试验评估的一个重要部分。准确测量血压的特殊技术是准确的数值判断和发现高血压。除了高血压以外,不常见的低血压也应用作评价临床表现的一个指标。

静态血压测试的过程:

①病人应静坐在有靠背的椅子上至少休息 5 min,双脚着地,双臂与心脏平齐。在测试前 30 min 内病人不要抽烟或喝咖啡。

②在特殊情况下可以测量仰卧位和站立位血压值。

③袖带在心脏水平处紧紧包裹上臂,覆盖肱动脉。

④为保证测量的准确性,应选择适当宽窄的袖带,袖带应包括 80% 的上臂,成人应使用较宽的袖带。

⑤把听诊器置于袖带下肘前动脉上。

⑥听到柯氏音第一声时再快速充气使压力升高 20 mmHg。

⑦以平均 2~5 mmHg/s 的速度缓慢减压。

⑧听到柯氏音第一声时的数值为收缩压(第一阶段),柯氏音第 5 声(音消失)时对应的值为舒张压。

⑨至少测量两次(最少间隔 1 min)。

应以口头或书面形式告知病人他们的血压值和血压控制目标(评定参考标准见表 6-1)。

表 6-1 血压水平分级

| 类 别 | 收缩压/mmHg | 舒张压/mmHg |
|---|---|---|
| 低血压 | <90 | <60 |
| 理想血压 | <120 | <80 |
| 正常血压 | <130 | <85 |
| 正常血压高限 | 130~139 | 85~89 |
| Ⅰ级高血压<br>含临界高血压 | 140~159<br>140~149 | 90~99<br>90~94 |
| Ⅱ级高血压 | 160~179 | 100~109 |
| Ⅲ级高血压 | ≥180 | ≥110 |
| 单纯收缩期高血压 | ≥140 | <90 |

(2)血液化验。

多种血液指标的分析在临床运动方案中广泛应用。这些分析一方面为全面了解病人的健康状况和运动能力提供信息,亦有助于解释某些心电图中表现的异常(见表 6-2)。

### 表 6-2　成人部分血液成分正常范围

| 分　类 | 男　性 | 无性别差异 | 女性 |
|---|---|---|---|
| 血红蛋白/(g/dL) | 13.5～17.5 | | 11.5～15.5 |
| 血细胞比例/(%) | 40～52 | | 36～48 |
| 红细胞计数/(×10¹²/L) | 4.5～6.5 | | 3.9～5.6 |
| 平均红细胞血红蛋白浓度/(g/dL) | | 30～35 | |
| 白细胞计数/(×10⁹/L) | | 4～11 | |
| 血小板计数/(×10⁹/L) | | 150～450 | |
| 空腹血糖/(mg/dL) | | 60～99 | |
| 血非蛋白氮/(mg/dL) | | 4～24 | |
| 肌酐/(mg/dL) | | 0.3～1.4 | |
| BUN/肌酐 | | 7～27 | |
| 血尿酸/(g/dL) | 4.0～8.9 | 2.3～7.8 | |
| 钠/(mEq/dL)① | | 135～150 | |
| 钾/(mEq/dL) | | 3.5～5.5 | |
| 氯/(mEq/dL) | | 98～110 | |
| 渗透压(mosm/kg) | | 278～302 | |
| 钙/(mg/dL) | | 8.5～10.5 | |
| 钙离子/(g/dL) | | 4.0～5.2 | |
| 磷/(g/dL) | | 2.5～4.5 | |
| 总蛋白/(g/dL) | | 6.0～8.5 | |
| 白蛋白/(g/dL) | | 3.0～5.5 | |
| 球蛋白/(g/dL) | | 2.0～4.0 | |
| 白/球比率 | | 1.0～2.2 | |
| 血清铁/(μg/dL) | 40～190 | | 35～180 |
| 肝功能检查 | | | |
| 胆红素(mg/dL) | | <1.5 | |
| 谷草转氨酶(μ/L) | 8～46 | | 7～34 |
| 谷丙转氨酶(μ/L) | 7～46 | | 4～35 |

3)肺功能测试

对于 45 岁以上吸烟者以及有呼吸困难(呼吸短促)、慢性咳嗽、哮鸣音或者有较多黏液痰

---

① mEq/dL＝mmoL/dL×原子价。

者,应常规进行肺功能及肺活量测定。肺活量测试是一种简单易行、无创伤性测试。进行肺活量测定时应遵循标准的操作规范。

肺活量测试可获得多个数据,但最常用的数据包括用力肺活量(FVC)、第一秒最大呼气量(FEV1)及 FEV1/FVC 比。这些检查可识别病人是否出现限制性或阻塞性呼吸异常,有时可在出现某些疾病的症状或体征前发现。FEV1/FVC 可因气道阻塞性疾病而降低(如哮喘、慢性支气管炎、肺气肿和慢性阻塞性肺病(COPD)),但气道受限(如脊柱后侧凸、神经肌肉疾病、肺纤维化和其他间质性肺病)时仍保持正常(见表 6-3)。

肺部疾病的肺活量分类可用于预测个体的健康状态。异常的肺活量也可提示患肺癌、心脏病和脑卒中的风险增高,并可判断患者使用哪些因素的干预能获益最大,如戒烟或使用某些药物。

表 6-3 肺活量测试的适应症

| | A.肺活量测试的适应症 |
|---|---|
| 诊断 | 评估症状、体征和异常的实验室测试结果<br>测量伴随疾病的肺功能<br>筛查某个体患有肺部疾病的风险<br>评估手术前的风险<br>评估预后<br>参加较大强度体力活动项目之前评估健康状态 |
| 监测 | 评估疗效<br>描述影响肺功能的疾病过程<br>监测暴露在损伤因子下的人群<br>监测已知有肺脏病毒性药物的不良反应 |
| 残障/损伤评估 | 在康复项目中评估病人<br>在保险评估中评估风险<br>因法律问题对某个个体的评估 |
| 公共健康 | 流行病学调查<br>推导参考公式<br>临床研究 |
| | B.慢性阻塞性肺疾病基于支气管扩张后 FEV1 值进行严重程度分级 |
| 阶段 I　轻度 | FEV1/FVC<0.7<br>FEV1≥80%预测值 |
| 阶段 II　中度 | FEV1/FVC<0.7<br>50%≤FEV1<80%预测值 |
| 阶段 III　重度 | FEV1/FVC<0.7<br>30%≤FEV1<50%预测值 |
| 阶段 IV　非常严重 | FEV1/FVC<0.7<br>FEV1<30%预测值,或 FEV1<50%预测值＋慢性呼吸衰竭 |

续 表

| | C.美国胸科学会,欧洲呼吸病学会基于 FEV1 任何肺活量异常的严重度分级 | |
|---|---|---|
| | 严重度 | FEV1%预测值 |
| | 轻度 | <LLN,≥70 |
| | 中度 | 60~69 |
| | 中重度 | 50~59 |
| | 重度 | 35~49 |
| | 非常严重 | <35 |

注:LLN 为正常值的下限。

肺功能也是用于体适能测试和体格检查的常用指标。反映肺功能的指标是相当多的,运动专业人士可以根据受试者的实际情况决定测试项目。以下是反映肺功能的测试指标:

(1)肺活量:根据个人的年龄、性别、身高可以推算出预期肺活量,如果测试结果低于预测值的 75%,那么就应该去医院进一步检查。

(2)一秒钟用力呼气量(FEV1):如果低于肺活量的 75%,那么也应该去医院进一步检查。

4)血脂指标测试

进行血尿化验检查的目的是为了了解受试者脂代谢、糖代谢以及肾脏功能方面有无异常。使用不同的化验方法、不同批次试剂,化验结果与正常值会有些差异,可按临床标准进行评定。血脂化验结果评定参考标准见表 6-4,血糖化验结果评定标准见表 6-5。

表 6-4　血脂测试　　　　　　　　　　　　　　　　单位:mg/dL

| | 血脂测试 | 评定 |
|---|---|---|
| LDL(低密度脂蛋白胆固醇) | <100 | 理想值 |
| | 100~129 | 正常值 |
| | 130~159 | 临界值 |
| | 160~89 | 高 |
| | ≥190 | 非常高 |
| TC(总胆固醇) | <200 | 理想值 |
| | 200~239 | 临界值 |
| | ≥240 | 高 |
| TG(甘油三酯) | <150 | 正常 |
| | 150~199 | 临界值 |
| | 200~499 | 高 |
| | ≥500 | 非常高 |
| HDL(高密度脂蛋白胆固醇) | <40 | 低 |
| | 40~59 | 正常 |
| | ≥60 | 高 |

注:将低密度脂蛋白胆固醇、总胆固醇和高密度脂蛋白胆固醇的单位从 mg/dL 转换为 mmol/L,系数 0.025 9;将甘油三酯的单位从 mg/dL 转换为 mmol/L,系数 0.011 3。

**表 6 - 5　血糖测试评定标准**

对糖尿病的诊断评定标准:

正常空腹血糖浓度为<100 mg/dL(5.6 mmol/L);

空腹血糖值 100 mg/dL～125 mg/dL 表明空腹血糖受损;

糖尿病与非糖尿病的分界点为≥126 mg/dL(≥7.0 mmol/L);

在口服糖耐量试验(OGTT)两个小时血浆葡萄糖水平>200 mg/dL(11.1 mmol/L) 为糖尿病诊断标准;

使用 $HbA_{IC}$(Glycosylated hemoglobin 糖化血色素)作为诊断测试糖尿病并不可取,因为缺乏标准化的方法

有以下危险因素时(危险因素包括:吸烟、高血压、低水平高密度脂蛋白胆固醇、冠心病家族史、年龄(男≥45 岁;女≥55 岁)),LDL 标准:

(1)无危险因素人群降到 160 mg/dL 以下。

(2)多重危险因素下降到 130 mg/dL 以下。

(3)患过心肌梗死、糖尿病人群降到 100 mg/dL 以下。

尿化验结果:尿潜血(BLD)(—);

尿蛋白(PRO)(—);

尿糖 (GLU)(—);

尿酸碱度 (PH):(4.5～8.0,弱酸性、中性或碱性)。

尿的化验检查包括:尿的酸碱度;尿糖定性试验;尿蛋白定性试验。

需要注意的是,上述建议进行医学检查和医务监督的参考数值应结合其他有关信息综合考虑。在体适能测试和运动试验时,某些指标可因受试者的准备活动,甚至试验的环境而发生变化(对测试不习惯的人尤其明显)。某些临界值,尤其是在安静时和轻微活动时所测得者,在进行医学检查之前应能够重复测得。

可以考虑在排除这些影响之后进行复测;或者可以考虑在几天后重新测试。如果仍然测得了有问题的结果,那么就可以建议受试者去医院进行身体检查。

对部分指标意义的解释:

一个高的安静心率值表明机体正处于严重应激当中,这可能有躯体或情绪两方面的基础。脂肪数量过多可以导致多种疾患和健康问题发生的危险增加。而血糖水平过高则与糖尿病有关。高血压是无数科研报道和学术会议的主题。

在血浆中的脂类物质在动脉粥样硬化的过程中所起的作用已经得到了深入的研究。胆固醇和甘油三酯在血流中以脂蛋白的形式运输,有以下区分:

(1)极低密度脂蛋白(VLDL)——含量越多冠心病的危险越大。

(2)低密度脂蛋白胆固醇(LDL - C)——与动脉内壁的粥样斑块形成密切相关,含量越多冠心病的危险越大。

(3)高密度脂蛋白胆固醇(HDL - C)——能帮助转运胆固醇到肝脏并将其代谢清除,能够保护血管免于发展成为粥样硬化。所以含量越高则冠心病的危险越小。

(4)总胆固醇——因为低密度脂蛋白通常是胆固醇总量的主体成分,因此高水平的总胆固醇也是冠心病的危险因素。

(5)总胆固醇/高密度脂蛋白比率——该比值越高则冠心病的危险越大。

在美国的胆固醇教育工程发布的第二份报告中,认为血液总胆固醇含量在 200 mg/dL 以下是理想水平,240 mg/dL 以上有高度危险;LDL-C 含量在 160 mg/dL 以上认为危险增高,130 mg/dL 以下是低风险;HDL-C 含量在 35 mg/dL 以下认为患冠心病的危险增加;总胆固醇/高密度脂蛋白比率在 5 以上认为危险增加,而 3.5 以下则危险很低。另外,ACSM 认为 HDL-C 含量在 60 mg/dL 以上就能够在一定程度上对抗冠心病的发生。

## 6.3　运动测试禁忌症

对于某些个体来说,运动带来的风险超过其所带来的益处。对这些病人来说,在决定是否应该进行运动测试时,认真地评价运动测试的风险与益处是非常重要的。

运动测试禁忌症见表 2-5。

## 6.4　知情同意书

运动测试和进行一项运动项目前获得参与者的知情同意书是重要的伦理和法律问题。虽然知情同意书的形式不同,但知情同意书必须包括足够的信息,以确保参与者知道并理解运动测试或运动项目的目的及所伴随的风险。对知情同意书应给以语言上的解释,并且说明参与者可以对运动过程提出问题,及从知情同意书获得更多的信息。在知情同意书的相应位置注明参与者的特殊问题及相关责任。在知情同意书中必须指出参与者可以随时退出试验。如果参与者是一个未成年人,就由其父母或监护人签署知情同意书(见表 6-6)。通过权威机构的检查(如医院的风险管理机构、伦理委员会、法律顾问)来决定参与者可接受的知情同意书的内容是否合适是明智之举。当然尽量保护病人健康信息的隐私(如病史、测试结果)。

如果运动测试的目的不是为了诊断和制订运动处方所需(如以完成试验为目的),应在知情同意书的内容加以说明,并反映在知情同意书的表格中;同时必须执行人体测试的应用原则是关于人体研究政策用的。

由于大多数知情同意书包括急救的过程和所需的设备,项目必须确保救护人员受过相应培训并得到使用相关急救设备的授权。应该张贴急救原则及过程,急救演习定期举行,如果出现人员变动则更频繁的进行急救演习。从附录 A 上可得到更多急救管理信息。

**表 6-6　运动测试知情同意书模版**

运动测试知情同意书

为了评定心血管功能,身体成分和其他体适能机能,受试者自愿参加以下一项或多项运动测试。GXT 试验,身体成分测试,肌肉力量和肌肉耐力、柔韧性测试。

(1)试验目的及说明。在功率车记功器或跑台上进行运动测试,试验强度将由低强度开始,并根据你的体适能水平逐渐递增。我们将根据疲劳体征、心率、心电图、血压的变化,或可能出现的症状及时终止试验。当感到疲劳或其他不适时可以要求停止试验,认识这一点对你很重要。

对于肌肉力量和肌肉耐力测试,利用杠铃或健身器械测试最大重复次数,用来评估全身主要肌肉群的肌肉力量和肌肉耐力。

柔韧性评估:在测试过程中,你要完成一些列的测试,我们将测试你全身主要关节的活动度。

续 表

（2）风险和不适。在 GXT 试验过程中可能存在某些变化，包括血压异常、头晕、心率过快、过慢或心律不规则，以及心脏病、脑卒中、死亡等罕见情况，通过试验前对你健康和体适能相关信息的评价及试验中仔细观察，最大限度减少风险。试验现场有相应的急救设备和接受过训练的专业人员以保证及时处理异常情况。

（3）受试者的责任。受试者有权知道在身体用力时对自己的健康状况，过去与心脏相关的症状（如低水平体力活动导致的呼吸短促、胸、颈部、下颌、后背、手臂等处的疼痛、压榨感、沉重感）可能影响你在运动测试中的安全性。你及时报告在努力完成运动测试过程中可能出现的症状，同时还要给试验人员提供你所有的药物治疗记录（包括非处方药），尤其是最近和当天服用的药物。

（4）预期获得的益处。运动测试结果可能有助于你的疾病诊断，评价药物治疗效果，或者评价你可在低风险状态下从事哪种类型的体力活动。

（5）要求。你可提出任何有关你从事试验步骤和结果的问题。如果你有任何顾虑或问题，请询问我们，以得到进一步的解释。

（6）医学记录的用途。尽最大努力保护受试者在运动测试中所获得信息的权利和秘密（如病史、测试结果）。没有受试者的书面同意，不得将相关信息透露给你的医生以外的任何人。然而在保留你个人隐私的前提下，可以将试验中所获得的信息用于统计分析及科学研究。

（7）自愿参加。我同意自愿参加运动测试来评估我的运动能力和心血管健康状态。我承诺参与这个运动测试时出于自愿，我明白如果我非常希望停止试验时可随时终止。

我已阅读这份表，明白试验程序及可能出现的风险和不适，并了解这些风险和不适，以及有随时提问的机会直至获得满意答复，我愿意参与这项试验。

| | |
|---|---|
| 日期 | 受试者签名 |
| 日期 | 担保人签名 |
| 日期 | 授权代表签名 |

在运动测试前对参与者进行明确的指导可以提高测试的有效性和数据的准确性。只要有可能，在预先约定中就应提供包含评价描述的书面说明书，使实验室人员和受试者能充分做好准备。以下几点是受试者说明书的基本内容，根据测试的类型和目的不同还应提供特殊说明书。注意事项如下：

（1）受试者在测试 3 h 之内禁食，不饮酒、不喝咖啡及吃刺激性的食物。

（2）受试者在测试当天要注意休息，避免当天参与明显费力的体力活动和运动。

（3）应当穿着运动宽松的衣裤，包括合适的鞋子。女性受试者要宽松短袖、前开式衣服，不要穿紧身内衣。

（4）如果是给一位门诊患者评价，受试者要了解测试可能会导致的疲劳，受试者也许希望有人陪伴参加测试并在测试结束后送其回家。

（5）如果测试出于诊断目的，病人最好停止服用心血管处方药，但必须经内科医生许可。现在所用的处方抗心绞痛药能改变血流动力学对运动的反应，并明显减低心电图对缺血性变化的敏感性。对于服用中等或大剂量 β 受体阻滞剂的病人，要求他们在 2～4 天内逐渐减量以减少肾上腺功能亢进的反跳现象。

（6）如果测试是出于评价功能或制订运动处方的目的，病人可继续按日常需要服用药，测试中的运动反应将是实际运动训练中的预期反应。

（7）受试者要提供自己所服药物名称、剂量、次数，尤其是测试前最后一次实际服药量。作为一种可选择的方法，受试者或许愿意把自己的药带在身边以便测试人员记录。

（8）在测试前 24 h 要喝充足的水以确保测试前的正常水平衡。

## 6.5　运动测试及临床指标评定（心肺耐力测试，肌肉力量／肌耐力测试，柔韧性测试）

### 1. 心肺耐力测试

无明显症状患者和健康人群在安静时的身体机能差异无法通过视力来分辨出，只有在进行强度较大运动时，这种差异才能明显地表现出来，通过定量负荷试验和最大强度负荷试验、次大强度试验的方式，来比较运动过程中心率、血压、心电以及血流变、肺功能及运动后一段时间后以上指标的变化，可以对心脏功能及身体机能状况作出恰当的判断。

运动测试所包含的内容由健康的危险因素评价来决定。对于很多人尤其是动脉粥样硬化性心血管疾病（CVD）和其他心血管疾病患者来说，运动测试与相应的身体检查是能够进行一个安全有效的运动项目的关键。

1）测量心肺机能（Cardiorespiratory Function，CRF）的意义

心肺机能测试的结果可以用于评价受试者 CRF 的机能状况，并对制订相应的运动处方有所帮助。例如，对于目前日益增多的肥胖和不运动的儿童，对他们进行定期的 CRF 测试，从青少年阶段一直坚持到老年阶段，是非常有益的做法。测试获取的结果可以和健康标准得分进行对比，从而确定受试者个人的健康状况，并提醒受试者对其生活方式进行调整以增进和保持健康。可以对测试的类型和监控的水平进行调整，以适应各个年龄组的特殊要求，并取得需要的信息。

出于以下几个方面的需要可以进行 CRF 测试：

（1）确定心血管、呼吸系统对安静状态和对亚极量、极量运动的反应。

（2）为制订运动计划提供基础依据。

（3）可作为冠心病的检查手段。

（4）确定受试者执行某项特殊工作的能力。

选择测试的适应范围时要考虑以下因素：年龄和体适能水平的差异，是否患有疾病，是否具有冠心病的危险因素，甚至要考虑到受试者的经济状况等。

2）心肺机能部分测试方法及评价

（1）12 min 跑测试或 2.4 km 跑。

在室外的 CRF 测试中，由 Cooper 提出的 12 min 跑或者 2.4 km 跑是使用最多的方法之一。这种测试方法是：受试者在 12 min 之内，或者在 2.4 km 之内尽可能快地慢跑/跑步。测试的原理是跑的速度与以该速度跑时的需氧量两者之间的相关性。跑的速度越快，以该速度跑时的需氧量就越大。之所以要跑一定长的时间是为了减少在跑的过程中无氧供能系统的影响。

可以用以下公式通过跑的速度来计算最大吸氧量：

$$VO_{2max} = 跑速(m/min) \times 0.2\ mL \cdot (kg^{-1} \cdot min^{-1})/(m \cdot min^{-1}) + 3.5\ mL \cdot (kg^{-1} \cdot min^{-1})$$

这一公式适用于跑完了 12min 或 2.4km 的成年人。对于儿童，该公式的估计值可能偏低，因为儿童在跑时会消耗更多的氧。而对于训练有素的运动员，该公式计算的值则可能偏高，因为他们在跑时更好地实现了能量节省化。

例如，一位 20 岁女性，进行 12 min 跑，完成的距离为 2 414 m。她的最大吸氧量计算如下：

$$跑速 = 2\ 414\ m \div 12\ min = 201\ m/min$$
$$VO_{2max} = 201\ m/min \times 0.2\ mL \cdot (kg^{-1} \cdot min^{-1})/(m \cdot min^{-1}) +$$
$$3.5\ mL \cdot (kg^{-1} \cdot min^{-1}) = 43.7\ mL/(kg \cdot min)$$

12 min 跑测试的优点在于其不需要昂贵的仪器，并可以定期有规律地复测。对于骑自行车、游泳以及采用其他运动形式的练习者，他们对这种方法也可以很快地适应，并可以通过测试判断自身通过练习所取得的进步。

Cooper 本人曾表示，这种耐力跑的测试对于刚刚开始运动健身计划的人不宜马上应用。刚刚开始锻炼的人应通过慢跑等手段逐步使自身的体适能水平有所提高，然后才考虑进行室外的耐力跑测试。

(2)1.6 km 步行测试。

用 1.6 km 步行测试预计 CRF 的方法目前已发展到适用于所有年龄和体适能水平的人。测试时受试者在跑道上尽可能快地步行，在步行结束即刻测量 10 s 的心率。

用以下公式计算：

$$VO_{2max} = 132.853 - 0.034\ 89\ 体重 - 0.387\ 7\ 年龄 + 6.315\ 性别 -$$
$$3.264\ 9\ 时间 - 0.156\ 5\ 心率$$

此处体重单位是 kg，年龄单位是年，性别赋值为女性 = 0，男性 = 1，时间单位是 min，心率单位是次/min。

**2. CRF 实验室内分级运动试验及临床检测（包括次大强度负荷试验和逐级递增负荷试验）**

1)次大强度负荷试验

次大强度负荷试验，指测试中采用的负荷低于受试者所能达到的最大负荷，用 PTHR 和测试结果推测出受试者可能达到的最大负荷、最大摄氧量，最后计算出受试者功能能力（Functiongal Capacity，F.C.，是指机体在尽力活动时所能达到的最大 MET 值，或在有氧范围内，机体所能完成的最大强度活动的 MET 值）的推测值。F.C. 与最大摄氧量的关系是：F.C. $= VO_{2max}/3.5$。

(1)次大强度负荷试验。次大强度负荷试验有不同的方法。所用记功器有功率自行车、固定跑步台或台阶；负荷强度有单一的，或至多有 4 个不同强度负荷；测试指标多为心率，但有的在每个负荷最后 10 s 或 15 s 测量，有的在恢复期测量长达 1 min；测试方案有用持续的，也有用非持续的。

根据运动处方制订的需要，本教材将介绍"二次负荷试验"。二次负荷实验是目前我国在全民健身运动中，评价心脏 F.C. 制订耐力运动处方最实用的方法。

(2)二次负荷试验的种类。

根据测试时使用的记功器不同,二次负荷试验分为二次台阶试验、二次功率车试验、二次跑台试验三种。

(3)二次负荷试验方案及选择。

确定二次负荷实验方案的原则是,负荷强度较高的第二个负荷,大约相当于受试者所能承担的最大负荷的中等或中等以上水平(60%～70%)。$VO_{2max}$ 也有一定的影响,经常运动者(每周至少锻炼 2～3 次,每次 30～60 min)能够提高 $VO_{2max}$,或减缓其随年龄下降的速度,所以在制订二次负荷试验方案时,应当考虑上述因素,尽量对不同的年龄、性别、有无运动习惯的受试者区别对待。

二次负荷试验包括两个不同强度的负荷,每个负荷持续运动 3 min,两个负荷之间休息 3～5 min。在每个负荷结束前,或运动后即刻测定心率或脉搏。

①二次台阶试验测试方案。

一般台阶高度介于 4～40 cm,蹬阶频率为 12～30 次/min。台阶试验的负荷强度决定于上述两个因素,可因地制宜选择不同高低的台阶,通过改变台阶的高度,或改变蹬阶的频率,或同时改变两个因素来提高运动负荷强度。

以下建议,可供确定二次台阶试验测试方案参考:

以蹬阶频率为 25 次/min(节拍器定在 100 次/min)为例,第一级台阶高度可取 15 cm 左右(一般楼梯、台阶的高度);第二级青年人取 30～40 cm,中年人取 25～30 cm,老年人取 20～25 cm 左右;女子可再适当降低。老年人第一级的蹬阶频率,可降低到 15～20 次/min,以拉大两级试验强度的距离。

台阶试验具有设备简单、功率准确、可以多人同时测试等特点。

②功率车试验测试方案。

蹬功率车的负荷强度,取决于功率车设定的功率和受试者的体重。当功率相同时,体重越大,用 MET 表示的强度越小,故选择实验方案时,除考虑性别、年龄、运动习惯之外,还应考虑到受试者的体重。

二次功率车试验的第二级负荷强度,建议青年男子取 120～150 W,青年女子取 90～120 W;中年男子取 90～120 W,中年女子取 60～90 W;老年人取 50～60 W。第一级的负荷可取第二级的 1/2 左右(以上建议可供参考)。

采用功率车作为运动负荷,安全性较高,适合年老、体弱者使用。此外,由于蹬车时不用负担自身体重,可减轻下肢的负担,体重过大者测试时可选用,但应适当加大测试时的蹬车功率。

③二次跑台实验测试方案。

固定跑台的负荷强度,取决于速度和坡度两个因素。由于运动时的速度和坡度已事先设定,受试者不能随意改变,可保证测试强度的准确性。随着速度的增加,危险性就会随之增加,应尽量通过提高坡度来增加运动负荷强度。跑台试验比较适合于年龄较轻的人群测试,对于老年测试对象应加以保护。

测试方案建议青年男子可取 Bruce 试验方案的 I(4.6MET)和Ⅲ(10.2MET)级、女子取 1/2(3.4MET)和Ⅱ(7.0MET)级。

二次负荷试验采用的是中等强度负荷,测试中一般不采取严密的监护措施。测试后 F.C. 的确定,是根据"220－年龄"计算的 PTHR 进行推测。因此,二次负荷试验适用于身体健康的青少年、成年人和有运动习惯的中老年人。年老体弱者和慢性病患者,在运动时可能出现一些症状(如血压过高、心电图异常等),实际最大心率可能达不到预期的 PTHR。为了确保测试及锻炼时的安全,并提高运动处方的科学性,不宜使用二次负荷试验。

进行二次负荷实验前,对受试者进行筛选的标准如下:

身体基本健康,无心血管系统、呼吸系统等慢性病史。

55 岁以下,或 56~70 岁有运动习惯。

PAR-Q 问卷调查答案全部为"否"。

安静时心率、血压(收缩压小于等于 129 mmHg,舒张压小于等于 84 mmHg)正常。

血常规、尿常规正常。

血糖 3.9~6.1 mmol/L、血胆固醇 2.9~6.0mmol/L、甘油三酯 0.45~1.8 mmol/L,或医疗机构化验结果为正常。

以上标准凡有一项不符,即应作进一步筛选检查,确定是否适宜进行二次负荷试验。有条件者建议进行 GXT 测验。

(4)制订试验方案。

根据受试者的年龄、性别、健康状况、运动习惯等个人情况,以及 3 种记功器的特点和测试仪器设备条件,为受试者制订测试方案。首先选择合适的记功器,再参考"二次负荷试验方案及选择"部分,确定测试的具体方案。

测定指标:二次负荷运动试验所需测定的指标为心率。要求测定每一个负荷最后 10 s 的心率,或运动后即刻 10 s 的心率,数据一定要准确,其结果将影响到 F.C. 推测值是否正确。测试方法分为遥测和手工测定两种。

遥测心率:胸带为遥测心率的发射装置,专用的手表为接收装置。如使用一般的遥测心率计,运动后马上报出手表上显示的瞬时心率;如果使用运动试验专用的遥测心率计,运动后按相应的按钮,即可显示运动中最后 10 s 的心率,单位均为次/min。

手工测试:在负荷运动的最后 10~15 s 内(二次功率车试验),或在运动后即刻,测定 10 s 的心率或脉搏次数,然后乘以 6,计算出每分钟的心率或脉搏。可用听诊器直接听心音,或由桡动脉计数脉搏。运动后即刻测定,否则心率迅速减慢,F.C. 推测值会偏高。

为提高测试结果的准确性,也可以测定 10 次心率或脉搏的时间($t$),用公式 HR(次/min)$=600/t$,计算出每分钟的心率。测试方法为,由某次心音或搏动(不计数)时开表,然后数到第 10 次时停表。例如,二次台阶试验第一负荷后即刻 10 次脉搏时间为 5.67 s,每分钟心率为 106 次/min,第二负荷后 10 次脉搏时间为 4.24 s,心率为 142 次/min。

测试程序:先取较低的负荷,运动 3 min,测定运动结束前 10~15 s 内,或运动后的即刻心率或脉搏。休息 3~5 min。再取较高负荷,运动 3 min,同样测定心率或脉搏。

需要记录和计算的数据分别为:

二次台阶试验:年龄、台阶高度 1、蹬阶频率 1、心率 1、台阶高度 2、蹬阶频率 2、心率 2,计算出两次负荷的 MET 值(见表 6-7)。计算公式:

公式 1: $$VO_2 = (0.2f) + (1.33 \times 1.8Hf) + 3.5$$

其中,$f$=蹬台阶频率(次/min);$H$=台阶高度(m)。

公式 2: $$MET = VO_2/3.5$$

### 表 6-7　二次台阶试验记录表

姓名:李××　　　性别:女　　　年龄:55 岁　　　身高:163 cm　　　体重:65.7 kg

测定日期:

| 负　荷 | 台阶高度/cm | 蹬阶频率/(次·$min^{-1}$) | MET | 心率/(次·$min^{-1}$) |
|---|---|---|---|---|
| 第一负荷 | 15 | 15 | 3.4 | 99 |
| 第二负荷 | 15 | 25 | 5.0 | 118 |

二次功率车试验:年龄、体重、功率1、心率1、功率2、心率2,计算出两次负荷的 MET 值(见表 6-8)。计算公式:

公式1:　　　　　　　　　　$VO_2 = (1.8 功率)/体重 + 7.0$

其中,功率单位为瓦(W);体重单位为千克(kg)。

公式2:　　　　　　　　　　$MET = VO_2/3.5$

### 表 6-8　二次功率试验记录表

姓名:刘××　　　性别:男　　　年龄:27 岁　　　身高:165 cm　　　体重:68.5 kg

测定日期:

| 负　荷 | 功率/W | 体重/kg | MET | 心率/(次·$min^{-1}$) |
|---|---|---|---|---|
| 第一负荷 | 60 | 68.5 | 4.7 | 93 |
| 第二负荷 | 120 | 68.5 | 7.4 | 127 |

二次跑台试验:年龄、速度1、坡度1、心率1、速度2、坡度2、心率2,计算出两次负荷的 MET 值(见表 6-9)。计算公式:

公式1:　　　　$VO_2 = (0.2 速度) + (0.9 \times 1.8 速度 \times 坡度) + 3.5$

其中,速度单位为 km/h;坡度单位为%。

公式2:　　　　　　　　　　$MET = VO_2/3.5$

### 表 6-9　二次跑台试验记录表

姓名:满××　　　性别:男　　　年龄:22 岁　　　身高:176 cm　　　体重:67 kg

测定日期:

| 负　荷 | 速度/(km·$h^{-1}$) | 坡度/(%) | MET | 心率/(次·$min^{-1}$) |
|---|---|---|---|---|
| 第一负荷 | 2.7 | 10 | 4.6 | 104 |
| 第二负荷 | 5.5 | 14 | 10.2 | 142 |

(5)F.C.的推测方法。

F.C.值的推测方法和步骤如下(见图 6-1):

取测试结果中两级的 MET 值和心率:上下台阶、蹬功率车、在固定跑台上走或跑的计算公式。

确定心率和 MET 的相关直线:根据每次负荷运动的 MET 值和心率,在坐标图上确定两点(A 和 B),连接两点确定运动强度 MET 与心率(HR)的相关直线。

计算 PTHR:根据公式"$HR_{max}=220-$年龄"计算出 PTHR。

推测 F.C.值:在坐标图上按 PTHR 作水平线,与 MET、心率的相关直线交于 C 点;由 C 点作一垂直线,与横坐标交点的 MET 值,即为 F.C. 的推测值。举例见表 6-9。

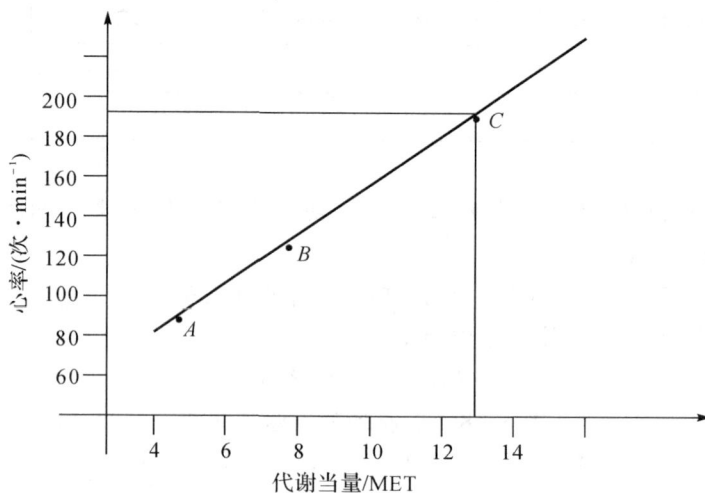

图 6-1　F.C.推算法

刘××,年龄 27 岁,PTHR 为 220-27=193,由 193 作为水平线,与 A,B 连线交于点 C,由 C 作垂直线,与横轴的交点为 12.7MET,为刘×× 的 F.C. 推测值。

男性和女性 F.C. 值分段分别如图 6-2 和图 6-3 所示。

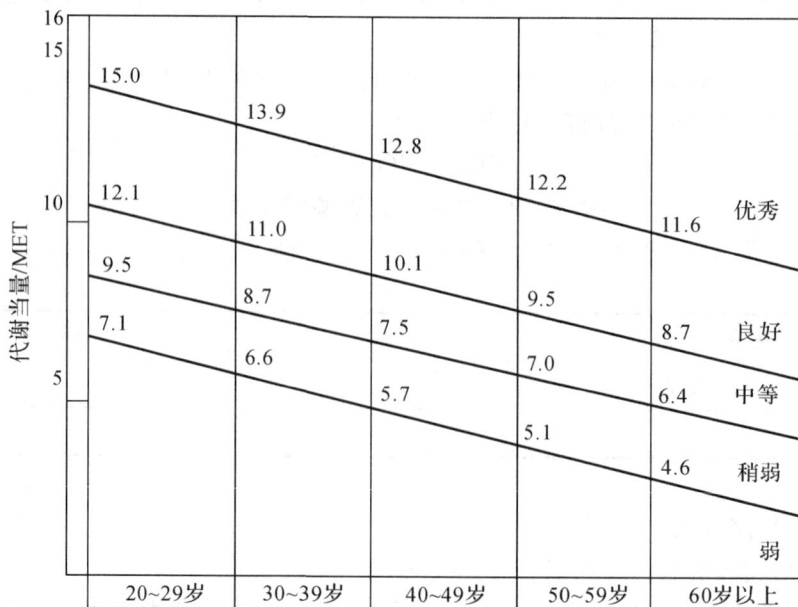

图 6-2　男性 F.C. 值分段图

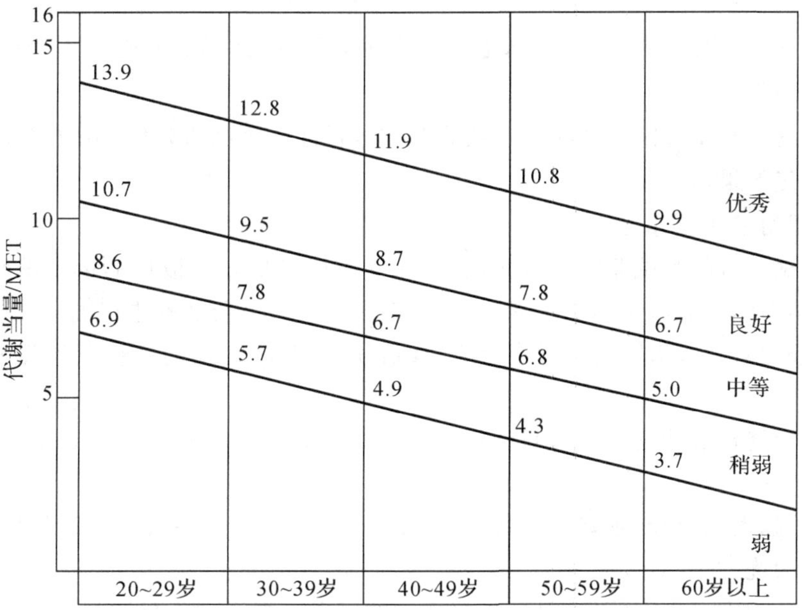

图 6-3　女性 F.C. 值分段图

（6）二次负荷试验的终止试验标准。

二次负荷试验为次大强度负荷试验，事先经过筛选，一般受试者都能够按照要求完成负荷。但遇下列情况，应当及时终止试验。

受试者不能完成定量负荷：如台阶试验中蹬阶频率减慢、功率车试验中蹬车频率下降（要求固定频率的功率车）、跑台试验中跟不上所设定的速度（注意保护）等。

受试者出现异常现象：如出现头晕、耳鸣、恶心、胸闷、心绞痛、极度疲劳等主观感觉，或呼吸急促、呼吸困难、紫绀、严重跛行、身体摇晃、步态不稳、意识不清、面部有痛苦表情、面部苍白、出冷汗等。

测试仪器（遥测心率计）失灵等。

2）逐级递增负荷试验（GXT）及临床监测

GXT 为最大强度负荷试验中的一种。在试验中，逐渐增加负荷强度，同时测定某些生理指标，直到受试者能够达到的最大强度。GXT 是用于评定 F.C.，制订运动处方的主要方法。

（1）按终止试验的标准分类。

①极量运动试验。要求试验达到 $VO_{2max}$ 和 PTHR，一般以心率达到 220－年龄为终止试验的标准。

②次（亚）极量运动试验。以心率达到 PTRH 的 85％，或达到 195－年龄为终止试验的标准。

③症状限制最大强度运动试验。以受试者在心率、血压、心电图、呼吸、主观感觉、客观表现等任一方面出现异常时，为终止试验的标准。

（2）按试验目的分类。

①诊断性 GXT：临床上用于某些心血管系统疾病（如冠心病）、呼吸系统疾病的诊断及

预防。

②运动医学 GXT:目的是进行运动医学的科研,或评定运动员心脏功能,为制订训练计划提供依据。

③健身康复性 GXT:目的是确定心脏的 F.C.,制订个性化的健身、预防或康复运动处方,评定锻炼或康复效果。

(3)按使用的记功器分类。

①台阶测试。台阶测试非常经济实用,它能够进行极量和亚极量的运动试验。其不利之处在于,针对不同体适能水平的受试者,在某一高度的台阶上所能够进行的运动强度等级较为有限;测试过程中对某些指标的测量有困难(如血压)。台阶运动的氧耗量计算见第 5 章相关内容。

台阶指数=登台阶持续运动时间(s)/2×(恢复期 1 min、2 min、3 min 前 30 s 脉搏之和)×100。

评定:指数越大,心功能越好。指数小于 55 为劣;55~64 为中;65~79 为中上;80~89 为良好;大于 90 为优。

②功率车。功率车具有简便实用、价格适中的优点。当运动负荷达到 1 200 kpm/min(参见第 5 章)左右时,可以用以下公式估算吸氧量:

$$VO_2(mL/min)=运动负荷(kpm/min)\times 2mL\ O_2/kpm+3.5\ mL/(kg \cdot min^{-1})\times 体重(kg)$$

③固定跑台。与蹬台阶和功率自行车相比,固定跑台的速度在一定范围内可以根据受试者的具体情况随意调节,因而其运动负荷方案可以有很多种,可以适用于各种体适能水平的人进行测试。由于走和跑是很自然的运动形式,而且能对心血管系统产生很强的作用,因此跑台运动对于 CRF 的测试是非常有利的。但是,跑台价格昂贵,不能携带。

④上肢曲柄记功器 GXT:一般供下肢伤残者使用。完成相同功率时,上肢运动引起心率、血压的变化高于下肢运动。上肢运动可达到的最大功率、最大摄氧量、最大心率,均低于下肢运动。$HR_{max}$ 通常低于 10~15 次/min。原因分析可以从运动时胸腔的压力变化对心率和血压的影响来解释。

(4)GXT 运动测试过程中评定的变量指标。

①运动中心率和血压。在 GXT 前、中、后都要测量心率和血压。表 6-10 列出了推存的频率和这些测试的顺序。标准化的程序应该是适合于每个实验室的,这样在进行重复测试时,能够更准确地评估测量的基线值。

**表 6-10　推存的有关运动测试监控的时间间隔**

| 变　量 | 运动测试前 | 运动测试中 | 运动测试后 |
| --- | --- | --- | --- |
| EGC | 持续监测;记录仰卧位及运动时的姿势 | 持续监测;记录每级(间歇方案)的最后 15 s 或 2 min 的时间段(坡道方案)的最后 15 s | 持续监测;记录运动后即刻,恢复第 1 min 的最后 15 s,后每 2 min 测一次 |
| HR[①] | 持续监测;记录仰卧位及运动时的姿势 | 持续监测;记录每分钟的最后 5 s | 持续监测;记录每分钟的最后 5 s |

续 表

| 变　量 | 运动测试前 | 运动测试中 | 运动测试后 |
|---|---|---|---|
| BP② | 测量并记录仰卧位及运动时的姿势 | 测量并记录每级（间歇方案）的最后 45 s 或 2 min 时间段（坡道方案）的最后 45 s | 测量并记录运动后即刻，之后 2 min 测一次 |
| 症状和体征 | 持续监测，记录观察到的 | 持续监测，记录观察到的 | 持续监测，记录观察到的 |
| RPE | 解释数值范围 | 记录每分钟的最后 5 s | 获得运动时的最高值，然后在恢复中不再测量 |
| 气体交换 | 读取基线，确保适宜的操作状态 | 持续监测 | 通常在恢复时无需监测 |

注:EGC 表示心电;HR 表示心率;BP 表示血压;RPE 表示主观疲劳感觉。①在工作负荷增加时收缩压不变或降低都应重新测量(即立刻核实)BP;②无论何时出现异常症状或异常 ECG 改变时,都应评估和记录 BP 和 HR。

　　尽管已经提出了很多在运动中自动测量血压的建议,但人们通常还是倾向于人工测量,因此人工测量(标准袖带法)仍是较好的方法。在第 4 章中及表 6-11 中提出安静时血压的测量方法和各方法可能出现错误的原因。如果在运动强度增加时,收缩压出现下降,则应立即重新测量。如果在功率增加时发生收缩压降低 10 mmHg 或更多,或者其下降到低于测试前在相同姿势下测得的值,尤其是在伴有不良的症状和体征时,应停止测试。对于曾在一段运动中发现收缩压下降而令人担忧的患者,如果没有相应的症状和体征,则不需要终止测试。

表 6-11　血压测量中出错的潜在原因

血压计不准;

袖带大小不合适;

测量者听觉过敏;

袖带压力增大或减少的速度;

测量者的经验;

测量者的反应时间;

设备有缺陷;

放置或按压听诊器不当;

环境噪声;

允许病人抓运动跑台扶手或弯曲肘部;

特殊生理异常(如股动脉损伤、锁骨下动脉窃血综合征、动静脉瘘)

　　②ECG 监测。在运动测试中,一台高质量的 ECG 测量仪是十分重要的。适当的皮肤准备能减小皮肤电极接触的电阻,进而改善信号噪声比。如果有必要,应该剃掉电极放置的大体部位的毛发,并用浸有酒精的纱布垫擦干净。应用细砂纸和纱布轻轻地磨去皮肤表面角质,并按照标准的解剖学标志(见图 6-4,附录 B)将电极放好。可以使用 12 导联 ECG 测试,但在测试过程中应常规监控 3 个导联——描绘心脏下壁、前壁、侧壁的导联,在每一级测试结束和达

到最大运动强度时记录 12 导联 ECG。因为电极放置在腕部和踝部会妨碍运动并造成人为的干扰,所以运动测试中肢体电极通常固定在肢体近端。与标准 12 导联安静 ECG 相比,近端肢导联可能会显示稍微不同的 ECG 波形,因而在使用近端肢导联时应在 ECG 上注释出来。对于胸部肌肉发达或腹部肥胖的个体可以允许更改标准电极放置的位置,以使人为造成的电极移动最小化,具体安放位置如图 6-4 所示。

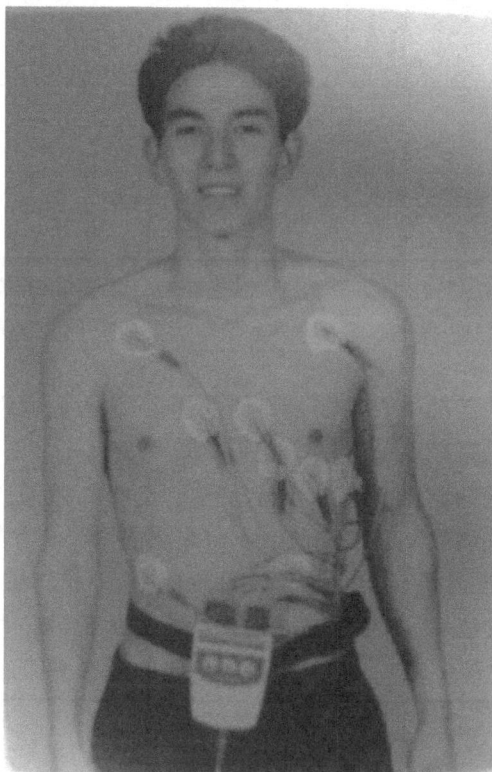

图 6-4    12 导联运动心电图电极安放位置

信号处理技术使得均衡 ECG 波形消弱或消除电干扰或肌肉影响成为可能,但是必须注意信号平均化在实践中可以歪曲真实的信号。因此,首先考虑实时 ECG 数据是很有重要的,用过滤的数据可以帮助解释。

③主观疲劳感觉和症状。运动测试中主观反应的测量能提供有用的参考信息。在运动试验中,身体主要疲劳感觉(RPE)和/或特殊的症状描述(如胸痛的程度、灼痛、不适、呼吸困难、轻度头痛、腿部不适/疼痛)应依照惯例进行评估。在每一级运动的最后 15 s(或在坡道方案中每 2 min),要求病人提供主观评估,可以是口头的,也可以做手势。例如,受试者可以说出一个数字,如果其使用了口罩或面罩而不能进行口头交流,则可以指向一个数字。测试人员应该重复这些数字以确认正确的等级。在运动测试中,可以用 6~20 数字范围或 0~10 等级数字范围(见表 4-2 和表 4-3)来评估 RPE。在运动测试开始之前,应清楚、简明地指导患者学会使用所选的标准。在第 4 章中提供了解释两种标准的通用指导。

在运动测试中如果受试者出现症状,则推存选择性地使用两种明确对应主观症状的分级标准。通常评估患者心绞痛、跛行和/或呼吸困难的水平使用的标准如图 6-5 所示。

```
|————————————|————————————|————————————|
1            2            3            4
```

轻度，　　　　　中度，　　　　　中重度，　　　　重度，从未经历
不明显　　　　　令人烦恼　　　　非常不舒服　　　过的剧烈疼痛

(a)

```
|————————————|————————————|————————————|
1            2            3            4
```

明确的不适或疼　　中度的不适或疼痛，　剧烈的疼痛　　剧烈且不能忍
痛，但仅限于轻　　但注意力可以被转　（轻于4级），　受的疼痛
微或适度水平(确　　移（如进行交谈）　　注意力不能
定但最小限度的)　　　　　　　　　　　被转移

(b)

```
|————————————|————————————|————————————|
1            2            3            4
```

轻度，　　　　　中度，　　　　　中重度，　　　　重度，从未经历
不明显　　　　　令人烦恼　　　　非常不舒服　　　过的剧烈疼痛

(c)

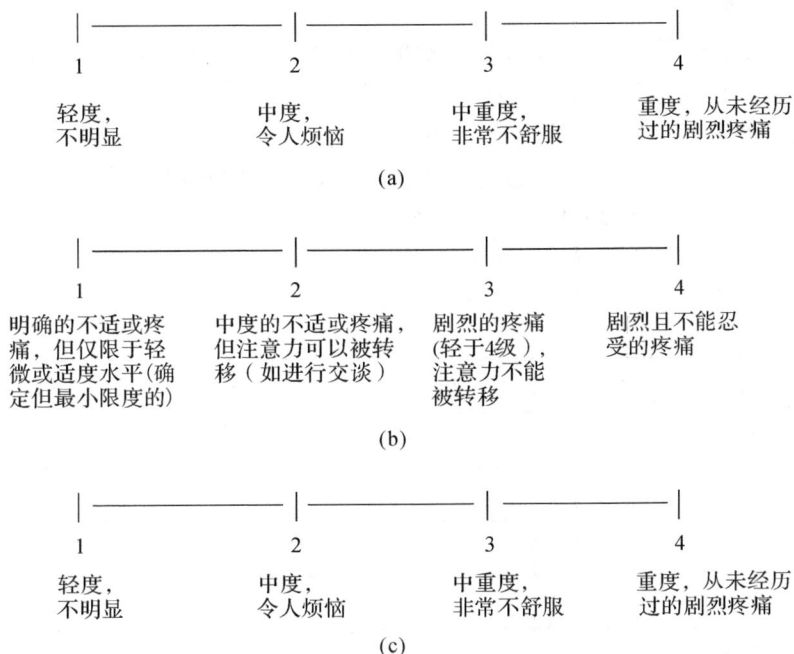

图 6-5　常用的评估患者心绞痛、跛行、呼吸困难水平的分级方法
(a)心绞痛分级；　(b)跛行分级；　(c)呼吸困难分级

通常,心绞痛分级≥3 级或胸部不适的程度导致病人停止普通的日常活动,都是运动测试终止的原因。不过,在运动测试中可以接受更高分级的呼吸困难或跛行。

运动测试中也常常评估呼出气体和通气反应,特别是在特定的群体中,例如心力衰竭和/或肺部疾病的患者。

(5)GXT 测试过程。

①负荷前。固定好心电图电极,绑好血压计袖带,调节好功率车的坐位高度,受试者坐到功率车上或站到固定跑台上;设定测试方案,调试好所有测试仪器。

②测定安静时指标。包括负荷开始前的心率、血压和心电图。

③负荷试验中。按试验方案逐级增加负荷,同时测定指标如下:

心率:每分钟最后 10 s 测定一次。按每分钟的心率值记录。

血压:每级最后 1 min 测定一次。

心电图:除用心电示波器随时监测心电图变化外,每分钟最后 10 s 或每级最后 10 s 内记录心电图一次。

RPE:每级最后 1 min 询问并记录受试者自报的 RPE 值。

主观感觉和客观表现:随时询问、观察,并记录在表格中相应时间的栏目内。

④恢复期。试验停止后,为防止出现重力性休克,受试者立即卧床(功率车),或将速度降低至第 1 级、坡度降低至 0%,继续慢走,测定恢复期指标(固定跑台)。

恢复期前 5 min 内,每分钟末测定心率,记录心电图(特别是因心电图异常而终止试验者),第 1、3、5 min 测定血压。以后每隔 5 min 测定一次,至接近安静时水平(一般第 10 min 再测一次,少数人需要在第 15 min 再测一次)。记录恢复期的主观感觉和客观表现,特别是因

某些症状而终止试验者。

⑤F.C.的确定。GXT 测试中能够按定量负荷持续 2 min 或 2 min 以上的最大一级的强度(用 MET 值表示),即为受试者的心脏 F.C. 数值。

⑥GXT 测试结果的记录。见表 6－12、表 6－13。

**表 6－12　自行车记功器 GXT 测试记录表**

姓名：　性别：　年龄：　测试日期：　检查者：

安静时心率：次/min　安静时血压：mmHg　身高：cm　体重：kg

PTHR：次/min；100%:220－年龄计算　85%：

服用药物：

| 分 | 工作负荷 | 心　率 | 血　压 | RPE | 心电图变化 | 主观感觉/客观症状 |
|---|---|---|---|---|---|---|
| 1 | 25 | | | | | |
| 2 | 25 | | | | | |
| 3 | 25 | | | | | |
| 4 | 50 | | | | | |
| 5 | 50 | | | | | |
| 6 | 50 | | | | | |
| 7 | 75 | | | | | |
| 8 | 75 | | | | | |
| 9 | 75 | | | | | |
| 10 | 100 | | | | | |
| 11 | 100 | | | | | |
| 12 | 100 | | | | | |
| 13 | 125 | | | | | |
| 14 | 125 | | | | | |
| 15 | 125 | | | | | |
| 16 | 150 | | | | | |
| 17 | 150 | | | | | |
| 18 | 150 | | | | | |

恢复期心率：1min　2min　3min　4min　5min　10min　15min

恢复期血压：1min　3min　5min　10min　15min

恢复期症状：

停止试验原因：

最大功率：　最大心率：次/min

计算受试者的 F.C.,计算结果为　MET

### 表 6–13　固定跑台 GXT 测试记录表

姓名：　性别：　年龄：　PTHR　次/min：　100%：220－年龄计算　85%

身高：　cm　体重：　kg　测试日期：　检查者：

安静时心率：次/min　安静时血压：mmHg　心电图：

试验方案：Bruce

| 持续时间/min | | 3 | 3 | 3 | 3 | 3 | 3 | 3 | 主观感觉/客观症状 | |
|---|---|---|---|---|---|---|---|---|---|---|
| 负荷强度 | km/h | | | | | | | | 心率 | 血压 |
| | % | | | | | | | | | |
| 心率<br>（次/min） | 1 min | | | | | | | | | |
| | 2 min | | | | | | | | | |
| | 3 min | | | | | | | | | |
| 血压/mmHg | | | | | | | | | | |
| RPE | | | | | | | | | | |
| MET | | | | | | | | | | |
| 心电图 | | | | | | | | | | |
| 主观感觉/客观表现 | | | | | | | | | | |

恢复期主客观表现有无异常：

停止试验原因：

最大心率：　次/min　F.C. 为　　MET

## 附件 1　递增负荷试验记录及 F.C. 计算

### GXT 坐标轴

姓名：　性别：　年龄：　岁　身高：　cm　体重：　kg

记功器种类：自行车/跑台　测定日期：

| | 1 | 2 | 3 | 4 | 5 | 6 | 7 |
|---|---|---|---|---|---|---|---|
| MET | | | | | | | |
| 心率/(次·min⁻¹) | | | | | | | |
| PRE | | | | | | | |

功能能力：　MET

运动强度：　%～　%　运动能力：　～　MET

靶心率：　～　次/min　　　　～　次/10 s

PER：

测试者：

心率/(次·min⁻¹)

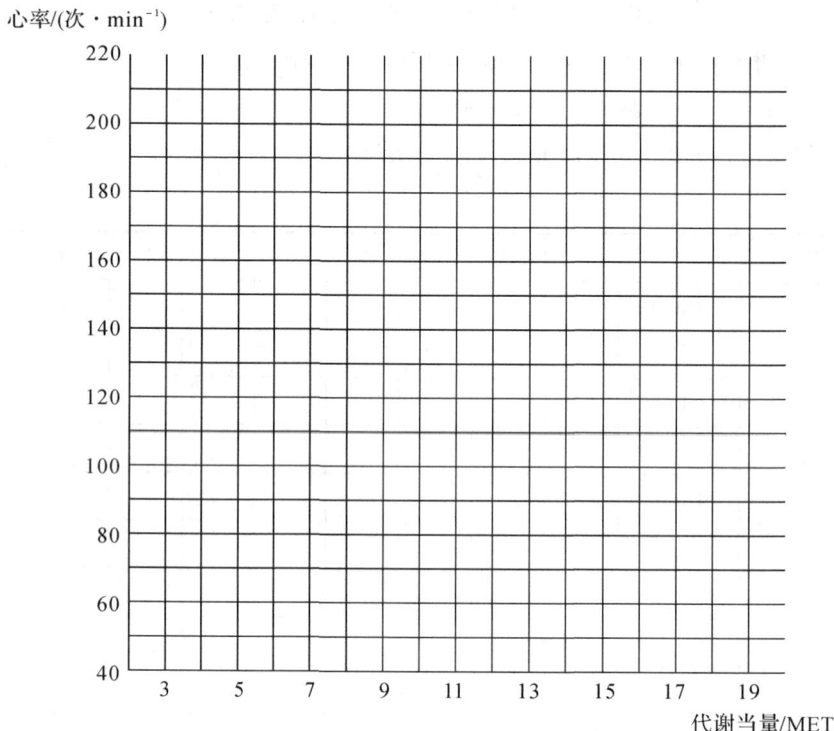

（6）GXT 的监护标准。

为保证受试者的人身安全，具备以下条件方可开始试验：受试者近期内无心肌炎症状出现，全身无持续性疼痛，试验前 12 导心电图基本正常，室内备有急救设备，包括输氧设备、药品、电除颤等，此外，不同情况的受试者，应当可以得到医生不同方式的监护。

决定如何监护的依据有：受试者年龄、运动史、心脏病症状、心脏病发病危险性以及有无确诊冠心病等。GXT 的医生监护要求分为：稍加监护；医生在测试场地附近，随时可到达现场；医生必须在场；医生亲自参加测试，掌握测试全过程。监护标准见表 6-14。

**表 6-14 GXT 的医生监护标准**

**稍加监护**

无症状、经常参加活动、心脏病危险性较低。

年龄在 35 岁以上，其他条件同上。测试前应于医生研究试验中可能发生的问题，制订处理方案。

无症状、不经常参加体育活动、年龄在 35 岁以下、没有冠心病、心脏病发病危险性不大。

**医生在测试场地附近**

不经常参加活动、无症状、年龄在 35 岁以上、没有冠心病、心脏病发病危险性不大。

不论年龄多大，虽无症状、无冠心病，但心脏发病危险性较高。

**医生必须在场**

有冠心病，但平时无症状，有过心梗、心绞痛、肺部疾患病史，但目前处于稳定状态，经常参加活动。或虽不经常参加活动，但临床症状稳定。

**医生亲自参加测试**

病情近来有变化，医生应对受试者全过程密切进行观察。

(7)终止试验的标准。

按照标准,及时终止测试,为保证受试者安全,应采取以防万一的有效措施。GXT 试验终止运动测试的指征见表 6 - 15。

**表 6 - 15　GXT 试验终止运动测试的指征**

**绝对指征**

随着工作负荷的增加,收缩压低于基线血压 10 mmHg 以上,同时伴有其他缺血证据的存在;

中等程度的心绞痛;

神经系统症状增加(如调节失调、头昏眼花或接近眩晕);

灌注不良症(发绀或苍白);

监测 ECG 或收缩压有技术困难;

受试者要求停止;

持续的室性心动过速;

在没有诊断性 Q 波存在的导联(除了 $V_1$ 或 aVR)中 ST 段抬高(+1.0 mm)。

**相对指征**

随着工作负荷的增加,收缩压低于基线①血压 10 mmHg 以上,不存在其他缺血证据;

ST 段或 QRS 改变,如 ST 段过度压低(超过基线 2mm 或 ST 段下斜)或明显的心电轴偏移;

排除持续性室性心动过速的心率失常,包括多病灶 PVC、三个一组的 PVC、室上性心动过速、心脏传导阻滞或心动过缓;

疲劳、呼吸短促、哮喘、腿抽筋或跛行;

不能与室性心动过速区别开的束支传导阻滞或室内传导阻滞;

胸痛加重;

高血压反应(收缩压＞250 mmHg 和/或舒张压＞115 mmHg)。

注:PVC——室性期前收缩。

**附件 2　心肺机能分类表:$VO_{2max}(mL/kg \cdot min^{-1})$**

| 性　别 | 年龄/岁 | 差 | 正常 | 好 | 很好 | 非常好 |
|---|---|---|---|---|---|---|
| 女 | 20～29 | ≤35 | 36～39 | 40～43 | 44～49 | 50+ |
| | 30～39 | ≤33 | 34～36 | 37～40 | 41～45 | 46+ |
| | 40～49 | ≤31 | 32～34 | 35～38 | 39～44 | 45+ |
| | 50～59 | ≤24 | 25～28 | 29～30 | 31～34 | 35+ |
| | 60～69 | ≤25 | 26～28 | 29～31 | 32～35 | 36+ |
| | 70～79 | ≤23 | 24～26 | 27～29 | 30～35 | 36+ |
| 男 | 20～29 | ≤41 | 42～45 | 46～50 | 51～55 | 56+ |
| | 30～39 | ≤40 | 41～43 | 44～47 | 48～53 | 54+ |
| | 40～49 | ≤37 | 38～41 | 42～45 | 46～52 | 53+ |
| | 50～59 | ≤34 | 35～37 | 38～42 | 43～49 | 50+ |
| | 60～69 | ≤30 | 31～34 | 35～38 | 39～45 | 46+ |
| | 70～79 | ≤27 | 28～30 | 31～35 | 36～41 | 42+ |

---

①　基线参照测试前即刻获得的和测试进行过程中相同姿势下获得的测量数据。

**3. 递增负荷运动测试中的反应分析**

在分析临床测试数据前,考虑可能影响运动测试或其分析测试的目的(如诊断或预测)和个体的临床特征是很重要的。影响测试分析的医学因素包括运动系统限制、肺部疾病、肥胖、神经失调和机体功能下降。药物影响以及安静 ECG 异常,尤其是继发于传导阻滞的安静 ST 段改变、左室肥大和可能导致假阳性 ST 段压低的其他因素也必须考虑到。

尽管整个身体与心肌耗氧量直接相关,但这些变量间的关系可以在运动训练、药物和疾病的作用中改变。例如,运动引起的心肌缺血可能引起左室功能不全、运动耐受性下降及高血压反应。尽管有症状的心肌缺血的严重程度与运动能力呈负相关,但左室射血分数确实与运动耐受性无良好的相关性。

运动测试的反应在评估各种治疗性干预的需求和效果时是有意义的。下列变量对评估测试结果在治疗、诊断和预后中的应用时进行精确的量化是很重要的。每一个变量分析如下,并概括在表 6-16 中。

(1)血流动力学:用心率(HR)和收缩压/舒张压(SBP/DBP)反应来评价;

(2)ECG 波形:特别是 ST 段异常、室上性和室性心律失常;

(3)限制性临床症状和体征;

(4)气体交换和通气反应(如 $VO_{2max}$、VE 和 $VE/VO_2$ 斜率)。

**表 6-16　运动测试时的心电图、心肺和血流动力学反应及其临床意义**

| 变　量 | 临床意义 |
|---|---|
| ST 段压低(ST↓) | 异常的 ECG 反应,具体为 ST 段水平压低≥1.0 mm 或 ST 段下斜超过 J 点 60~80 ms,提示心肌缺血 |
| ST 段抬高(ST↑) | ST↑出现在陈旧性 Q 波 MI 的导联中时,几乎总能反映动脉瘤或室壁运动异常。当无有意义的 Q 波存在时,运动相关的 ST↑常与稳定的高度冠状狭窄联系在一起 |
| 室上性心动过速 | 在运动测试期间通常会发生孤立的动脉异常搏动或短暂的 SVT,而对 CVD 来说似乎并没有任何诊断或预测意义 |
| 室性心动过速 | 运动期间对安静室性心动过速的抑制不排除潜在 CVD 的存在;相反,频发性室性早搏、复发性 PVC 或二者兼有,并不一定表示存在潜在的缺血性心脏病。复杂性室性异位心律,包括室性二联律或多联律以及室性心动过速发作(≥3 次连续搏动),如果它们的发生与心肌缺血的症状和(或)体征相关联,或发生于有心脏猝死、心肌病或心瓣膜病病史的患者,则可能与有意义的 CVD 和/或预后不良有关。与单纯在运动期间发生的室性异位心律相比,在恢复期发现的频发性室性异位心律对死亡的预警作用更强 |

续 表

| 变　量 | 临床意义 |
| --- | --- |
| 心率(HR) | 递增负荷运动的正常 HR 反应是一个相对的线性增加过程,对不爱运动的人来说,对应的为 10±2/MET。心脏变时功能不全可能通过以下几点表现出来:<br>(1)对于受主观疲劳限制并未服用 β 受体阻滞剂的受试者来说,运动中峰值 HR 比用年龄推算的最大 HR 要低;>2SD(约 20 次/min)或不能达到大于用年龄推算的最大 HR 的 85%。<br>(2)变时反应指数(CD<0.8);CI 的计算:任何测试阶段的储备心率百分数除以储备代谢率百分数 |
| 恢复期心率(HRR) | 异常的(恢复缓慢)HRR 与较差的预后相关。异常的 HRR 是指心率每分钟下降≤12 次,或 2 min 内每分钟下降≤22 次(以仰卧姿势恢复) |
| 收缩压(SBP) | 随着运动峰值平台到达,SBP 在运动时的正常反应时逐渐增高,通常为 (10±2) mmHg/MET。当 SBP>250 mmHg 时,运动测试应该被终止。用力性血压过低(SBP 不再升高或降低>10 mmHg)可代表有心肌缺血和(或)LV 功能紊乱。极量强度运动中 SBP<140 mmHg 提示预后不良 |
| 舒张压(DBP) | DBP 在运动时的正常反应是无变化或降低。DBP>115 mmHg 被认为是运动测试的终止特征 |
| 心绞痛症状 | 可分为 1～4 四个等级,分别对应可感觉到但较轻、中度、中等偏重和重度。等级 3(中等偏重)通常应该视为运动测试的终止指征 |
| 有氧机能 | $VO_{2max}$ 的平均值用 MET 表示,健康静坐少动人群的预期值可以用以下回归方程得到:男性=(57.8−0.445×年龄)/3.5;女性=(41.2−0.343×年龄)/3.5。<br>同样,可查阅与年龄相关的 $VO_{2max}$ 正常值进行比对 |

注:ECG 表示心电图;MI 表示心肌梗塞;SVT 表示室上性心动过速;CVD 表示心血管疾病;PVC 表示室性早搏;MET 表示代谢当量;SD 表示标准差;LV 表示左心室;$VO_{2max}$ 表示最大摄氧量。

1)心率反应

最大心率($HR_{max}$)可以用任何一个线性公式从年龄上推算出来。基于大样本的最大心率和年龄的关系已经确立,但个体间差异较大(标准差 10～12 次/min)。这样的话,使用根据年龄推算最大心率进而推算出次极量强度测试数据的方法,有出现较大误差的潜在可能。有氧能力、人体测量诸如身高、体重和身体成分都不是最大心率的独立影响因素。运动中 HR 不能适当增加(心脏功能不全)与心脏疾病的存在和死亡率的增加有关。症状限制性极量强度运动测试后,早期恢复心率的延迟减慢(如第 1 min 后恢复心率减慢<12 次/min)也是总死亡率的一个有力预警信号。

由于 $HR_{max}$ 存在很大的个体差异,因此,由年龄推算而获得的最大心率不应该用作测试的绝对终止指标,也不能用作已达到最大能力的标志。终止运动测试的临床指征见表 6 - 16。内科医生和/或医务监督人员的准确判断仍然是终止运动测试最重要的标准。

2)血压反应

动力性垂直方向运动(Dynamic Upright Exercise)的正常 BP 反应包括收缩压逐渐升高、舒张压无变化或轻度降低以及脉压增大。以下是关于递增负荷运动中血压反应的说明要点。

(1)SBP 下降(尽管运动负荷增加,但 SBP 降低>10 mmHg)或随运动负荷增加 SBP 不变,被认为是测试中的异常反应。运动诱导的 SBP 下降(用力性血压过低)可能发生在患者有 CVD、心脏瓣膜病、心肌病以及严重心律失常的患者中。偶尔没有临床症状的心脏病病人会表现出由抗高血压药治疗、长期费力运动及血管迷走神经反射引起的用力性血压过低。然而,用力性血压过低被证明与心肌缺血、左室功能不全以及随后发生的心血管事件危险性增加有关。在某些情况下,冠脉搭桥手术后这种反应会加剧。有研究将运动导致的 DBP 过度升高和隐匿性 CVD 联系起来,但是这些观察并不像运动导致 SBP 变化的研究证据那么充分。不过,DBP>115 mmHg 被认为是递增负荷运动测试和运动训练的终止标准。

(2)运动后正常血压反应是收缩压逐渐下降。在直立姿势下的被动恢复期间,由于血液潴留在外周血管,收缩压可能突然下降(并且通常在恢复仰卧位后正常)。在测试后数小时收缩压可能仍然低于试验前的安静值。在运动结束后一段时间,舒张压也可能降低。

(3)对于使用血管扩张药、钙离子通道阻滞剂、血管紧张素转换酶抑制剂及 α 和 β 肾上腺素阻滞剂的病人,运动时的血压反应减弱,并且在没有临床测试数据的情况下不能准确地预测运动时血压反应。

(4)尽管男性和女性的 $HR_{max}$ 相差不多,但男性在极量强度跑台测试中的 SBP 更高(比女性约高($20\pm5$) mmHg,但 70 岁以后性别差异不再明显。SBP>250 mmHg 或 DBP>115 mmHg 时,习惯上被当成终止测试的原因之一。

(5)心率血压乘积或双倍乘积(SBP×HR)是心肌需氧量的一个指征。缺血的症状和体征通常发生在重复出现双倍乘积上升时。

3)心电图波形

附录 B 提供了可以帮助解释安静和运动时 ECG 的信息,在此将提供运动诱发的一般 ECG 改变以外的信息。正常的运动 ECG 反应包括以下几条:

(1)次要的和无临床意义的 P 波形态学改变。

(2)连续搏动中的 P 波与 T 波叠加。

(3)下壁 Q 波振幅增加。

(4)R 波振幅轻度降低。

(5)T 波振幅增加(尽管在受试者中存在很大的个体差异)。

(6)最小限度的 QRS 间期缩短。

(7)J 点下移。

(8)与心率相关的 Q - T 间期缩短。

当然,一些 ECG 波形的改变可能是潜在的病理状态的提示。例如,尽管在正常受试者中 QSP 间期也有随运动(和心率增加)轻度缩短的趋势,但在有心绞痛或左心室功能不全的病人中却可能增宽。运动诱发的 P 波改变较少见,并且其临床意义不确定。影响 R 波振幅的因素很多,但是运动中这些改变没有独立的预测意义。

(1)ST 段改变。

ST 段改变是被广泛接受的判断心肌缺血和损伤的标准。安静 ECG 形态(如束支阻滞、左室肥大)和药物学因素(如洋地黄治疗)都可能影响 ST 段的解释。正常受试者在大强度运动和恢复期间可能会出现 J 点下移和 T 波高峰。导致显著 ST 段上斜的 J 点下移是由正常复极与延迟的末期去极化作用之间的竞争造成的,而不是缺血所致。运动诱发的心肌缺血,可以根据 ECG 上不同类型的 ST 段改变来证明,如图 6-6 所示。

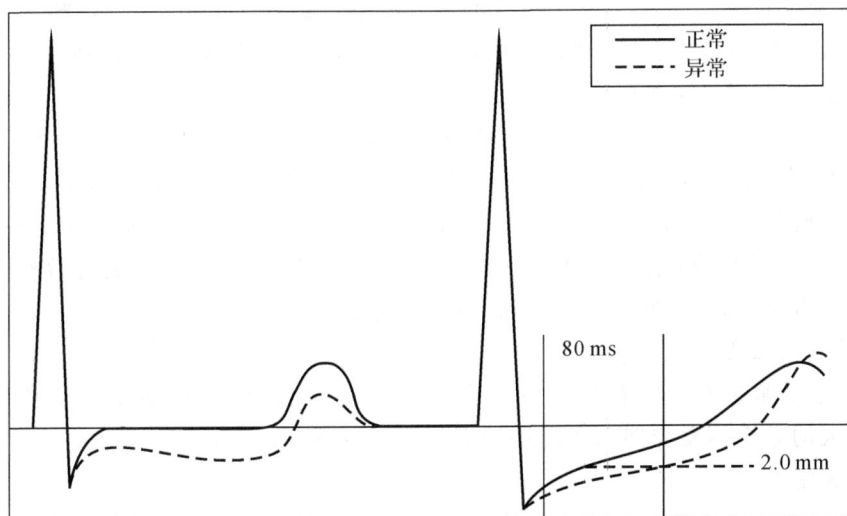

图 6-6　运动期间的 ST 段改变

经典的 ST 段压低(第一复合体)被定义为:超过 J 点 60～80 ms ST 段水平下斜低于基线值≥1.0 mm。缓慢上斜的 ST 段压低(第二复合体)应该考虑边缘反应,并且应对其他的临床和运动变量加以诠释。

(2)ST 段抬高。

①ST 段抬高(早期复极)可在正常安静 ECG 中看到。心率加快常常能使这些抬高的 ST 段恢复到等电位线上。

②在那些出现与前壁心肌梗死有关的 Q 波的导联中出现运动诱发的 ST 段抬高,可能提示心壁运动异常、缺血或者两者皆有。

③在其他正常 ECG 导联(除 aVR 或 $V_{1-2}$)中出现运动诱发的 ST 段抬高,通常提示有临床意义的心肌缺血,并且可在心肌的特定区域上定位缺血部位。这种反应也可以与室性心律不齐或心肌损伤联系在一起。

(3)ST 段压低。

①ST 段压低(J 点下移和下斜超过 J 点 80 ms)是运动诱发心肌缺血最常见的表现。

②水平或下斜型 ST 段压低比上斜型压低更能表明心肌缺血的存在。

③阳性测试的评价标准是:ST 段水平压低≥1.0 mm(0.1 mV)或下斜超过 J 点 60～80 ms。

④缓慢上斜的 ST 段压低考虑边缘反应(Borderline Response),而且应对其他的临床和运

动变量加以注释。

⑤ST 段压低不能在心肌待定区域定位缺血部位。

⑥出现（明显的）缺血性 ST 段改变的导联越多,病情越严重。

⑦仅发生于恢复期的有临床意义的 ST 段压低可能代表一个真阳性反应,并且应看作是一个重要的有诊断意义的发现。

⑧在安静 ECG 上出现的基线水平 ST 段异常≥1.0 mm,以及运动期间伴随的 ST 段压低,并不能明确诊断心肌缺血。左束支传导阻滞的病人在运动期间出现的 ST 段异常,不能作为解释心肌缺血的证据。右束支传导阻滞的病人心前区前几个导联（$V_1$、$V_2$ 和 $V_3$）中运动诱发的 ST 段压低不能用作缺血的诊断,但在后几个导联（$V_4$、$V_5$ 和 $V_6$）或肢导联（Ⅱ、Ⅲ 和 aVF）中的 ST 段改变可以表明缺血存在。

⑨与 HR 相关的 ST 段调整可以提供额外的诊断信息。ST/HR 指数是指从安静状态到极量强度运动时最大 ST 段改变（用 mV 表示）与最大心率变化（用次/min 表示）之比。ST/HR 指数≥1.6 时被判定为异常。ST/HR 斜率是评价运动期关联的最大斜率。ST/HR 斜率≥2.4 mV/(min/次)时被判定为异常。一些论文已经对这些 ST/HR 变量的诊断价值进行了研究,但结果一直不一致,因此没有考虑对它们的应用进行推荐。

（4）ST 段正常或无改变。

安静 ST 段正常也有可能存在心肌缺血。安静时 ECG 异常,包括 T 波倒置和 ST 段压低,在一些病人的心绞痛发作期间和运动期间都可能恢复到正常。

（5）心律失常。

运动相关的心率失常既可发生于健康的受试者,也可发生于有心脏病的病人。心律失常的主要机制包括交感神经活动增强、细胞内的电解质变化、pH 值改变以及可以扰乱心肌和传导组织自律性和折返的氧分压。

①室上性心律失常。孤立的房性早搏较常见,不需特殊防范。心房扑动或心房颤动可以发生于器质性心脏病或可能是内分泌、新陈代谢或药物的作用。持续性室上性心动过速偶尔由运动诱发,如果终止运动不能使这种节律消失,则可能需要药物治疗或电复律。曾经经历过阵发性房性心动过速的病人在经适当的治疗后,可以再次进行运动测试以得到评价。

②室性心动过速。30%～40%的健康受试者以及 50%～60%的 VCD 病人在运动期间可发生孤立性室性早搏（PVC）。在一些个体中,递增负荷运动会诱发 PVC,但在其他个体中却能降低其发生率。运动诱发的 PVC 的临床意义仍然是一个有争议的问题。在运动测试的安静阶段出现的 PVC 抑制不包括 VCD 的存在,而且频率、复杂性或两者都增加的 PVC 也不表示必定存在潜在的缺血性心脏病。当严重的室性异位心律,包括室性二联律、室性三联律或奔马律（连续≥3PVC）,与心肌缺血的症状和体征同时出现,或发生于曾有可逆性心脏骤停、心肌病和心脏瓣膜病史的患者中时,可能与有意义的 CVD、不良的预后或两者都有关。在健康个体中,一些研究显示:运动诱发的 PVC 与较高的死亡率有关,但也有研究报道不存在这种关系。

基于室性异位心律的运动测试终止标准包括持续性室性心动过速、多发性 PVC 以及短暂的奔马律。在作出终止运动测试的决定时,应根据心肌缺血的证据和（或）异常的症状和体征进行调整（见表 6-16）。

4）限制性症状和体征

虽然出现运动诱发的 ST 段压低患者可能没有症状,但当伴随心绞痛发作时,由 VCD 引起 ECG 改变的可能性会显著增加。另外,无缺血性 ECG 改变的胸痛,可能与单独存在的 ST 段改变同样是 VCD 的前兆。目前,认为两者都是确认病人随后发生冠状动脉意外的危险性增加的独立变量。

在没有严重的症状和体征时,应该鼓励患者尽他们最大的努力以便能测定最大运动耐力。尽管对测试结果的解释很重要,但是要确定"最大"努力的组成是困难的。很多标准已经被用于确定在递增负荷运动测试中已尽到最大努力。但是如下的所有确定最大努力的标准可能是主观的,因而也是有缺陷的:

（1）随着运动强度的进一步增大,心率不能再增加。

（2）随着运动负荷增加出现摄氧量平台（或摄氧量增加不能超过 150 mL/min）。由于在持续性递增负荷运动测试期间并不必然出现平台,以及受各种解释和运动期间如何取得样本数据的限制,这个标准并不受重视。

（3）呼吸交换率>1.1,但是这个反应有相当大的个体差异。

（4）不同的运动后静脉血乳酸浓度（如 8～10 mmol/L）也被应用,但这也有很大的个体差异。

（5）在 6～20 数字范围内描述的主观疲劳感觉大于 17,或在 0～10 数字范围内大于 9。

5）气体交换和通气反应

由于通过功率（如运动跑台速度和坡度）估算的氧耗存在误差,所以许多实验室直接测量呼出的气体。已证明,直接测得的 $VO_2$ 比通过运动跑台或功率车记功计功率估算的值更可靠并能重复。$VO_2$ 峰值既是表示功能能力最精确的指标,又是代表整体心肺健康的一个有用的指标。另外,$VO_2$,$VCO_2$ 的测量及随后的呼吸交换率（REP）的计算都可以用于确定体力活动中的总能量消耗和基础代谢。无论何时测量气体交换反应都应该进行每分钟通气量的测量。不是所有临床运动测试都需要测量气体交换和通气量,但这些附加信息能提供有用的生理学数据。由于运动中通气和气体交换异常时心肺疾病频繁出现,所以为了获得不同的诊断结果,这些测试的整体分析是有用的。此外,气体交换和通气反应数据的采集正逐步被用于临床试验,以便对特定干预的反应作出客观的评价。测量气体交换和通气量的适宜条件包括以下几条:

（1）需要对特定的治疗干预做出精确的心肺反应时。

（2）运动限制或呼吸困难的原因不确定时。

（3）对心衰竭病人运动能力的评价用于帮助疾病和判断是否需要心脏移植时。

（4）在相关研究中,需要一个精确的心肺反应时。

（5）有助于制定一个适宜的心脏和/或肺部康复的运动处方时。

运动中气体交换和通气反应的直接测定提供了一个更精确的测量运动能力的方法,可以帮助区分导致不能耐受运动的原因,并为预后提供更准确的评估。这些反应可以用于评估患者在运动测试中的努力程度,特别是对那些怀疑有最大运动能力下降的患者。患者的努力程度达不到最大时,会影响测试结果的解释和对患者的后续管理。最大和峰值摄氧量（$VO_{2peak}$）为心血管功能提供了重要的信息,并为预后提供了有力的依据。

气体交换和通气反应作为血液中发生乳酸堆积的评价指标经常被用于临床,有时也作为乳酸阈或无氧阈的参照指标。用气体交换和通气反应进行临界点评价的一些不同方法已被建议使用,包括通气等价法和 V 坡度法(V - Slope Method)。无论用哪种方法,必须记住,一种方法仅能提供一种评价,并且运动中无氧阈的概念尚存争议。当对超过乳酸阈的运动与代谢和肺部疾病病人的干预评价以及健康个体运动限制的研究时,这样的评价就成为一种有意义的生理学测量。

当乳酸值开始升高时,作为评价的补充,最大每分通气量($VE_{max}$)能和最大主动通气量(MVV)联系起来共同用于判断是否存在极量运动时的通气限制。$VE_{max}$ 和 MVV 之间的比较能用来评价递增负荷运动测试的反应。两个测量指标间的关系通常作为通气储备的参考,通气储备的传统定义是在极量运动时获得的 MVV 的百分比(即 $VE_{max}/MVV$ 的比率)。在大多数正常的受试者中,这一比率的范围是 $50\%\sim85\%$。有肺部疾病的病人其值通常大于 $85\%$,表明通气储备减少以及运动时可能存在的肺部限制。

6)动脉血气分析

病人在用力时表现出呼吸困难的应该考虑到肺部疾病。同样地,由于用力过程中可能发生血氧饱和度下降,故在这些病人中测定气体分压很重要。尽管过去将动脉血氧分压($PaO_2$)的测量作为标准,但血氧测定仪的使用取代了在大多病人中常规采动脉血的需要。在患有肺部疾病的患者中,由血氧测定仪测得的安静时氧饱和度($SaO_2$)与从动脉血测得的 $SaO_2$ 相关度很高($95\%$ 可信区间为 $\pm(3\%\sim5\%)$饱和度)。碳氧血红蛋白(COHb)水平大于 $4\%$ 和皮肤黑的人可能对脉冲血氧测定仪的精确性水平产生不利影响,而且 $SaO_2$ 在 $85\%$ 或更低时大多数血氧测定仪都不准确。如果临床允许,可测定动脉血气。

**4.肌肉力量/耐力测试**

抗阻训练是运动处方制订过程中必不可少的组成部分。抗阻训练计划往往采取负重练习的形式,但是也可以使用其他练习手段。无论健身者的训练水平高低或年龄大小,每一个抗阻练习的动作都应该按照技术要求完成。正确的技术动作是获得最大的健康益处,并使发生损伤的可能性降到最低的保证。抗阻练习需要有专业技术人员进行指导,保证正确的姿势和呼吸方法(一般情况下发力时呼气,放松时吸气),同时应该强调在每个动作的整个关节活动范围的举起和放下阶段中都应该谨慎地控制主动肌和拮抗肌的收缩与放松。

健康人群的抗阻训练指南:

(1)每一个大肌群(如胸部、肩部、上背部、下背部、腹部和上下肢)应训练 $2\sim4$ 组。可以采用同一动作,也可以由同一肌群的不同动作组合完成。

(2)抗阻练习应该以采用多关节与单关节肌群的混合动作($8\sim12$ 次动作)。

(3)每个大肌群应每周训练 $2\sim3$ 次。可以进行每周 $2\sim3$ 次训练全身所有大肌肉群的长时间的运动练习,也可以采用身体不同部位划分的方法(如上半身/下半身)进行多次短时间的训练练习,每次选择部分肌肉群进行训练。对于不同部位肌肉群分开锻炼时,要采取交替进行的模式。无论哪种方式,对于同一肌肉群练习的时间应该间隔至少 48 h。

(4)选择的负荷应该使健身者能够重复 $8\sim12$ 次。在每组训练中,都应该是使肌肉感到疲劳,而不是力竭。应该为每一个动作进行最大力量(1-RM)的测试,这样才能够制订出每组完成 8～12 次动作的适宜强度负荷(强度为 60％～80％1-RM)。

(5)老年人在开始进行抗阻练习时,应以较低强度(10 分量表中达到 5～6 分的强度),多次重复次数(10～15 次/组)为宜。在适当的情况下,可以为老年个体增加负荷,每组重复 8～12 次。

(6)每一个动作都应该按照科学的技术要求完成,包括举起阶段和放松阶段。在完成每一个动作的全关节活动范围内,都应该保持谨慎的、可控制的方式。

(7)在完成动作的同时,应保持正确的呼吸方式,一般发力时呼气,放松时吸气。

(8)如果打算获得更大的肌肉力量和体积时,健身者可以进行超负荷来获得更多的刺激。可以采用加大阻力或重量,增加每组重复次数或者是增加肌群训练的频率。

相反,如果健身者满足于目前的肌肉力量、肌耐力,那么适合实施保持计划。在保持阶段,不需要对肌肉进行超负荷刺激,只要维持原来的训练组数、重复次数、阻力和频率。

5)肌肉抗阻训练日志

(1)发展肌肉体积(见表 6-17)。

表　6-17

会员编号:_____　　姓名:_____　　运动专业人士:_____

| 练习顺序 | 练习 | 重复次数 | 组 | 周　次 | | | | | | | | | 周　次 | | | | | | | | |
|---|---|---|---|---|---|---|---|---|---|---|---|---|---|---|---|---|---|---|---|---|---|
| | | | | 第一天 | | | 第二天 | | | 第三天 | | | 第一天 | | | 第二天 | | | 第三天 | | |
| | | | | 1 | 2 | 3 | 1 | 2 | 3 | 1 | 2 | 3 | 1 | 2 | 3 | 1 | 2 | 3 | 1 | 2 | 3 |
| 1 | 腿伸 | | 重量<br>重负<br>次数 | | | | | | | | | | | | | | | | | | |
| 2 | 腿屈 | | 重量<br>重负<br>次数 | | | | | | | | | | | | | | | | | | |
| 3 | 扩胸 | | 重量<br>重负<br>次数 | | | | | | | | | | | | | | | | | | |
| 4 | 卧推 | | 重量<br>重负<br>次数 | | | | | | | | | | | | | | | | | | |
| 5 | 复式划船 | | 重量<br>重负<br>次数 | | | | | | | | | | | | | | | | | | |
| 6 | 侧举 | | 重量<br>重负<br>次数 | | | | | | | | | | | | | | | | | | |

续 表

| 练习顺序 | 练习 | 重复次数 | 组 | 周次 第一天 | | | 第二天 | | | 第三天 | | | 周次 第一天 | | | 第二天 | | | 第三天 | | |
|---|---|---|---|---|---|---|---|---|---|---|---|---|---|---|---|---|---|---|---|---|---|
| | | | | 1 | 2 | 3 | 1 | 2 | 3 | 1 | 2 | 3 | 1 | 2 | 3 | 1 | 2 | 3 | 1 | 2 | 3 |
| 7 | 头后臂屈伸 | | 重量 重负 次数 | | | | | | | | | | | | | | | | | | |
| 8 | 胸前弯举 | | 重量 重负 次数 | | | | | | | | | | | | | | | | | | |
| 9 | 辅助引体向上 | | 重量 重负 次数 | | | | | | | | | | | | | | | | | | |
| 10 | 背伸 | | 重量 重负 次数 | | | | | | | | | | | | | | | | | | |
| 11 | 仰卧起坐 | | 重量 重负 次数 | | | | | | | | | | | | | | | | | | |
| 体重 | | | | | | | | | | | | | | | | | | | | | |
| 日期 | | | | | | | | | | | | | | | | | | | | | |
| 备注 | | | | | | | | | | | | | | | | | | | | | |

（2）发展肌肉耐力（见表6-18）。

表 6-18

会员编号：_____　　姓名：_____　　运动专业人士：_____

| 练习顺序 | 练习 | 重复次数 | 组 | 周次 第一天 | | | 第二天 | | | 第三天 | | | 周次 第一天 | | | 第二天 | | | 第三天 | | |
|---|---|---|---|---|---|---|---|---|---|---|---|---|---|---|---|---|---|---|---|---|---|
| | | | | 1 | 2 | 3 | 1 | 2 | 3 | 1 | 2 | 3 | 1 | 2 | 3 | 1 | 2 | 3 | 1 | 2 | 3 |
| 1 | 腿伸 | | 重量 重负 次数 | | | | | | | | | | | | | | | | | | |
| 2 | 腿屈 | | 重量 重负 次数 | | | | | | | | | | | | | | | | | | |

续 表

| 练习顺序 | 练 习 | 重复次数 | 组 | 周 次 | | | | | | | | | 周 次 | | | | | | | | |
|---|---|---|---|---|---|---|---|---|---|---|---|---|---|---|---|---|---|---|---|---|---|
| | | | | 第一天 | | | 第二天 | | | 第三天 | | | 第一天 | | | 第二天 | | | 第三天 | | |
| | | | | 1 | 2 | 3 | 1 | 2 | 3 | 1 | 2 | 3 | 1 | 2 | 3 | 1 | 2 | 3 | 1 | 2 | 3 |
| 3 | 髋内收 | | 重量<br>重负<br>次数 | | | | | | | | | | | | | | | | | | |
| 4 | 髋外展 | | 重量<br>重负<br>次数 | | | | | | | | | | | | | | | | | | |
| 5 | 扩胸 | | 重量<br>重负<br>次数 | | | | | | | | | | | | | | | | | | |
| 6 | 臂拉起 | | 重量<br>重负<br>次数 | | | | | | | | | | | | | | | | | | |
| 7 | 侧举 | | 重量<br>重负<br>次数 | | | | | | | | | | | | | | | | | | |
| 8 | 头后臂屈伸 | | 重量<br>重负<br>次数 | | | | | | | | | | | | | | | | | | |
| 9 | 胸前弯举 | | 重量<br>重负<br>次数 | | | | | | | | | | | | | | | | | | |
| 10 | 旋转躯干 | | 重量<br>重负<br>次数 | | | | | | | | | | | | | | | | | | |
| 体重 | | | | | | | | | | | | | | | | | | | | | |
| 日期 | | | | | | | | | | | | | | | | | | | | | |
| 备注 | | | | | | | | | | | | | | | | | | | | | |

(3)发展肌肉力量(见表 6-19)。

表 6－19

会员编号：_____ 姓名：_____ 运动专业人士：_____

| 练习顺序 | 练习 | 重复次数 | 组 | 周次 | | | | | | | | | 周次 | | | | | | | | | |
|---|---|---|---|---|---|---|---|---|---|---|---|---|---|---|---|---|---|---|---|---|---|---|
| | | | | 第一天 | | | 第二天 | | | 第三天 | | | 第一天 | | | 第二天 | | | 第三天 | | | |
| | | | | 1 | 2 | 3 | 1 | 2 | 3 | 1 | 2 | 3 | 1 | 2 | 3 | 1 | 2 | 3 | 1 | 2 | 3 |
| 1 | 腿伸 | | 重量 重负 次数 | | | | | | | | | | | | | | | | | | | |
| 2 | 提踵 | | 重量 重负 次数 | | | | | | | | | | | | | | | | | | | |
| 3 | 卧推 | | 重量 重负 次数 | | | | | | | | | | | | | | | | | | | |
| 4 | 复式划船 | | 重量 重负 次数 | | | | | | | | | | | | | | | | | | | |
| 5 | 侧举 | | 重量 重负 次数 | | | | | | | | | | | | | | | | | | | |
| 6 | 头后臂屈伸 | | 重量 重负 次数 | | | | | | | | | | | | | | | | | | | |
| 7 | 胸前弯举 | | 重量 重负 次数 | | | | | | | | | | | | | | | | | | | |
| 8 | 背伸 | | 重量 重负 次数 | | | | | | | | | | | | | | | | | | | |
| 9 | 仰卧起坐 | | 重量 重负 次数 | | | | | | | | | | | | | | | | | | | |
| 体重 | | | | | | | | | | | | | | | | | | | | | | |
| 日期 | | | | | | | | | | | | | | | | | | | | | | |
| 备注 | | | | | | | | | | | | | | | | | | | | | | |

**5. 柔韧性测试**

在制订运动处方时,建议所有的成年人都将牵拉练习纳入到运动处方计划中。牵拉练习可以提高关节活动范围和身体功能,尤其是对抗年龄增长所导致的关节活动范围降低的重要因素。进行牵拉练习时,在关节活动范围内要限制出现不适,不要过度拉伸,避免损伤发生。牵拉练习应安排在正式训练的前面和/或后面。

推荐给大多数成年人的牵拉练习:每周至少 2～3 次对每一大肌肉群(如颈部、肩部、上背部、髋部、臀部和下肢)进行至少 4 次共 10 min 分钟的牵拉练习(相关内容见健康体适能测试与评定章节)。

按年龄、性别区分的屈膝两头起和坐位体前屈测试评定标准分别见表 6-20 和表 6-21。

**表 6-20　屈膝两头起**

| 等　级 | 完成次数 | | | | | | | | | |
|---|---|---|---|---|---|---|---|---|---|---|
| | 20～29 岁 | | 30～39 岁 | | 40～49 岁 | | 50～59 岁 | | 60～69 岁 | |
| | 男 | 女 | 男 | 女 | 男 | 女 | 男 | 女 | 男 | 女 |
| 优秀 | 25 | 25 | 25 | 25 | 25 | 25 | 25 | 25 | 25 | 25 |
| 良好 | 24 | 24 | 24 | 24 | 24 | 24 | 24 | 24 | 24 | 24 |
| | 21 | 18 | 18 | 19 | 18 | 19 | 17 | 19 | 16 | 17 |
| 合格 | 20 | 17 | 17 | 18 | 17 | 18 | 16 | 18 | 15 | 16 |
| | 16 | 14 | 15 | 10 | 13 | 11 | 11 | 10 | 11 | 8 |
| 及格 | 15 | 13 | 14 | 9 | 12 | 10 | 10 | 9 | 10 | 7 |
| | 11 | 5 | 11 | 6 | 6 | 4 | 8 | 6 | 6 | 3 |
| 需要改进 | 10 | 4 | 10 | 5 | 5 | 3 | 7 | 5 | 5 | 2 |

**表 6-21　坐位体前屈测试**　　　　　　　　　　　　　　单位:cm

| 等　级 | 测量值 | | | | | | | | | |
|---|---|---|---|---|---|---|---|---|---|---|
| | 20～29 岁 | | 30～39 岁 | | 40～49 岁 | | 50～59 岁 | | 60～69 岁 | |
| | 男 | 女 | 男 | 女 | 男 | 女 | 男 | 女 | 男 | 女 |
| 优秀 | 40 | 41 | 38 | 41 | 35 | 38 | 35 | 39 | 33 | 35 |
| 良好 | 39 | 40 | 37 | 40 | 34 | 37 | 34 | 38 | 32 | 34 |
| | 34 | 37 | 33 | 36 | 29 | 34 | 28 | 33 | 25 | 31 |
| 合格 | 33 | 36 | 32 | 35 | 28 | 33 | 27 | 32 | 24 | 30 |
| | 30 | 33 | 28 | 32 | 24 | 30 | 24 | 30 | 20 | 27 |
| 及格 | 29 | 32 | 27 | 31 | 23 | 29 | 23 | 29 | 19 | 26 |
| | 25 | 28 | 23 | 27 | 18 | 25 | 16 | 25 | 15 | 23 |
| 需要改进 | 24 | 27 | 22 | 26 | 17 | 24 | 15 | 24 | 14 | 22 |

肩关节灵活性的测试结果及评定标准(背钩试验)。

(1)肩关节灵活性测试如图6-7所示。

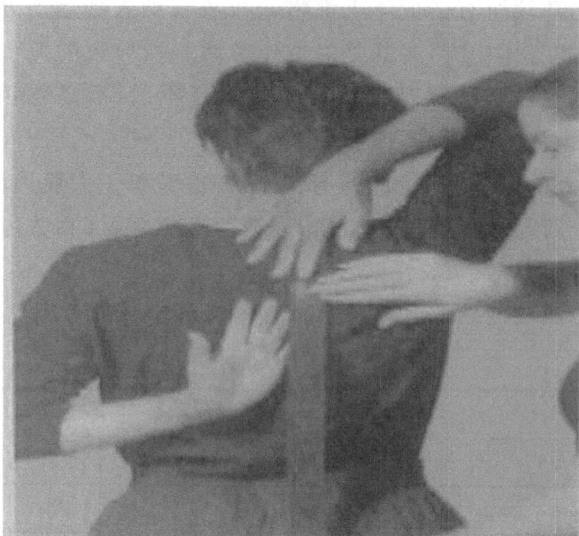

图6-7 肩关节灵活性测试

(2)肩关节灵活性测试结果评定参考标准。

优秀:手指重叠。

良好:手指触摸。

平均:手指少于2 in(1 in=2.54 cm)的距离。

差:手指都超过2 in的距离,需改善灵活性。

# 6.6 神经肌肉训练

人体平衡能力即神经调控肌肉的能力,对于中老年人防跌到的训练可以通过单足站立和闭眼单足站立来提高,具体训练指南和运动处方制订中组成部分见5.8节。

成年人闭眼单足测试与评价(反映人体平衡能力)方法如下:

测试时,受试者自然站立,双眼紧闭,当听到"开始"口令后,抬起任意一只脚,同时测试员开表计时,当受试者支撑脚移动或抬起脚着地时,测试员停表。测试两次,取最好成绩,见表6-22。

表6-22 成年人闭眼单足站立评定标准                    单位:s

| 年龄/岁 | 性别 | 1分 | 2分 | 3分 | 4分 | 5分 |
| --- | --- | --- | --- | --- | --- | --- |
| 20~24 | 男 | 3~5 | 6~17 | 18~14 | 42~98 | >98 |
| 20~24 | 女 | 3~5 | 6~15 | 16~36 | 34~90 | >90 |
| 25~29 | 男 | 3~5 | 6~14 | 15~35 | 36~85 | >85 |
| 25~29 | 女 | 3~5 | 6~14 | 15~32 | 33~84 | >84 |

续 表

| 年龄/岁 | 性别 | 1 分 | 2 分 | 3 分 | 4 分 | 5 分 |
|---|---|---|---|---|---|---|
| 30～34 | 男 | 3～4 | 5～12 | 13～29 | 30～74 | ＞74 |
| 30～34 | 女 | 3～4 | 5～12 | 13～28 | 29～72 | ＞72 |
| 35～39 | 男 | 3 | 4～11 | 12～17 | 28～69 | ＞69 |
| 35～39 | 女 | 3 | 4～9 | 10～23 | 24～62 | ＞62 |
| 40～44 | 男 | 3 | 4～9 | 10～21 | 22～54 | ＞54 |
| 40～44 | 女 | 3 | 4～7 | 8～18 | 19～45 | ＞45 |
| 45～49 | 男 | 3 | 4～8 | 9～19 | 20～48 | ＞48 |
| 45～49 | 女 | 2 | 3～6 | 7～15 | 16～39 | ＞39 |
| 50～54 | 男 | 3～4 | 5～7 | 8～16 | 17～39 | ＞39 |
| 50～54 | 女 | 2 | 3～5 | 6～13 | 14～33 | ＞33 |
| 55～59 | 男 | 2 | 3～6 | 7～13 | 14～33 | ＞33 |
| 55～59 | 女 | 2 | 3～5 | 6～10 | 11～26 | ＞26 |

# 思　考　题

1. 简述运动处方制订时常检测的生化指标。
2. 简述运动处方制订过程中运动测试禁忌症。
3. 论述 GXT 的测试过程及终止试验的标准。
4. 简述运动处方制订过程中抗阻训练设计的原则。

# 第7章 个性化运动处方制订

　　**内容提要**：本章从运动处方包括的内容、制订流程、运动处方的基本要素、运动处方的出具、运动处方的实施、运动处方的医务监督、运动处方修改与微调等方面了解和掌握整个运动处方制订过程和注意事项。

　　运动处方的制订是建立在科学的信息基础上的，在针对不同体质和健康需求的人群制订运动处方时，不是简单地将所测得的数据按照运动处方制订的固定程序进行制订，而是根据不同的个体目标需求、个人爱好、运动能力等方面进行设定。原因如下：在不同的个体之间，对于剧烈运动存在生理上和感觉上不同表现情况，在调整运动强度和持续时间时要依据不同个体运动试验时心率、血压、RPE 监控情况获得有效、安全的运动刺激。

## 7.1　运动处方涵盖的内容

　　在为受试者制订个性化运动处方时一般应包括以下内容：
(1)一般资料；
(2)临床诊断结果；
(3)临床检查和功能检查结果；
(4)运动试验和体力测验结果；
(5)运动的目的和要求；
(6)运动内容；
(7)运动强度；
(8)运动时间；
(9)运动频率；
(10)注意事项；
(11)运动专业人士签字；
(12)运动处方的制订时间。

## 7.2　运动处方制订流程

　　运动处方的制订程序包括：一般检查→临床检查→运动负荷试验及体适能测试→健康评估→制订运动处方→预实施运动处方→运动中的医务监督→运动处方的修改和微调→实施运动处方→运动处方实施效果评估→重新制订新的运动处方……依据以上章节的内容，根据运动处方制订程序、健康评估结果、存在的风险，以及健身者自身身体素质的特殊需求，进行个性化运动处方制订。

**1. 一般调查**

一般调查应包括了解运动目的(健身或康复),询问病史及健康状况(如既往史、家族史),了解运动史(如运动爱好、现在运动状况),了解社会环境条件(如职业、工作环境、生活环境、所用交通工具、经济状况、性格、心理状态、营养条件、社会地位等)。

**2. 临床检查**

运动处方的临床检查包括对运动系统、心血管系统及呼吸系统的检查。检查的目的是对现在的健康状况进行评价;发现绝对禁忌运动情况或相对禁忌运动情况,判断能否进行运动及运动负荷试验,判明是否存在潜在性疾病或危险因素,防止运动中发生意外。

**3. 运动负荷试验及体力测试**

运动负荷试验是制订运动处方的基本依据之一。运动负荷试验方法的选择应根据检查的目的及被检查者的具体情况而定。目前,最常用的方法是采用递增负荷运动试验,测定时利用活动平板(跑台)和功率自行车等,在试验过程中,逐渐增加运动负荷强度,直到受试者达到一定用力强度,同时测定某些生理指标(如血压、心率、心电图等)。

体力测试要求只有运动负荷试验无异常的人才能进行,包括肌力、爆发力、柔韧性等运动能力和全身耐力的测验。其中全身耐力测验的运动方式采用有氧代谢方式,较多采用的有定时间的耐力跑(如 12 min 跑)和定距离的耐力跑(如跑 2.4 km)。

**4. 制订运动处方**

根据以上检查的结果,在掌握锻炼者或康复者健康状况、体力水平及运动能力限度的基础上,按其具体情况制订运动处方。运动处方中要规定运动强度的安全界限和有效界限、运动时间及运动频度等。

**5. 修改运动处方**

运动处方并不是固定不变的,初定的运动处方可先试行并对不适应的地方进行微调整,待适合后要坚持锻炼 3～6 个月,然后再做以上相关指标的测验,重新制订新一轮运动处方,并也要不断进行微调整,从而提高锻炼效果,进而实现健身者的目标。

## 7.3　运动处方基本要素

运动处方的基本要素包括运动目的、运动内容、运动种类、运动量、运动的时间带、运动频度和注意事项等。

**1. 运动目的**

对于不同的健身者其锻炼目的不同。运动目的具有主观和客观的双重性。主观性表现为对运动的意向、愿望和兴趣,是以情绪为核心的主观意愿需要。而客观性则更多地是由于健康状况、疾病程度等身体客观状况产生的需求,把运动作为满足机体健康需要的一种手段(运动目的参考第 5 章节相关内容)。

**2. 运动内容**

选择运动处方的运动内容时,应考虑到以下几个方面:

(1)康复或健身的主要目的。

(2)临床检查和功能检查的结果。

(3)受试者的运动经历、兴趣、爱好和特长。

(4)进行运动的环境、条件,是否有同伴和指导等。

依据运动的目的、个人爱好、周边支持条件,有效地选择运动内容。

**3. 运动种类**

(1)有氧运动( Aerobic Training ):是运动处方最主要的和最基本的运动手段。其运动项目有步行、慢跑、走跑交替、游泳、自行车、上下楼梯、跳绳、划船、滑冰、滑雪、室内功率自行车、步行车、跑台等。有氧运动可作为一般健身或改善心血管及代谢功能,用于冠心病、肥胖症等多种慢性疾病的预防和康复。

(2)伸展运动( Extension Training ):包括运动量较小的放松性练习及医疗体操和矫正体操。前者的运动项目如太极拳、气功、五禽戏、八段锦、放松操等,这些运动可改善心情,消除身体疲劳,或防治高血压病和神经衰弱;后者的运动项目如各种医疗体操、舞蹈、矫正体操等。这些运动项目可针对某些疾病进行专门性治疗,如慢性支气管炎、肺气肿患者专门的呼吸体操,内脏下垂者应做腹肌锻炼,脊柱畸形、扁平足者应做矫正体操。

(3)力量练习(Muscle Force Training ):是以恢复和提高肌肉力量,并促进肢体功能活动的运动,主要包括抗阻运动、主动运动、助力运动等,主要用于因各种原因引起的肌肉萎缩、肌力下降。

(4)神经肌肉控制练习(Neuro – Muscle Control Training ):包括平衡性、协调性、步态、灵活性和本体感觉等控制技能的练习,有时被认为是功能性体适能练习。某些将神经动作练习与抗阻、柔韧性练习相结合的运动模式也被看作是神经肌肉控制练习。

**4. 运动量**

1)运动强度

运动强度是设计运动处方定量化与科学性的核心问题,也是设计运动处方中最困难的部分,它影响到锻炼效果和安全性问题,需要通过监测来确定运动强度是否适宜。在制订运动强度时应考虑以下几个方面:

(1)康复或健身的目的。

(2)临床检查和功能检查的结果。

(3)运动试验及体力测验的结果。

(4)所选择的运动内容。

(5)受试者的年龄、性别、运动经历等

运动处方中运动强度是单位时间内的运动量,可根据需要分别使用。运动处方中不同组成部分的运动强度确定可参考本书的相关内容。

2）运动时间（Exercise Times）

运动时间指每次持续运动的时间,是组成运动量的重要因素。在制订运动处方时,有时采取较低的负荷强度和较长的运动时间,而有时则采用短时间高强度的重复运动（如在大强度的力量练习时）。负荷强度确定后,持续该强度的运动时间就成为影响锻炼效果的重要因素。运动时间过短,对机体不能产生作用,达不到应有的效果;运动时间过长,又可能超过机体的承受能力,造成疲劳积累而损害身体。因此,确定运动时间应根据运动的目的及负荷强度来设定能引起机体产生最佳效果的运动时间,即必要的运动时间。运动处方中不同组成部分的运动时间确定可参考本书的相关内容。

**5. 运动的时间带**

运动的时间带是指一天中进行运动锻炼的时机（即何时进行运动锻炼）。应根据人的生物节律周期及日节律来合理安排进行运动的时间带。高血压患者运动的时间带,白天比早晚好,其理由是脑溢血的发病早晚多而白天少的倾向。特别是冬天,由于气压低,血压容易升高,在早晚进行运动锻炼存在潜在危险。

研究表明,人体在凌晨至清晨血液黏度显著增高。人体血液流变学各项指标从 20 时至凌晨 6 时呈不同程度的上升趋势。其中血黏度、红细胞压积和红细胞聚集指标呈线性上升,尤其 0 时～6 时升高明显。这与临床资料显示的脑溢血多发生在凌晨数小时内极为相关。科学家认为,凌晨血黏度升高,可能是由于连续睡眠期间液体摄入量减少,动脉血压及纤维蛋白血原改变等因素所致,并认为这种生理节奏变化引起的血黏度增高是激发脑和心肌梗塞的主要原因,也是凌晨脑溢血增多的主要原因。根据人体血液流变学的生理节奏变化和运动中的变化特点对其影响,心血管病患者或中老年人运动的时间带应避免在清晨 8 时前运动锻炼。

空腹时进行运动会产生不良影响,特别是糖尿病病人,运动锻炼多应选择在饮食后的 1 h 开始锻炼,避免饥饿状态下运动锻炼,则否有可能导致低血糖的危险。此外,还要注意饭后不宜立即进行运动,以免影响消化和吸收。

**6. 运动频度**

运动频度是指每周锻炼的次数。运动锻炼的效果是在每次运动对人体产生的良性作用的逐渐积累中显示出来的,是一个从量变到质变的过程,所以运动锻炼要求经常锻炼,或根据不同的运动目的,实施一定周期的运动锻炼。而不能凭一时的兴趣,也不能急于求成使运动频度过高。如一次运动锻炼后,运动对机体产生良性作用完全消退后再进行第二次运动锻炼,则前一次运动锻炼的效果不能被蓄积;如一次运动锻炼后,运动对机体的良性作用还未出现（也就是前一次运动的疲劳尚未消除）就紧接着进行第二次运动,则会造成疲劳的积累。以上两种运动间隔形式都不能取得满意的效果。后一种形式如长期下去还将对机体造成过度疲劳。可见,运动的频度在制订运动处方中作用是非常重要的。正确地设定运动频度,要根据健身者的运动目的和身体健康状况的不同而区别对待。

关于运动频度,日本的池上晴夫研究表明:1 次/周,运动训练效果不蓄积,肌肉酸痛和疲劳每次都发生,运动后 1～3 天身体不适,易发生损伤事故;2 次/周,酸痛和疲劳减轻,运动训练效果有点蓄积,不明显;3 次/周,无酸痛和疲劳,运动训练效果蓄积明显;4～5 次/周,效果更加明显。每周锻炼 3～4 次是比较适宜的频率。但由于运动效应和超量恢复作用,两次运动之间时间间隔不宜超过 3 天。

确定一个运动处方的运动时间和运动频率时,应考虑以下几个方面:

(1)临床检查和功能检查的结果。

(2)运动试验及体力测验的结果。

(3)所确定的运动内容。

(4)所确定的运动强度。

(5)受试者的年龄、运动经历等。

运动频率取决于运动强度和每次运动持续的时间。一般认为,每周锻炼 3～4 次是最适宜的频度,即隔日锻炼一次。力量练习的频度 2～4 次/周。柔韧性训练可以结合有氧运动锻炼和力量练习一起进行。

**7. 注意事项**

以治疗和康复为目的的运动处方中应指出禁忌参加的运动项目、健身运动中自我观察指征和停止运动的指征,重视做好准备活动和整理活动等。同时让健身者掌握和了解一些必要的体育卫生知识,如运动后不要立即坐下或躺下,以免引起"重力性休克"或其他不适感觉,不能立即吃生冷食物,不能马上游泳或冷水浴等,注意运动锻炼时相应的卫生要求。

同时在运动处方制订中,应根据每个锻炼者或患者的具体情况提出具体相应的注意事项。

(1)指出应禁忌参加的运动项目和某些易发生危险的动作。

(2)指出运动中自我观察指标及出现指标异常时停止运动的标准。

(3)每次锻炼前后都要做好充分的准备活动和整理活动。

## 7.4 出具个性化运动处方

依据问卷调查、临床检测、运动试验及体适能测试的结果,对受试者进行综合评估,为健身者制订出个性化运动处方。具体内容包括:基本信息、体检资料、身体机能状况评价、不良生活方式评估、健康危险因素评估、慢性病预测、健康总体评估、运动处方、注意事项、健康教育。

**1. 基本信息及体检资料**

姓名:_____ 性别:男/女 出生年月:____年____月____日

年龄:_____(岁) 身高:_____(cm) 体重_____(kg)

胸围:_____(cm) 腹围:_____(cm) 臀围_____(cm)

预期心率/(次/min):100%_____;85%_____;70%_____。

卧位:心率:_____次/min;血压:_____mmHg;_____kPa。

坐位/立位:心率:_____次/min;血压:_____mmHg;_____kPa。

安静时心电图评定是否异常_____。B超诊断:_____。

个人/家族/伤病史:曾经有过_____。

损伤史_____。

运动史:每周进行____次力量练习;每周____ min 左右;跑步____ min。

**2. 体质及机能状况评定**

基础代谢(BMR)：＿＿＿＿＿＿＿(kcal)体脂(%)：＿＿＿＿＿＿＿(%)
身体质量指数(BMI)：＿＿＿＿＿＿
肥胖程度(OBD)：＿＿＿＿＿＿%　　心脏功能能力(F.C.)：＿＿＿＿＿＿(METs)
F.C. 属于＿＿＿＿＿＿水平
您的心脏每分钟可供给全身的最大氧气量约为：＿＿＿＿＿＿(mL)。
心脏发病危险性评定：(见 CVD 危险因素表)
近期服用药物情况：＿＿＿＿＿＿。

**3. 化验检查**

尿潜血：＿＿＿＿＿＿　　　尿蛋白：＿＿＿＿＿＿　　尿糖：＿＿＿＿＿＿ pH
总胆固醇：＿＿＿＿＿＿mmol/L；甘油三脂：＿＿＿＿＿＿mmol/L
高密度脂蛋白：＿＿＿＿＿＿mmol/L；空腹血糖：＿＿＿＿＿＿mmol/L
餐后两小时后血糖：＿＿＿＿＿＿mmol/L

**4. 主要危险因素**

综合体检和问卷调查情况以及家族史资料调查，用相关疾病风险评估工具进行疾病危险分数评估得出：是否属于冠心病、糖尿病和肥胖的高危人群，受试者主要存在的健康健康问题。

**5. 个性化运动处方方案**

<u>　×××　</u> **个性化运动处方**

运动目的：＿＿＿＿＿＿＿＿＿＿＿＿＿＿＿＿＿＿＿＿＿＿＿＿＿＿＿＿＿
运动项目：＿＿＿＿＿＿＿运动频率：＿＿＿＿＿＿次/天，＿＿＿＿＿＿次/周
运动时间：＿＿＿＿＿＿＿min/次
运动强度：＿＿＿＿＿＿＿　运动中靶心率范围：＿＿＿＿＿＿次/min
心肺耐力组成部分：
肌肉力量/肌肉耐力组成部分：
柔韧性训练组成部分：
神经肌肉控制训练组成部分：
运动前感觉　身体感觉：轻松、懒散、疲劳、不想运动
　　　　　　心理感觉：沮丧、烦躁、冷漠
运动饮食：(早)食物种类：＿＿＿＿＿量：＿＿＿＿＿　运动前/后＿＿＿＿＿时间
　　　　　(中)食物种类：＿＿＿＿＿量：＿＿＿＿＿　运动前/后＿＿＿＿＿时间
　　　　　(晚)食物种类：＿＿＿＿＿量：＿＿＿＿＿　运动前/后＿＿＿＿＿时间
运动结束时感觉：仍有体力　仍未尽兴　有困意　有点累　严重疲劳
身体检查：晨脉(P)：＿＿＿＿＿＿次/min　　安静脉搏(P)：＿＿＿＿＿＿次/min
　　　　　血压：＿＿＿＿＿＿mmHg
　　　　　心电图：＿＿＿＿＿＿　肺活量＿＿＿＿＿＿

血流变检查：_____

注意事项：

(1)运动锻炼时监控自己的心率,使其保持在靶心率范围内;进行抗阻训练时,同一肌肉群锻炼之间的时间间隔在 48 h 以上。牵拉练习可以放在有氧运动锻炼及抗阻训练的前后,来维持和提高关节的柔韧性。

(2)注意合理膳食、保持健康乐观的心理状态。

(3)该运动处方的有效期为 3 个月。

(4)以上建议作为锻炼时的参考,如机体出现异常现象(生病或明显疲劳状态下),立即停止锻炼,请及时询问专业人员。

(5)要保持运动的连续性,间断时间不超过 1 周,体现运动处方的系统性。

(6)对于特殊人群的注意事项应单独列出。

配合运动锻炼的生活方式调整：

(1)保证三餐正常的平衡饮食。

(2)保持充足的睡眠时间,同时在合理的时间段睡眠。

(3)避免饱和脂肪油炸食品、高胆固醇、高钠摄入。

(4)减少外出吃饭的次数和选择健康的饮食。

(5)有氧运动锻炼每周至少 3 次。

(6)选择无氧运动锻炼(抗阻训练),建议每周 2～3 次。

(7)建议使用放松技巧来代替饮酒放松。

特别考虑：

(1)健康人群：

①运动处方活动内容须切合个人目标。

②活动内容须有趣及易于进行。

③进度要能对个人能力构成挑战,但同时不会对其造成更大的受伤风险、过度疲劳或肌肉酸痛。

(2)慢性病人群：

①与健康人群的建议所考虑的内容相同。

②开具运动处方时,应小心评估及考虑所服药物、进餐时间、相关并发症/缺陷/损伤/风险等因素,以及所有可能因运动而恶化,但无明显临床病症的健康问题。

③留意各种异常症状(如胸痛、头晕、心律不正常等),以便对运动处方作出适当的修正。

④增加肌力能补充有氧运动的不足十分重要。

⑤体适能水平较低的病人,其运动计划应以较低强度开始。

⑥运动后数小时可能出现血糖过低的情况。

不同慢性病人群特别考虑见第 9 章节相关内容。

针对不同的个体开展健康教育。健康教育的内容涉及合理膳食、科学运动、心理平衡等。

运动专业人士签名：

运动处方制订时间：

为了快速地为受试者制订个性化的运动处方方案,我们也可以直接采用中国体育科学学会制作的运动处方格式,见表 7-1。

**表 7 - 1　运动处方标准格式**

| 基本信息 | | | | | 年 | 月 | 日 |
|---|---|---|---|---|---|---|---|
| 姓名 | | 性别 | 男 | 女 | 年龄 | | 岁 |
| 联系电话 | | 家庭住址 | | | | | |

| 运动前筛查与评价 | | | | |
|---|---|---|---|---|
| 体力活动水平 | 严重不足　　　　　不足　　　　　满足 | | | |
| 健康筛查 | 身高　　　cm,体重　　　kg,体脂率　　　% | | | |
| | 疾病史:高血压,糖尿病,心脏病,肺脏疾病,其他 | | | |
| | 血液指标:空腹血糖　　　mmol/L,总胆固醇　　　mmol/L | | | |
| | 血压　　/　　mmhg　心率　　　次/分 | | | |
| 进一步医学检查 | | | | |
| 运动风险分级 | 低　　　中　　　高 | | | |
| 运动测试结果 | 心肺耐力 | 低 | 中 | 高 |
| | 肌肉力量与耐力 | 差 | 一般 | 较好 |
| | 柔韧性 | 差 | 一般 | 较好 |
| 存在的主要问题:<br>主诉需求: | | | | |

| 运动处方 | |
|---|---|
| 运动目的 | |
| 运动方式 | |
| 运动强度 | |
| 运动时间 | |
| 运动频率 | |
| 周运动量 | |
| 运动目标 | 短期:　　　　　　　　　　　长期: |
| 注意事项 | |
| 回访时间 | 年　　　月　　　日 |
| 运动处方师 | |
| 机构名称 | |

## 7.5　运动处方实施

运动处方的制订和实施的过程是一门科学,同时也是一门艺术。

成功、有效与理想的运动处方要在对健身者研究结果的基础上,以一种较有弹性的方式,考虑环境与个人状况,来促进参与者的健康和体适能。依据对健身者身体状况而制订的运动处方,运动专业人士应监督和督促健身者实施为其制订的运动处方。运动处方实施的过程,其实就是运动锻炼的过程。在运动锻炼过程中要遵循训练学的原理,遵循训练的基本原则,同时更需要对运动训练的过程进行监督,避免出现机体异常现象,或过度训练等造成对机体的伤害,或造成肢体、关节的功能障碍。

**1. 运动处方的实施**

一次运动锻炼的组成,一般包含 3 个重要的组成部分:准备活动、正式锻炼、整理运动。

(1)准备活动:是在正式锻炼以前锻炼机体循环系统和运动系统之间的协作关系,其目的是:克服内脏器官的生理惰性;降低肌肉肌肉的黏滞性,提高肌肉收缩和舒张速度,增加肌肉力量;增加肌肉的氧供应;提高机体内酶活性,提高物质代谢水平,保证在运动中有较充足的能量供应;体温升高还可以提高中枢神经系统和肌肉组织的兴奋性;同时,体温升高使肌肉的伸展性、柔韧性和弹性增加,从而预防运动损伤。

准备活动的目标应具有多向性,使健身者从生理和心理两方面为即将参加的运动做好充分的准备。合理有效的准备活动应该能够对健身者产生多方面积极效果。

(2)正式锻炼:是我们要达到锻炼目标的主要手段,它必须保持有适宜的强度和运动量。人体的机能水平和工作效率在一段时间内处于一种动态平衡或相对稳定状态。如果漫不经心地、随意地运动是达不到健身效果的,也就是说运动强度与量太小没有效果,太大则会产生副作用,甚至造成损伤。

(3)整理运动:是在正式锻炼完成后所做的,旨在消除机体疲劳,加速机体恢复的辅助练习,让整个机体能逐步地慢慢地适应安静的环境。研究表明,剧烈运动后,进行 3～5 min 的慢跑或其他动力性整理运动,在心血管、呼吸等运动后进行整理运动可加速全身血液再次重新分配,促进运动代谢产物的消除,减少肌肉的延迟性酸痛,有助于疲劳的消除,预防重力性休克的发生。另外,做一些静力性牵拉练习,使参与运动的肌肉得到牵拉、伸展和放松,可有效地消除运动引起的肌肉痉挛,加速肌肉机能的恢复,预防延迟性肌肉酸痛。由此可见,运动后做整理运动非常必要。

**2. 运动处方实施进度划分**

健身者的健身运动进度大致可分为 3 个阶段:起始期、改进期及维持期。一般健身者运动阶段进度见表 7-2;一般健身者有氧运动计划书见表 7-3;一般健身者肌肉力量和肌肉耐力抗阻训练运动计划书见表 7-4。

表 7-2 一般健身者运动锻炼进度

| | 起始期 | 改进期 | 维持期 |
| --- | --- | --- | --- |
| 目标 | 减少肌肉酸痛、不适及运动损伤 | 逐渐增加整体运动刺激,以显著地改善心肺功能 | 长远地维持改进期发展出的心肺功能 |
| 强度(上限) | 40%～60%的 HRR | 50%～85%的 HRR | 70%～85%的 HRR |
| 所需时间 | 4 周 | 4～5 个月 | 持续 |
| 次数 | 一周 3～4 个时段 | 一周 3～5 个时段 | 一周 3～5 个时段 |
| 进度 | 缓慢 | 较快 | 缓慢 |

### 表 7-3　一般健身者有氧运动计划书

**起始期**

| 周次/次 | 1～2 | 3～4 |
|---|---|---|
| 频度（Frequency） | 3 | 3 |
| 热身（warm up） | 5 | 5 |
| 正式运动锻炼 | 10 | 13 |
| 整理活动（cool down） | 5 | 5 |
| 总时间（Total time）/min | 20 | 23 |
| MHR/（%） | 55 | 55 |

**改进期**

| 周次 | 5～6 | 7～8 | 9～10 | 11～12 | 13～14 | 15～16 | 17～18 | 19～20 |
|---|---|---|---|---|---|---|---|---|
| 频率 | 3 | 3 | 3 | 3 | 4 | 4 | 4 | 4 |
| 准备活动 | 5 | 6 | 6 | 7 | 7 | 8 | 8 | 8 |
| 正式锻炼 | 15 | 15 | 20 | 20 | 23 | 25 | 28 | 30 |
| 整理活动 | 5 | 6 | 6 | 7 | 7 | 7 | 7 | 7 |
| 总时间 | 25 | 27 | 32 | 34 | 37 | 40 | 43 | 45 |
| MHR/（%） | 60 | 60 | 65 | 65 | 70 | 70 | 70 | 70 |

**维持期**

| 周次 | 20 周以后 |
|---|---|
| 频率 | 4 次及其以上/周 |
| 准备活动/min | 8 |
| 持续运动/min | 35 以上 |
| 整理活动/min | 7 |
| 总时间/min | 50 以上 |
| MHR/（%） | 75 |

### 表 7-4　一般健身者肌肉力量/肌肉耐力抗阻训练运动计划书

| 目标 | 训练周数 | 训练频率 | 每次组数 | 每组次数阻力 |
|---|---|---|---|---|
| 肌肉力量 | 1～3 | 2 | 2 | 6～10　12-RM |
| | 4～20 | 3 | 3 | 6～10　6-RM |
| | 20 周以后 | 1～2 | 3 | 6～10　6-RM |
| 肌肉耐力 | 1～3 | 2 | 2 | 15　40%1-RM |
| | 4～20 | 3 | 3 | ≥15　60%1-RM |
| | 20 周以后 | 1～2 | 3 | ≥15　60%1-RM |

起始期:要求从事较轻的体力活动与运动锻炼,以减少健身者的不适与疼痛,并减少运动伤害。健身者开始运动时出现的身体不适与疼痛,多数是与机体生理无法适应有关。可以通过客观和主观的一些指标使健身者调整其运动强度,开始运动的时间以健身者的身体评估的结果为依据,而后逐渐增加运动强度。一般健身者在起始期持续时间为 4～6 周,但如健身者的体适能较差或年龄较大,持续的时间要延长。

对于健身者在健康评估时,身体健康不佳或有病理症状,可以实施间歇性的运动,运动一段时间后,休息一段时间,如此反复,建立运动目标(目标要合理)。

改进期:持续的时间约 4～5 个月。在此阶段健身者体适能提高的幅度比较大。此时的运动强度可以参考美国运动医学会的建议。运动持续时间每 2～3 周要持续增加。对于体适能较差或有疾病症状的健身者需要更长时间来适应。有症状的健身者在起始期使用间歇式的有氧运动,然后逐渐适应后,变为连续性的运动,应该在改善阶段完成。一次持续运动时间能持续 20～30min 时,考虑增加健身者的运动强度。老年健身者的适应的时间比一般年轻人要长。

维持期:健身者在开始运动锻炼约 6 个月以后,体适能进入到稳定期,健身者的心肺功能、肌肉的力量/肌肉耐力、柔韧性功能已经达到一个较高的水准,训练效果已明显地显示出来,健身者对运动健身已适应,基本养成了运动锻炼的习惯。此时,健身者只需保持相同的训练量,使其体适能维持在这个标准上。

## 7.6　运动处方实施过程中的医务监督

尽管运动锻炼通常被认为是一个安全的过程,但时常会有发生急性心肌梗死和心脏骤停的报道。相应地,运动锻炼的医务监督人员具备必备的知识和技能才能胜任这份工作。AHA和美国医师学会专业组织(包括美国运动医学学会,American College of Sports Medicine)已经提出为胜任运动测试医务监督工作所需的知识能力,详见下面有关运动测试人员应具备的知识内容。

在运动处方的实施过程中,应对受试者进行医务监督,以确保实施运动处方的安全性。作为运动专业人士如何掌握对运动健身者进行哪些方面的监护,是作为一名优秀的运动专业人士所应具备的知识和素质。确定锻炼者医务监督水平时,最好是通过运动前的筛查、医学检查和运动测试对参与者的情况进行评估。运动前的筛查和危险分级详见第 2 章和第 3 章。大多数静坐少动的成年人在开始实施一份新的运动计划时,建议由有资格认证的运动专业人士(如 ACSM 认证的私人教练或 ACSM 认证的健康体适能专家)对其进行个性化的运动指导。对于那些有 CVD 高危险因素、呼吸系统疾病、慢性疾病、临床症状不稳定的患者或是运动可能使健康状况恶化的个体,应该由接受过较好训练的专业人员的医务监督,例如 ACSM 注册的临床运动生理学家或 ACSN 认证的临床运动专家,直到这些参与者可以在没有临床专业人员的监督下安全运动为止。

**1.医务监督的目的和意义**

(1)保证健身者的安全性。

(2)保证健身者运动目的的实现。

(3)研究运动处方的合理性和科学性。

制订运动处方后最为关键的方面是如何对运动处方进行实施,而运动锻炼时的监护是运动处方实施的保证。

**2. 医务监督的原则**

表 7-5 列出了运动处方实施医务监督的一般原则。

**表 7-5　运动医务监督的一般原则**

| | 医务监督水平 | | |
| --- | --- | --- | --- |
| | 不需要监督 | 运动专业人员监督 | 临床专业人员监督 |
| 健康状况 | 低度危险① | 中度危险②或有规律体力活动习惯的病情稳定③的高危险②组 | 高度危险② |
| 功能能力 | >7MET | >7MET | <7MET |

注:MET 表示代谢当量。

①医务监督:专业医务监督是指导需要具有专业培训和 ACSM 认证的健康体适能专家资格或更高级别的人员完成;临床专业人员监督需要具有结合学院培训和至少具有 ACSM 注册的临床运动生理学家或 ASCM 认证的临床运动结合专家资格的人员完成。

②危险分级:

低度危险,无症状且危险因素(见 CAD 危险因素)≤1 个的男性和女性;

中度危险,无症状且危险因素(见 CAD 危险因素)≥2 个的男性和女性;

高度危险,出现(见心血管、肺病或代谢性疾病的主要症状或体征)中的一个或多个症状或体征,或者患有已经确诊的心血管、呼吸系统和代谢系统疾病。

③病情稳定指稳定的 CVD、控制良好的代谢和呼吸系统疾病、其他稳定的慢性疾病及其他在专业人员监督下可以安全运动的情况。

**3. 运动试验医务监督人员应具备的知识①**

(1)具有指导运动试验的适宜知识。

(2)具有可选择性生理性心血管测试的知识。

(3)具有适宜的禁忌症、风险及测试风险评估方面的知识。

(4)具有迅速地辨认和应对运动试验的复杂情况方面的知识。

(5)具有心肺复苏的能力及成功完成美国心脏学会举办的有关高级心血管生命支持课程和在有序基础上的复苏课程。

(6)具有各种运动方案及其指征方面的课程学习。

(7)具有基本的心血管和运动生理学知识,包括运动血流动力学反应方面的知识。

(8)具有心律不齐方面的知识以及辨认并具备诊断和治疗严重心律不齐的能力。

(9)具有心血管药物及它们如何影响运动实施、血流动力学和 ECG 方面的知识。

---

① 引自:Rodgers GP, Ayaninan JZ, Balady GJ, et al. American College of Cardiology/American Heart Association clinical competence on stress testing. circulation,2000(102):1726-1738.

(10)具有年龄及疾病对运动时血流动力学和 ECG 反应的影响方面的知识。

(11)具有运动试验的原理和细节,包括适当的导联放置及皮肤准备方面的知识。

(12)具有运动试验的终止及终止试验的指征方面的知识。

**4. 运动处方实施过程中的监控指标**

在运动处方的实施过程中,除了按照运动处方中设定的运动类型、负荷强度、时间、间歇时间和重复次数进行运动锻炼外,还应根据运动过程中身体的反应情况,掌握运动量的监测和调节。监控的指标常用的有:

(1)心率检测:体适能教练能够计算出运动锻炼者的目标心率(靶心率),运动锻炼者能熟练地测定自己的脉搏,计算每分钟的心率。

(2)主观强度感觉(RPE)。

(3)运动锻炼者的自我感觉与基础指标检查。

运动专业人士和运动锻炼者互相结合来完成,观察每次运动后疲劳的消除情况,可以通过睡眠质量、次日疲劳感的消除情况、体力恢复情况等进行综合分析。运动后次日基础状态下测定基础心率,每分钟波动比上一日基础状态下波动不超过 4 次;呼吸频率每分钟不超过 3 次;血压变化范围上下在 10 mmHg;体重减少在 0.45 kg 以内。上述要求运动锻炼者和运动专业人士来共同关注。

**5. 运动过程中出现不良症状的处理原则**

运动处方实施过程中如果出现运动损伤和运动性病症,其处理方法参考运动损伤处理的相关书籍,在本书中不作叙述。

按照运动处方的内容进行实施的过程前后,运动锻炼者和运动专业人士共同记录运动锻炼前后的主客观指标,如果发现客观指标或主观感觉不适的情况(常见症状和指征参考二次负荷试验及 GXT 试验终止试验的症状和指征),与专业人员进行沟通,分析情况,及时找出原因,随后进行解决。

# 7.7 运动处方修改和微调

运动处方的制订最初并不固定,首先设一个"观察期",使患者习惯于运动,并能对实施运动处方所引起的身体反应等进行研究。然后设一个"调整期",对运动处方的内容反复调整、修改,逐步确定。在以后的一个时期,相对固定进行实施,在相对固定的时期,对运动处方也要进行必要的调整。

在运动处方的实施过程中,可根据锻炼者的具体情况,对运动处方进行微调,以使锻炼者找到最适合自己条件的运动处方。运动处方的实施,一般的运动处方 3~6 个月为一个训练周期,然后在原有的基础上及时调整,重新制订新的运动处方,进一步提高机体的体质。

调整运动处方的原则:

(1)对于运动处方中提高心肺耐力的组成部分:随着心脏功能的提高,锻炼的实际强度不变时,单位时间内完成同样的负荷,运动锻炼者在运动过程中的心率会逐渐下降,同样说明心脏的泵血功能在提高,心脏每搏输出量在加大。如果运动过程中的心率达不到目标心率的低线,运动锻炼的效果就很难体现,此时,应及时提高运动锻炼者的运动强度(增加负荷、延长运动时间等),原有的运动处方已不再适合运动锻炼者,如果运动的强度没有变化,机体可能会出现运动中心率逐渐下降的情况。

(2)对于运动处方中提高肌肉力量/肌肉耐力的组成部分:应随时观察健身者的反应,特别是指导康复锻炼时,遇到下列情况,说明运动量过大,或练习方法不适当,应调整运动处方。

①肌肉力量没有提高:如果按照力量运动处方进行锻炼,肌肉力量不见提高或反而下降,其原因可能是因为规定的运动量过大,但也有可能是因为运动量过小。应分析原因,调整运动处方。

②锻炼后疼痛加重:进行康复锻炼后,局部疼痛加重,如果持续到次日晨,或下次锻炼前仍不见减轻,应调整运动处方。

③局部出现症状:如水肿、关节积液、皮肤温度升高等,说明局部有炎症存在。遇到这些情况,除及时修改运动处方外,可配合进行理疗、按摩等。

④延迟性肌肉酸痛:开始阶段初期,提高负荷强度或加大运动量时,可能出现"延迟性肌肉酸痛",特别是在进行了大负荷离心收缩练习之后,遇此情况可不必修改力量处方,适应后自会消除。但应注意区别延迟性肌肉酸痛和肌肉拉伤。运动锻炼记录表见表 7-6。

### 表 7-6　运动锻炼记录表

| 姓名: | 性别: | 年龄: | 日期: |
|---|---|---|---|
| 住址: | | | 职业: |
| 运动基础:<br>累计:　天/年,　年 | | | 运动环境: |
| 气候:春　夏　秋　冬　风　雨　雪　　　气温:　　℃ | | | |
| 健康状况:是否有某种慢性病:　　　　病名: | | | |
| 运动项目:　　　　运动频率:　次/天　　次/周 | | | |
| 运动时间:　　　　min/次 | | | |
| 运动强度:运动中最大心率:　　次/min | | | |
| 运动前感觉:身体感觉:轻松、懒散、疲劳、不想运动<br>　　　　　　心理感觉:沮丧、烦躁、冷漠 | | | |
| 运动饮食:(早)食物种类:　　　量:　　运动前/后　　时间<br>　　　(中)食物种类:　　　量:　　运动前/后　　时间<br>　　　(晚)食物种类:　　　量:　　运动前/后　　时间 | | | |
| 运动结束时感觉:仍有体力　　仍未尽兴　　有困意　　有点累　　严重疲劳 | | | |
| 身体检查:晨脉(P):　　次/min　　安静脉搏(P):　　　次/min<br>　　　血压<br>　　　心电图　　　　　　　肺活量<br>　　　血流变检查 | | | |
| 其他 | | | |

# 思 考 题

1. 简述个性化运动处方包含的内容。
2. 简述运动处方制订流程。
3. 简述运动处方实施阶段划分原则。
4. 论述运动测试医务监督人员应具备的知识和技能。
5. 设计一个个性化运动处方方案。

# 第8章　运动处方实施效果评定

**内容提要**：通过本章的学习，了解运动处方实施效果评定的目的意义、评定的原则、评定常用的方法；掌握运动处方实施效果评定常用的指标；能够科学地评定运动处方实施效果及撰写评定报告。

为健身者实施运动处方的目的是增强体质，提高各器官系统的机能能力，而要验证运动处方方案对身体各方面的良好影响，就要对运动处方实施进行客观的评定。运动处方实施效果是指经常参加运动锻炼者在运动锻炼的影响下各器官、系统在形态、结构和机能等方面所产生的适应性变化和良好反应。

## 8.1　运动处方实施效果评定概述

### 1.运动处方实施效果评定

运动处方实施效果评定是指通过系统的锻炼对身心所产生的影响和结果，表现在身体形态、机能的改善，身体素质水平的提高，某项技能技术的掌握与巩固，适应环境和抵抗疾病能力的增强，健康水平的提高等方面。锻炼效果的评定，是科学锻炼身体的重要内容之一。经过一个/多个运动处方实施后，都应将自己所出现的各种生理反应和所测定的有关数据记录下来，然后对各项记录进行综合分析的基础上，做出科学判断和评价。通过评定，及时了解锻炼效果，修订和选择运动锻炼计划的内容和方法。

### 2.运动处方实施效果评定原则

1）实用性原则

运动处方实施效果的检查与评定必须遵循实用性原则，即所选择的方法与指标一定要具有实用价值，既有利于数据的收集，又便于理解、掌握和使用。虽然检查与评定的方法和指标有多种，但应用于实践时必须因地制宜，根据实际情况选择检查、评定方法，不要为追求新颖而使用非常难操作和应用价值很小的方法与指标。

2）可靠性原则

运动处方实施效果的检查与评定必须遵循可靠性原则，即所用的方法、得出的结论必须可靠。这是运动处方实施效果的检查与评定的科学基石和根本保障。为了确保分析数据及所做出结论的可靠性，对受试者的机能状态、锻炼内容与条件、数据采集等关键环节必须高度重视。

3）简练性原则

评定报告的内容应遵循简练性原则，即报告所展现的内容尽可能做到逻辑清晰、简洁明了，以便于迅速了解受试者的现实状况。报告的篇幅要小且尽量避免同一数据反复出现。

4)及时性原则

评定报告结果的反馈应充分体现及时性原则。对于所做出的结论与建议应尽快反馈到受试者和运动专业人士手中,使他们对所采用的健身方法的效用有正确的认识,为科学地制订下一阶段的锻炼计划提供重要依据。

**3.影响运动处方实施效果的因素**

(1)运动的强度、频率和持续时间。运动强度、持续时间和练习次数是构成运动量的三大要素,只有运动量超过原有的水平时才能促使人体产生适应性变化,出现超量恢复,呈现运动效果。

(2)遗传因素。人体的机能能力与遗传因素密切相关。例如,有氧能力的93%、最大心率的86%都取决于遗传,另外肌纤维的类型和数量也是由遗传所决定的,因此在评定运动训练效果时也要分析健身者的先天条件因素。

(3)年龄和性别差异。年龄和性别对运动效果的影响是显而易见的。对于女性不可避免要涉及月经周期、妊娠和分娩等问题。成年人基本上在30岁以后随着年龄的增长机体代谢能力有下降趋势,主要原因是自然衰老所致,坚持运动锻炼可以延缓工作能力的下降速度,经常参加运动锻炼者身体机能显著大于不经常运动锻炼者。

(4)生物节律因素。生物节律理论认为:机体机能之所以呈现周期性变化,乃是在遗传等因素的影响下,在长期进化过程中为适应生存环境的变化而形成和完善起来的。研究证明,生物节律与机体机能、训练效果等密切相关,在对健身者运动训练效果评定时也要考虑生物节律的影响。

**4.对运动处方实施效果进行评定的目的和意义**

1)运动处方实施效果评定的目的

(1)增强对健身者的运动健身的信心。

(2)反映运动专业人士的训练指导水平。

(3)验证运动处方方案的合理性和科学性。

2)运动处方实施效果评定的意义

定期对运动处方锻炼者身体相关指标进行测评,分析运动训练效果,调整运动处方,是运动专业人士所应掌握的最为基本的技能,同时也是对运动锻炼前后效果的肯定。

运动专业人士在为健身者进行指导的目的就是使健身者提高其身体素质,改变健身者的各器官、系统的机能水平,特别是其运动系统、循环系统、呼吸系统,为了获得良好的训练效果,就要运动专业人士为健身者进行定期测量和评价各器官、系统对运动锻炼的反应,来指导或调整训练计划。对于任何健身者(排除运动禁忌者)经过长期的、系统的、科学的运动锻炼所表现出的生物学特征都会向有利于健康的方向改观。主要由于体育运动锻炼的模式不同所表现出不同的变化特征,可以通过安静状态、运动过程中和运动后的恢复期的一些指标前后的变化所体现,即可以通过安静状态、定量负荷状态、最大负荷状态的试验对运动处方实施效果进行评定。另外还要通过主观的表现、自我感觉、精神状态等反映运动处方实施效果。

# 8.2　运动处方实施效果评定方式

**1. 运动处方实施阶段评定**

评定是指项目的实际运作情况与预期结果的比较,即评定计划所规定的目标是否达到以及达到的程度,最常见的评定是指项目终结时的环节评定。随着认识水平的不断提高和实际运作中的不断补充和完善,评定已逐渐发展成为一项系统工程,始终贯穿于整个运动处方实施过程中,甚至有的还可追踪到项目结束后若干年的远期效应评定。效果评定不仅是对教育对象卫生知识水平、自我保健能力的提高等方面的测量,也是对健康教育工作的综合评定,同时为改进工作提供科学依据。现将计划评定的 3 个阶段简述如下:

1)计划过程评定(Process Evaluation)

对项目计划的各个环节进行的综合评定,包括对计划项目的目的、实施方法、影响因素以及评定方法的科学性、完整性和代表性的评定并选定最佳方案。在计划中应详细列举各项活动的要求、预期目标、监测与登记详细内容的评定影响因素,这样有利于对实施的计划做出及时的调整。

2)近期、中期效果评定(Impact Evaluation)

近期效果评定着重于近期影响,包括知识、态度、信念的评定以及资源、技术等的促成因素,鼓励或抑制某种行为的强化因素是否发生改变与改变的程度,是否制订改善环境的法规政策。中期效果评定主要评定行为目标是否达到,环境状况是否得到改善。

3)远期效果评定(Outcome Evaluation)

计划目标是否达到的指标应是发病率、病伤率、死亡率的变化。主要评定成本-效益/效果,精神面貌、环境面貌的改变,它反映了受教育人群提高生活质量的程度。

对结果的评定侧重于对运动锻炼过程的终结性评定,是由果推因的评定。这种评定结果往往对提高锻炼者的积极性有直接的推动作用,但运用的周期比较长。

对过程的测评是运动锻炼的动态反映,是一种由因推果的方法。由于它侧重于行为本身的评定,方法简单,标准明确,能直接推动人们参加身体锻炼。

**2. 运动处方实施效果评定方式**

对于运动专业人士在为健身者的进行一个/多个运动处方实施锻炼以后,体育锻炼效果进行评定时,常采用训练前后对比(纵向比较)结果及锻炼过程中健身者主客观的表现来作为运动锻炼效果评定的依据。通常采用的评定方式有以下几个方面:

1)自我测评与他人测评

自我测评多采用主观感觉、观察进行定性检查和评定,也可采用较为简易的定量测评方法。这是锻炼最常用的方法,其特点是方法简便、及时,便于操作,但主观成分较大。他人测评是根据特定要求进行的,它需要一定的设备和仪器,但客观性较好,比较规范,但要有一定的组织工作。

2)单一指标测评与多项指标综合测评

单一指标测评是只选择一个指标对身体锻炼的某一方面效果进行评定。如减肥锻炼中采用体重测评法。这种测评方法较为简便,针对性强,能较灵敏地反映身体锻炼后某一方面机能和能力的改善情况。要使单一指标测评更为有效,重要的是选择合理有效的测评指标和进行科学的测定。

多项指标综合测评是从锻炼者体质和身体锻炼的特定需要出发,精选出若干个测定指标,组成一个测定体系,对锻炼对象进行测定,再利用一定的权重关系对锻炼者身体锻炼情况做出综合评判,如我国的《国家体育锻炼标准》。

3)对个体、群体的测评

对个体的测评是以某人作为测评对象,运用相关手段、方法进行评定的方法。

对群体的测评是在对个体进行测评的基础上,对某一特定群体的身体状况和体育健身效果进行测评,如对某个学校学生进行的整体评定。有了对不同群体的身体状况和体育锻炼的测评结果,就可以进行不同群体之间的比较分析,而个体也可以用群体指标作为参照系,评价自身的身体状况,并对体育运动锻炼的过程加以综合分析。

4)静态测评与动态测评

静态测评是在锻炼者处于静息或相对安静时所进行的测评,如测评锻炼者的基础体温、基础心率、血压等。动态测评则是锻炼过程进行的测评与控制,如测定运动时心率的变化。静态测评主要是为了了解锻炼者的长期适应情况,以评定锻炼的效果,而动态测评有助于了解身体在运动时的反应及身体运动指标等。

5)主观评定与客观评定

主观评定可以通过体育运动锻炼过程中,健身者运动时的心情、自我感觉及运动后的睡眠状况、食欲状况、精神状态等评定运动锻炼效果。客观评定则是利用运动锻炼中及运动锻炼后机体的客观指标的变化来反映运动锻炼效果,常用的客观指标有脉搏、血压、心电、体重、肺活量、肌肉力量等。

# 8.3　运动处方实施效果评定指标

对于运动处方实施效果的评定通常从客观指标和主观指标两大方面进行分析和评定;对于生理学指标进行评定时通常又可从静态和动态的状态下对机体运动训练效果加以分析。

**1.客观评定指标**

客观评定指标大致可从身体形态、生理生化、身体机能三个方面进行评定。

1)身体形态指标

身体形态指标主要有体重、腰围、腰臀比、肢体的围度、身体成分的变化等。

体重:对比训练前后体重的变化,对于减肥者来讲可能是一个比较明显的评价指标,定期地关注健身者的体重变化,对于运动专业人士来讲是必要的。另外在训练时,科学的减体重应控制在 1~2 磅/周。

腰围:对于腹型肥胖者,在进行健身时,通过腰围的变化来反映运动训练效果。

腰臀比(WHR):即为腰围和臀围的比值,来反映运动训练的效果。常用的评定标准:男性腰臀比的正常范围为 0.75~0.85,男性腰臀比>0.9 被认为是腹型肥胖;女性腰臀比的正常范围为 0.60~0.75,女性腰臀比>0.8 被认为是腹型肥胖。

肢体的围度:通过对肱二头肌、大腿、小腿三头肌的紧张围度来反应运动训练的效果,也是在健身中心中对于力量健身者常用的评定指标。

身体成分的变化:身体成分的变化是最能反映运动训练效果的指标之一,但是必要的设备费用太高,一般的健身中心不具备条件。必要的情况下,在实验室内完成测试,常用皮脂厚度计或生物电阻抗法进行直接测试。

2)生理学评定指标

对于健身者运动训练前后运动效果评定所采用的生理指标主要表现在运动系统、循环系统、呼吸系统和中枢神经系统方面。

(1)运动系统。

运动系统的生理学指标主要是肌肉力量。

肌力评定主要包括最大肌力、爆发力和肌肉耐力等,有等长测力、等张测力和等动测力三种测力形式。

肌肉力量是指肌肉收缩产生的张力,不同肌肉群、不同关节角度和不同收缩速度产生的肌肉力量不同。但从对人体的某一块肌肉来说,一般情况下肌肉力量是相对衡定的。以肌肉力量作为评定体育锻炼效果的指标时,多用简单的肌肉力量测定计测定其肌肉群的最大肌力,也可测定身体承受一定负荷的重复次数。

肌肉力量是一项比较敏感的指标,短时间体育锻炼后,特别是有针对性的力量练习后,肌肉力量就会明显增加。因此,肌肉力量可用于短时间体育锻炼的运动效果评定指标。应用肌力指标评定锻炼效果,最好在力量练习后的几天,或一周后进行,因为在力量练习后的第二天,可能会由于身体疲劳或肌肉疼痛而影响评定效果。

(2)循环系统指标。

循环系统指标主要表现在心血管功能方面。

心血管功能指标是机能评定中最重要部分之一,主要有心率、心电图(ECG)、心输出量、心指数、每搏输出量、心率储备、射血分数、心肌收缩性、心肌舒张性和动脉血压等。通过遥测心率计、心电图仪、多道生理记录仪、超声心动仪、核磁共振仪和血压计等仪器测得。

对于运动专业人士来讲,用得比较多的应该是心率和血压这两个指标,对于心率的使用方面比较多,在一些健身中心的跑步机上,都配有心率的检测设备。使用的心率指标主要有基础心率、安静心率、运动中心率、运动后即刻心率、运动后心率恢复的速率等。

经过一个或多个运动处方的实施后,运动专业人士对健身者的基础心率、安静时心率、同等负荷强度下同一时间的心率,同等负荷强度下运动后即刻心率,以及运动后的心率恢复的测试进行对比,此两组数据的任何一个或多个都可以反映运动训练的效果,如果训练效果科学、合理其健身者表现是前四个指标都表现为降低,最后一个指标应表现为时间缩短。

血压的指标的变化:经过长时间的耐力性运动锻炼,健身者的血压会有所下降。对于高血压患者来说,此指标的变化也可以反映出运动训练的效果。对于高血压患者,经过系统的、科学的、合理的运动锻炼,收缩压和舒张压均可下降 10 mmHg(有的资料研究可下降为 5~7mmHg)。对于肥胖者,体重下降 1 磅,收缩压可降低 1.6 mmHg,舒张压可下降 1.3 mmHg。

(3)呼吸系统和能量代谢指标。

呼吸系统机能指标主要有肺活量、时间肺活量、肺通气量、最大肺通氧量、摄氧量、最大摄氧量、呼吸肌耐力等。通过肺活量计、气体分析仪测得。在测定上述指标过程中,通过气体分析仪还可测得反映机体能量代谢情况的呼吸商(RQ)、无氧阈(AT)等指标。

一段时间运动锻炼后呼吸频率的变化可以在很大程度上反映肺通气功能的变化,人体安静时呼吸频率为 12～16 次/min,体育锻炼时呼吸频率明显增加。呼吸频率可以通过胸廓的起伏次数测定。

呼吸频率受心率因素的影响较大,如果直接告诉受试者测定呼吸频率,受试者往往会由于注意力过于集中而有意识地控制呼吸频率。所以,在测定呼吸频率时最好通过转移注意力的方法测定。如在测量心率的同时,测定呼吸频率,或在受试者不知道的情况下测定,以免由于心理因素的干扰而影响测定结果。

对于运动专业人士来讲,特别是一些针对提高心肺功能的运动锻炼,使用的比较多的应该是肺活量或者是连续 5 次肺活量这两个指标,通过对比运动健身者的训练前后的肺活量或连续 5 次肺活量的变化,来反映运动训练效果。在必要的情况下,可以在实验室完成肺功能的测试。

(4)神经感觉系统机能指标。

该方面的指标主要有简单视—动反应时、简单听—动反应时、综合反应时、视觉闪光融合阈值、肢体平衡机能、双手协调机能、前庭器官稳定机能、视深度(立体视觉)、肌肉本体感觉等。通过反应时测定仪、闪光融合仪、平衡测力台、双手协调仪、一维或三维旋转仪、视深度仪及肌肉本体感觉仪等仪器测得。

(5)身体机能指标评定。

在进行健身效果评定的时候通常对一些指标的测试来反映运动健身者的身体机能的变化,常用的测试就是机能的评定,例如 12 min 跑、台阶试验,对于评定标准可参考本书其他章节内容。

**2. 主观指标**

(1)主观反应:对健身者实施一个或多个运动处方后,运动专业指导人员通过对健身者的询问以及健身者的主诉,了解其对运动状态的反应。通过健身者安静时主观感觉的变化和运动锻炼时主观感觉的变化,以及对运动负荷的承受能力的变化来反映运动训练的效果(定量负荷试验在训练前后的主观感觉变化可以反映运动锻炼效果)。

(2)精神状态:通过对健身者的询问或问卷调查了解运动处方实施前后的精神状况的变化。客观地记录这些变化。

(3)运动欲望:经过一段时间的运动锻炼机体是否出现运动的"上瘾性",以及运动的持续时间来分析运动训练效果。

(4)食欲:短时间的运动锻炼可以降低食欲,但是长时期的运动锻炼可以提高健身者的食欲,经常参加运动锻炼,机体的新陈代谢旺盛,所以食欲一般较好。

(5)不良感觉:如果健身者在进行实施运动处方之前,除了以上谈到的不良感觉,还有如睡眠质量问题、心悸、心慌、头晕、头痛、恶心、胸闷、肢体活动障碍等不良症状,通过一定时期的运动锻炼/康复训练后,这些症状是否有所改观,如果有所改观也可以间接地反映运动训练效果。

**3. 安静状态下健身锻炼效果的生理评定**

1) 评定运动处方实施效果的安静状态

用于评定体育锻炼效果的安静状态可分为两种：一种是指平时不运动的一般安静状态；另一种是特指清晨起床前的安静状态。

(1) 一般安静状态。一般安静状态是指人体相对不运动的状态，是评定运动效果常用的一种机能状态。为评定锻炼效果而要测定某项生理指标时，应排除运动、情绪波动、疾病等因素的影响，而且最好不在体育锻炼前后进行，以避免由于锻炼后恢复时间的不同对测定结果产生影响。对于一些受心理因素影响较大的指标，如呼吸频率、血压等，最好控制其影响因素。

(2) 清晨安静状态。清晨安静状态是指人体在早晨清醒、空腹、起床前的安静状态，由于在这种状态下十分接近人体的基础状态，所以在测定身体的各种生理指标时，受内、外环境的影响因素均较小，因而更能客观反映运动锻炼对人体生理机能的影响。

2) 安静状态下评定运动处方实施效果的生理指标

(1) 心率。长期运动锻炼后安静时心率下降是身体机能良好的反应，这是由于运动锻炼增加了心脏的收缩力量，使安静时心脏每次收缩射出的血量增加，在输出量变化不大的情况下，心脏每分钟收缩的次数就会减少，这种变化对心脏的工作是有利的。一些优秀的耐力性运动员安静时心率为 50～60 次/min，最低者仅为 30 次/min。在安静时心率下降的同时，表现为心脏的收缩功能强，潜力大，但应用这一指标评定锻炼效果时，仅适合于从事以有氧运动为主的人；进行力量和速度锻炼的人，身体机能提高，但安静时心跳频率并不一定下降或下降幅度较小。

(2) 血压。运动锻炼对不同人血压的影响有所不同，在评定运动处方实施效果时应考虑这一特征。一般来说运动锻炼后，安静时收缩压和舒张压下降是生理机能的良好反映，血压下降说明运动锻炼提高了血管弹性，使血管缓冲血压变化的能力增强，这对于老年人来说尤为重要。同时，运动锻炼对一些低血压患者来说，却可以使血压增高，这主要是由于运动锻炼增加了心脏收缩力量的作用。所以，运动锻炼对血压具有双向调节作用。

(3) 肌肉体积。评定运动处方实施效果的运动系统的主要指标是肌肉体积，经过一段时间运动锻炼后肌纤维增粗，肌肉体积增大，说明运动锻炼对肌肉产生良好影响。测定肌肉体积变化的简单指标是测定臂围和腿围的变化，但具体测定时可能会由于运动锻炼减少了皮下脂肪含量而使肌肉体积增加不明显。所以，应用肌肉体积评定锻炼效果时，最好同时测定体重、臂围和肌肉力量等指标的变化，进行综合评定。

(4) 肺活量。肺活量是衡量肺通气功能变化的一项理想指标，对评定少年儿童的生长发育尤为重要，体育锻炼后肺活量增加是机体机能反应的适应性变化。同时，可测定胸围差的变化，胸围差是指吸气末胸围和呼气末胸围的差值，胸围差越大，说明呼吸功能的潜力越大，表明运动锻炼的效果越好。

**4. 定量负荷时运动处方实施效果的生理评定**

1) 常用的定量负荷形式

安静状态下，运动锻炼对身体机能的良好影响并不能完全显示出来，因此不能客观、全面地反映体育锻炼效果。在评定运动效果时应施加一定的运动负荷，而且最好是活动强度不大的定量负荷。用于评定体育锻炼效果的定量负荷形式主要如下。

(1)30 s 20 次起蹲。这是评定体育锻炼效果时常用的一种定量负荷形式。预备姿势时，要求锻炼者身体直立，呈立正姿势；听到开始口令时，以每 1.5 s 1 次的频率做起蹲动作，下蹲时膝关节呈 90°夹角，连续做 20 次，体育锻炼后即刻测受试者的脉搏、血压、呼吸频率等，以评定受试者的身体机能。也可在体育锻炼后 5 min 时间内连续测定，根据恢复时间评定运动效果。

(2)习惯的运动锻炼方式。健身者也可以选择运动锻炼中常用的运动方式，如长跑者可在规定的时间内跑 3 000 m，健美爱好者以一套健美操为单位，在体育锻炼后测定受试者的各项身体机能。但在确定运动负荷时，强度不能过大，一般相当于自己最大能力的 60%，而且，不同时期的运动强度应该是一致的，强度过大，就失去了定量负荷的意义。

2)定量负荷时评定运动处方实施效果的生理指标

(1)心率。经常参加体育锻炼的人，在完成定量负荷时，心率的增加比不参加体育锻炼的人心率增加的幅度要小，这是基于两个原因：一是由于经常参加体育活动，身体机能提高后，在完成定量负荷时，定量负荷对身体机能的影响相对较小，使心脏本身的反应就小。二是经常参加体育锻炼的人在体育锻炼时主要靠增加每搏输出量适应肌肉工作，而没有体育锻炼习惯的人主要靠增加心率适应肌肉工作，而心率的过分增加反而会使心输出量下降。所以，在定量负荷后心率下降是心脏功能提高的表现。

(2)血压。在定量性运动后血压的变化有不同的反应，其中以收缩压升高、舒张压下降、脉压差增加为锻炼效果最好。收缩压升高，表明心脏收缩力量增加；舒张压下降，说明外周阻力减少；脉压差增加表示运动流向肌肉等外周组织的血流量增加。运动后收缩、舒张压都上升，但脉压差升高，也是心血管机能提高的表现。如果定量负荷后，脉压下降，则说明身体机能较差。

(3)肺通气量。通过运动锻炼后，在完成同样的运动负荷时，肺通气量不变或下降，这表明身体机能提高。在进行定量负荷后，身体出现了机能节省化，即用比以前小的机能反应，就能完成同样强度的工作。而且，身体机能提高后，在完成运动负荷时，呼吸深度增加明显，而呼吸频率适度增加。

(4)恢复时间。运动锻炼提高人体生理机能的另一个表现是在完成定量运动负荷后，各项生理指标的恢复速度明显增加。在进行运动效果的生理评定时，可选择部分简单的指标，如心率、血压等。如果经过一段时间体育锻炼后，恢复时间缩短，则表示体育锻炼提高了人体的生理机能。

**5.评定运动处方实施效果时应注意的问题**

1)运动项目的特点

不同的运动项目对身体机能的影响不同，所以在评定运动处方实施效果时应考虑到运动锻炼项目的特点。力量性运动锻炼主要是发展肌肉力量和肌肉体积，对心血管系统的影响不明显。长跑锻炼主要是发展心肺功能，锻炼后安静时可能出现心率下降的现象。而健美操运动后身体机能提高就可能不出现安静时心率下降的现象。在评定运动处方实施效果时，应选择与运动锻炼形式相适应的、较敏感的生理指标。

2）健身者运动锻炼年限的特点

有些生理指标,经过短时期运动锻炼后就发生较明显的变化,如肌肉力量;另有一些指标,需要经过长期的锻炼才会出现变化,不要用短时间的运动效果评定。

3）评定方法的一致性

在评定运动处方实施效果时,不同时期测量指标的方法要前后一致,这包括测定时间、运动负荷、测定部位等。因为只有测定方法统一,才能用于前后客观地比较,得出的结果才有意义。

4）指标的变异特征

一般来讲,任何生理指标,在锻炼的初期,提高都比较容易,而在提高到一定程度后,再继续提高,就比较难,达到一定程度后,就不再继续提高。所以,不要误认为只有不断提高生理机能才能说明锻炼效果好。保持已提高的生理机能,也是锻炼效果好的表现。

# 8.4　运动处方实施效果评定报告

通过对运动处方实施前后的身体多项指标进行对比评定,并且对评定结果进行科学的分析,总结对运动锻炼效果的认可部分,以及运动处方指导过程中存在的不足之处。

分析评定报告的指标主要有:客观指标和主观指标。

（1）客观指标:

①身体形态指标的评定:包括身高、体重、身体成分、肥胖程度、各种围度及其他一些反映身体形态指标的评定。

②生理生化指标的评定:对心率、血压的评定,对血糖的评定,对血脂的评定,对尿液成分的评定,对可能患有某种慢性病的诱发因素进行体育运动锻炼前后评定。

③身体机能状况的评定:对心肺功能的评定、对机体肌肉力量耐力的评定、对关节柔韧性的评定。

（2）主观指标:精神状况、睡眠状况、食欲、自感身体状况在体育运动锻炼前后的变化等指标。依据分析报告给健身者一个科学的解释,分析运动锻炼的效果和不足,作为进行下一个阶段目标的考虑依据。

列出指标,分析指标体育运动锻炼前后变化,评定运动锻炼效果,写出评定报告,见表8-1。

### 表 8-1　常用体育健身锻炼效果评定报告表

| 形态学指标 | 运动处方实施前 | 运动处方实施后 | 数据变化 | 健康改观 |
| --- | --- | --- | --- | --- |
| 身高 | | | | |
| 体重 | | | | |
| 身体成分 | | | | |
| BMI | | | | |
| 腰围 | | | | |
| 腰臀比 | | | | |

续 表

| 形态学指标 | 运动处方实施前 | 运动处方实施后 | 数据变化 | 健康改观 |
|---|---|---|---|---|
| 生理生化指标 | 运动处方实施前 | 运动处方实施后 | 数据变化 | 健康改观 |
| 心率 | | | | |
| 血压 | | | | |
| 肺活量 | | | | |
| 心电图 | | | | |
| 总胆固醇 | | | | |
| 甘油三酯 | | | | |
| 高密度脂蛋白 | | | | |
| 低密度脂蛋白 | | | | |
| 血糖化验 | | | | |
| 身体机能 | 运动处方实施前 | 运动处方实施后 | 数据变化 | 健康改观 |
| 心肺功能 | | | | |
| 肌肉力量/耐力 | | | | |
| 全身柔韧性 | | | | |
| 主观感觉 | 运动处方实施前 | 运动处方实施后 | 数据变化 | 健康改观 |
| 精神状况 | | | | |
| 睡眠状况 | | | | |
| 总体评定 | | | | |
| 运动专业指导人士签名 | | | | |
| 运动处方实施效果评定时间 | | | | |

# 思 考 题

1.简述运动处方实施效果的检查与评定的意义。
2.简述运动处方实施检查与评定的原则。
3.列举运动处方实施评定常用的指标及评定标准。
4.制作一个运动处方周期运动锻炼效果评定报告表,并进行实际测量。

# 第9章　特殊人群的运动处方制订

**内容提要**：本章针对特殊人群提供运动处方的模式，供具有某种特殊需求的人群在运动锻炼提高体质时作为参考，主要针对的人群有老年人及慢性病患者，包括高血压、糖尿病、心血管疾病、关节炎、超重/肥胖、脂代谢紊乱、代谢综合征、骨质疏松、外周动脉疾病、肺部疾病、肾脏疾病患者等开具运动处方。熟悉特殊人群运动处方实施过程中可能出现的风险及防范措施，保证慢性疾病运动干预的有效性和安全性。

不论患者的年龄、心理还是生理状况如何，进行长期系统的运动都能带来健康益处。本章提供老年人及慢性病患者，包括高血压、糖尿病、退化性关节炎、肥胖等开具运动处方。运动除了改善身体功能外，亦可改善其他伴随疾病的病情。

慢性病人群的运动处方有别于一般运动处方，应在了解每种慢病病理学和患者体适能特点，以及运动试验的基础上，制订和实施合理的运动处方，这样才能保证安全有效（为慢性病患者开具运动处方时应注意的一般规则见表9-1）。尽管运动处方的基本原理可以应用于伴有或不伴有慢性疾病的人群，但为了获得最大健身效益和避免健身运动中的风险，应该区别不同慢性疾病的临床特征，掌握慢性疾病运动干预的作用和运动前、运动中、运动后疾病状态的评估，掌握运动中疾病的变化，熟悉运动中可能出现的风险及防范措施，开展运动干预效果评估及健康教育，保证慢性疾病运动干预的有效性和安全性。

在为慢性病患者制订运动处方时，运动处方指导专业人员需要将生理的、行为的、心理的和环境条件及社会的等多种与身体活动参与有关的因素都考虑到。目前两个已知的身体活动参与的决定因素是自我功效和社会支持。

**表9-1　为慢性病患者开具运动处方时应注意的一般规则**

|  | 建　议 |
|---|---|
| 运动模式 | 任何使用大肌群的体能活动，例如：步行、跑步、踏单车、踏步、划艇等 |
| 运动强度 | 低/中等剧烈程度，起始强度一般较健康人群的建议强度要低 |
| 运动所需时间 | 通常较健康受试者时间长，每天连续或累积进行 20~60min 运动 |
| 运动次数 | 通常较健康受试者每周运动次数多，以一周最少 4 天为宜，每天进行更佳 |
| 运动进度 | 通常较健康人群缓慢，根据每人的能力、目标与喜好而定，目标之一应该是增加有氧能力及降低最大心肌耗氧的需求 |

续　表

| | 建　议 |
|---|---|
| 特别考虑 | （1）与健康受试者的建议所考虑的相同（处方的活动须切合个人目标；活动须有趣及易于进行；进度要能对个人能力构成挑战，但同时不会对其造成更大的受伤风险、过度疲劳及/或肌肉酸痛）。<br>（2）开具运动处方时，应小心评估及考虑所服药物、进餐时间、相关并发症、缺陷、损伤、风险等因素，以及所有可能因运动而恶化，但无明显临床病征的健康问题。<br>（3）留意各种异常征状（如胸痛、头晕、心律不正常等），以便对运动处方作出适当的修正。<br>（4）增加肌肉力量训练能补偿有氧运动的不足，这十分重要。<br>（5）体适能水平较低的病人，其运动计划应以较低强度开始。<br>（6）运动后数小时可能出现血糖过低的情况 |

针对慢性疾病患者设计个性化运动处方时应具备基本医学和运动科学知识：

（1）熟悉慢性疾病（病因、病理变化、临床经过、预后）；

（2）掌握慢性疾病运动干预的作用（益处）；

（3）运动前、中、后疾病状态的评定；

（4）熟悉运动中可能出现的风险及防范措施；

（5）掌握运动中疾病的变化规律；

（6）运动处方制订及运动干预效果的评定；

（7）积极开展健康教育。

# 9.1　关节炎患者运动处方

关节炎和风湿性疾病是疼痛和残障的首要因素。风湿性疾病有 100 多种，最常见的就是骨关节炎和风湿性关节炎。骨关节炎是影响一个或多个关节的局部关节的变性性疾病，它是一种免疫系统针对关节组织的病理活动。其他常见的风湿性疾病有纤维肌痛、系统性红斑狼疮、痛风和滑膜炎。

关节炎治疗的核心方法是药物治疗，包括止痛药、非类固醇消炎药和缓解疾病的抗风湿药物。然而，关节炎的优化治疗方案应由多学科内容组成，包括患者自我管理教育、减体重、物理治疗和作业疗法。疾病的后期阶段，当用保守治疗不能控制疼痛时，可采用全关节置换术和其他手术治疗。尽管疼痛和功能限制对个体关节的体力活动提出了挑战，规律的运动对于调控这些疾病是必要的。特别是运动可以减轻疼痛、维持关节周围的肌肉力量、减轻关节僵硬程度、预防功能减退、提高心理健康和生活质量。

**1.运动处方制订前运动测试**

大多数关节炎个体可以耐受症状限制性运动测试。对关节炎人群的运动测试的注意事项如下：

（1）在急性炎症反应阶段，采用较大强度运动测试是不恰当的（也就是说要等红、肿、热等症状消退后进行测试）。

（2）运动测试方法的选择应以最大限度减轻疼痛为原则。

（3）在开始递增负荷试验之前，给患者充足的时间在低强度水平进行热身。

（4）在测试中可用如 Borg CR10 疼痛分级表（见表 9-2）来监测疼痛等级。

（5）可以进行等张、等动或等长的肌肉力量测试。虽然疼痛会限制受累关节的最大肌肉收缩，但许多患者可以耐受一次最大重复次数测试。

**表 9-2　Brog CR10 疼痛分级表**

| Brog 疼痛分类量表 | | |
|---|---|---|
| 0 | 没感觉 | 不痛 |
| 0.3 | | |
| 0.5 | 极其弱 | 可以痛 |
| 0.7 | | |
| 1 | | |
| 1.5 | | |
| 2 | 弱 | 轻微感觉痛 |
| 2.5 | | |
| 3 | 中等 | |
| 4 | | |
| 5 | 强烈 | 严重疼痛 |
| 6 | | |
| 7 | 非常强烈 | |
| 8 | | |
| 9 | 极其强烈 | 最大疼痛程度 |
| 10 | | |
| 11 | | |
| ∫ | 绝对最大值 | 极限疼痛 |

**2. 运动处方方案**

不同的研究显示，增加体能活动不会令关节问题进一步恶化，事实上，体能活动反而能带来明显的健康益处。对于关节炎患者总的来说，推荐的运动强度、频率、时间和方式与普通成年人基本一致，见表 9-3 和表 9-4。

表9-3　关节炎病人的运动处方方案

| 基本作用 | 缓解疼痛,改善体适能,从而改善病人生活质量 | | | | |
|---|---|---|---|---|---|
| 运动模式 | 伸展运动 | | 抗阻练习 | | 有氧运动 |
| | 初步目标 | 终极目标 | 等长 | 等张 | |
| 运动强度 | 将肌肉伸展至感到有阻力(发胀感) | 拉至最尽 | 低/中等 | 低/中等 | 低/中等 |
| 运动所需时间 | 每个重点肌群1次,维持姿势5~15 s | 每个重点肌群3~5次,维持姿势20~30 s | 1~10次最大程度以下的收缩,保持姿势<6 s,每次收缩相隔20 s休息 | 重复6~15次 | 每天20~30 min |
| 运动次数 | 每天1次 | 每周3~5次 | 每天 | 每周2~3次 | 每周3~4次 |
| 特别考虑 | 当疼痛及关节僵硬程度减轻时,每天进行运动;<br>运动前可进行温水浴或热敷;<br>要避免疼痛,或当关节出现发炎时,应该调整伸展动作(减少关节移动幅度或维持动作的时间);<br>常于热身期或与其他肌力锻炼及有氧运动一同进行 | | 于急性期内适用;收缩>10 s会增加血压 | 慢性期适用;避免肌肉疲劳 | 水中运动是很好的选择 |
| 运动进度 | 依个人对运动的适应情况而定,大部分老年关节炎患者的生理功能较弱,要改变运动强度、进行时间或次数,可于运动处方实施2个月~3个月后进行调整 | | | | |

表9-4　关节炎患者伸展及锻炼肌力运动所针对的重点肌群

| 身体部分 | 重点肌群 |
|---|---|
| 头颈 | 伸肌及屈肌 |
| 肩 | 前屈、后伸、外展及内收、内外转肌、肩胛骨上回旋和下回旋的肌肉 |
| 肘 | 伸肌及屈肌 |
| 前臂及手腕 | 旋前肌及旋后肌、手腕伸展及屈肌 |
| 手 | 手指屈肌及伸肌、拇指内收肌及外展肌 |
| 躯干及腰背 | 前屈及后伸、侧弯及旋转 |
| 臀 | 前屈及后伸、外展及内收、外转及内转 |
| 膝盖 | 伸肌及屈肌 |
| 足踝及足 | 内翻肌及外翻肌、趾屈肌及伸肌 |

**3. 注意事项**

为有关节炎的人群制订运动处方时的注意事项如下：

(1)在急性期和炎症期避免剧烈运动。不过,在这个时期,进行温和的全关节活动范围内的活动是适宜的。

(2)应该先重视活动持续时间的增加,之后再考虑增加运动强度。

(3)5～10 min 的充分热身和整理活动对减轻疼痛是十分重要的。热身和整理活动可以包括在关节活动范围内进行缓慢的活动。

(4)要告知关节炎的患者,在运动中和运动后即刻出现的一些不适是可以预料的,并且这些不适不能说明关节有加重的损伤。不过,如果运动后出现关节持续疼痛较长(如 2 h 以上),运动前疼痛加重等情况,那么持续运动时间和或运动强度在以后的练习中应降低。

(5)当疼痛在最轻微的时期和/或结合止痛药物发挥最大功效的时候,鼓励有关节炎的患者去运动。

(6)能缓冲震动和增加稳定性的鞋子对关节炎患者尤为重要。生产商应该提供能够满足不同人的生物力学需要的、合适的鞋子。

(7)很多有下肢骨关节炎的患者存在超重和肥胖现象,因此健康降体重方法是值得鼓励的。

(8)在允许的情况下,为了提高神经肌肉的控制能力、平衡和维持日常活动的需要,可以进行一些功能性练习,例如坐、站、行走等。

(9)对水上运动来说,水温应该在 28～31℃,因为合适的水温能帮助放松肌肉和减轻疼痛。

(10)大部分老年人都可能患有关节炎。老年人应参与和年轻人相似的适应性训练。

# 9.2　糖尿病患者运动处方

糖尿病是由于胰岛素分泌减少或胰岛素功能减少引起的,以空腹血糖水平升高(如高血糖)为特征的一组代谢性疾病。持续升高的血糖水平使患者有不同程度的微血管疾病及神经系统危险(末梢神经和自主神经)。目前,我国糖尿病患者已达 9 300 万人(2010 年卫生部信息)。基于病因,糖尿病有 4 种分型:1 型、2 型、妊娠期糖尿病和其他特殊原因的糖尿病(如遗传缺陷和药物所导致),然而绝大多数是 2 型糖尿病人(占糖尿病总人数的 90%),1 型糖尿病人占总人数的 5%～10%。

1 型糖尿病是因分泌胰岛素的胰岛 β 细胞自身免疫损伤所致,虽然一些病例是先天性的。胰岛素绝对缺乏和酮症酸中毒高发是 1 型糖尿病的基本特点。2 型糖尿病是由于胰岛素抵抗伴随胰岛素分泌缺乏所致。2 型糖尿病与身体脂肪过多有关。其基本特征是身体脂肪在躯干部位堆积过多,而不在于全身脂肪总量。与 1 型糖尿病相比,2 型糖尿病常与血胰岛素浓度升高有关。

血糖受损是患糖尿病和动脉粥样硬化性心血管疾病(CVD)的一个危险因素。糖尿病患者的诊断标准见表 9-5。

表 9 - 5 糖尿病病人的运动处方方案

| | 1 型糖尿病 | 2 型糖尿病 | |
|---|---|---|---|
| 基本作用 | 作为以下治疗的辅助疗法：<br>药物治疗；<br>饮食治疗；<br>长期代谢控制；<br>预防微血管并发症 | 改善对血糖的控制；<br>保持/降低体重及降低脑血管疾病的风险 | |
| 运动模式 | 有氧运动 | 有氧运动 | 抗阻训练 |
| 运动强度 | 低/中等 | 中等 | 中等 |
| 运动所需时间 | 每天 20～60 min | 每周 150 min（中等），要取得更大效果，则需时更长 | 3 组（每组 8～10 次）由全身主要肌群参与的运动，负重量以不能举起超过 8～10 次为合适 |
| 运动次数 | 每周 4～6 天 | 每周 3 天 | 隔天一次 |
| 特别考虑 | (1)若血糖＞300 mg/dL 或＞240 mg/dL 而尿中有酮体，则应延迟运动。<br>(2)若服用胰岛素或口服降糖剂，则应于运动前、运动期间及运动后测量血糖水平。<br>(3)测试及训练前，调节碳水化合物及/或胰岛素的摄取量；若血糖量＜80～100 mg/dL，则应进食碳水化合物，运动前的最佳血糖水平应为 120～180 mg/dL。<br>(4)晚上进行运动锻炼，会增加夜间血糖量低的风险。<br>(5)由于病人发生损伤后恢复能力受损，进行运动时必须小心，以减少下肢受伤的风险。<br>(6)穿着合适鞋子，注意足部卫生。<br>(7)β受体阻滞剂能降低心脏负荷，预防心绞痛。<br>(8)补充足够水分极为重要。<br>(9)运动时应佩带糖尿病人识别证。<br>(10)自主神经病变可能与无症状（隐性）的局部缺血、直立性低血压或迟缓的心率反应有关；而患有自主神经病变的病人于过热环境中进行运动会增加中暑的风险（热感觉减弱）。<br>(11)向患有特定并发症的病人制订处方运动时（如视网膜病变及周边神经病变），应多加注意 | | |

**1. 运动处方制订前运动测试**

糖尿病人群运动测试的特殊要求如下：

为糖尿病患者制订处方运动前，须了解病人的病史，并应进行全面医学检查和评估，特别是对心血管、神经系统、肾脏和视觉系统进行检查，以确定是否有糖尿病并发症，以达到以下目标：找出病人进行运动时的风险；查验是否存在大型血管及微血管并发症，这些并发症是否会因实施运动计划而恶化。在开具运动处方前，若评估显示以下其中一项情况存在，则应先向专科医生查询有关情况后进行分级运动测试。

(1)年龄＞40 岁

(2)年龄＞30 岁而同时患有 1/2 型糖尿病超过 10 年;或高血压;或吸烟;或血脂异常;或增生性/增生前期视网膜病变;或肾病,包括微量蛋白尿症。

(3)出现以下任何情况的人士。

①已知或怀疑患有冠状动脉疾病、脑血管病及/或周边血管疾病。

②自主神经病变。

③严重的肾病,伴随肾衰竭。

当开始低至中度的运动项目(如加快心率和呼吸的身体活动时)时,无临床 CVD 症状和低危险(未来 10 年发生心脏疾病的危险＜10％)的糖尿病人不必做运动测试。

有运动心电图异常的患者或是由于患者健康状态差、外周动脉疾病(Peripheral Artery Disease,PAD)、肢体残障和神经疾病等原因不能进行递增运动负荷试验时,应该接受核素负荷试验或者负荷超声心电图检查。

**2. 运动处方方案**

2 型糖尿病人规律运动的好处包括提高糖耐量、提高胰岛素敏感性、降低糖化血红蛋白值、降低胰岛素需要量。1 型、2 型糖尿病人运动的额外好处有改善 CVD 的危险因素(血脂、血压、体重和功能能力)和身心状态。参加有规律的运动也可以防止高危人群(如糖尿病前期)发展成 2 型糖尿病。

推荐给普通成人的运动处方适合于糖尿病人群。但是,1 型、2 型糖尿病病人参加运动的目的有所不同。例如,1 型糖尿病病人参加运动的主要目标是促进心血管健康/体适能。2 型糖尿病病人参加运动的主要目标是科学地控制体重和改善血糖清除速率。应根据他们患有的多种不同疾病和状态制订适宜的运动处方,更多信息参考其他部分。

糖尿病人应进行持续性运动,较理想的做法是每天于同一特定时段内,累积进行较长时间的运动,但他们不应独自进行运动。由于不同类型的糖尿病存在的运动风险各有不同,所以针对各型糖尿病的运动处方方案也迥异,见表 9-5～表 9-7。

**表 9-6　糖尿病视网膜病变的活动限制**

| 糖尿病视网膜病变的情况 | 建议活动 | 不鼓励进行的运动 | 重新评估眼部病情的时间 |
|---|---|---|---|
| 没有糖尿病视网膜病变 | 视病情而定 | 视病情而定 | 12 个月 |
| 轻度非增生性糖尿病视网膜病变 | 视病情而定 | 视病情而定 | 6～12 个月 |
| 中度非增生性糖尿病视网膜病变 | 视病情而定 | 令血压飙升的活动,如力量举重、Valsalva 手法 | 4～6 个月 |
| 严重非增生性糖尿病视网膜病变 | 视病情而定 | 增加收缩压的活动、Valsalva 手法及主动的撞击式运动,如拳击及高竞争性的体育活动 | 2～4 个月 |

续 表

| 糖尿病视网膜病变的情况 | 建议活动 | 不鼓励进行的运动 | 重新评估眼部病情的时间 |
|---|---|---|---|
| 增生性糖尿病视网膜病变 | 低撞击力及可调节心血管的运动,如游泳、步行、低撞击力有氧运动、踏单车机、耐力锻炼等 | 剧烈运动、Valsalva 手法、撞击式及冲撞式运动,如举重、高撞击力有氧运动、球类运动及剧烈运动 | 1～2 个月 |

表 9-7　对患有周边神经病变的糖尿病人运动建议

| 不适宜的运动 | 建议运动 |
|---|---|
| 跑步机 | 游泳 |
| 长期跑步 | 踏单车 |
| 慢步跑 | 划艇手部运动 |
| 踏步运动 | 其他非负重运动 |

**3. 注意事项**

(1)低血糖是参加运动的糖尿病人最常见的问题,通常仅是使用胰岛素或口服降糖药的糖尿病人经常关心的问题。运动会发生急性血糖下降,即使在高血糖阶段,也会导致患者出现症状反应。低血糖的症状包括颤抖、虚弱、异常出汗、神经质、焦虑、口和手发麻、饥饿。神经性低血糖症状包括头疼、视力障碍、反应迟钝、迷惑、遗忘、癫痫发作和昏迷。

(2)运动前和运动后要进行谨慎的血糖测试,尤其是刚开始和修订运动处方时。

(3)运动时间要考虑患者是否注射胰岛素和口服降糖药这两个因素。不建议在胰岛素活动峰值时运动,因为可能会发生低血糖。另外,由于有发生运动后延迟性低血糖反应的危险,睡前也不建议运动。然而,如果必须傍晚运动,必须增加碳水化合物的摄入以降低夜间低血糖症的危险。如果可能,每天安排相同的时间段进行规律的运动,对减少潜在低血糖事件是有益的。

(4)为了预防运动诱发的低血糖,运动前应根据血糖水平和运动强度调整碳水化合物的摄入量或胰岛素注射量。如果运动前的血糖<100 mg/dL(<5.55 mmol/L),应该多摄入 20～30 g 的碳水化合物。

(5)避免在运动肢体上注射胰岛素。腹部注射胰岛素能减少运动诱发低血糖的危险。

(6)结伴运动或在医务监督下进行运动,可以减少与低血糖相关问题的危险。

(7)由于 1 型糖尿病人不能控制血糖,高血糖伴有或不伴有酮症是一个应注意的问题。高血糖症的相关症状是多尿、疲劳、虚弱、口渴感增加和丙酮呼吸。有高血糖症的患者如果感觉良好并且尿酮症和血酮症阴性,可以进行运动,但是应避免大强度运动。

(8)多尿引起的脱水是高血糖症的常见问题,它可能影响体温调节反应。因此,当伴有高血糖症的患者热病危险增加时应进行治疗,并应更频繁地监测热病相关的症状和体征。更多信息参考关于热环境中运动和补液的声明。

(9)糖尿病伴有视网膜病变的患者,视网膜剥离和玻璃体积血的危险与较大强度运动相关。然而避免急速升高血压的活动可以将危险降到最低。所以有非增生型和增生型糖尿病性视网膜病变的患者,应该避免较大强度的有氧运动和抗阻训练。

(10)在运动中,自主神经病变可能引起多种反应减弱,包括减弱收缩压反应:消弱摄氧量动力和无汗症。在这种情况下,需要考虑以下的问题:

由于患者不能识别低血糖的体征和症状,应注意监测低血糖反应。另外,由于不会引起心绞痛,需要监测安静时缺血的症状和体征。

注意监测运动中的血压,以控制较大强度运动引起的高血压和低血压反应。更多信息参考高血压患者推荐的运动处方。

当不便监测运动中的血压和心率时,可以运用主观疲劳感觉分级来监控运动强度。

考虑到糖尿病患者在热环境和冷环境中体温调节机制可能受损,要确保有专门措施来应对热病和寒冷性疾病。

对于伴有外周神经病变的糖尿病患者应采取正确的足部防护措施,预防足部溃疡。要采取特殊预防措施来预防足部损伤。考虑病人更容易耐受和有助于损伤愈合,推荐无负重的运动类型,如功率车运动。

对有肾脏病变的患者,虽然运动后蛋白质排出量急剧增加,但没有证据表明较大强度运动会增加肾脏病变的严重程度。虽然对糖尿病肾脏病变患者的运动强度目前没有限制,但为了慎重起见,应推荐那些可耐受的运动项目,主要是可耐受的中等强度运动项目。

大多数糖尿病人有超重现象,更多信息见关于超重、肥胖及代谢性综合征的声明。

大多数糖尿病人有 CVD 发展趋势或 CVD,更多信息见心脏病人群的运动处方。

**附件 1：Valsalva 手法**

定义：Valsalva 试验是令病人进行强力闭呼动作,即深吸气后紧闭声门,再用力做呼气动作,呼气时对抗紧闭的会厌软骨,通过增加胸内压来影响血液循环和自主神经功能状态,进而达到诊疗目的的一种临床生理试验。因其由意大利解剖学家 Antonio Maria Valsalva 于 1704年提出而命名。由于它在操作上具有简便、实用及无创性等优点,在临床上沿用已久。

Valsalva 手法是指声门紧闭强行呼气以增加胸内压,影响静脉血回流心脏,降低前负荷,即闭口呼气试验。除此之外尚有兴奋迷走神经的作用(Valsalva 动作可以终止部分类型的心动过速,并且对窦房结功能障碍具有一定的诊断意义)。Valsalva 动作可以使病人收缩期杂声发生改变,例如：肥厚型梗阻性心肌病杂声增强、二尖瓣脱垂病人杂声延长、主动脉瓣狭窄病人杂声减弱以及二尖瓣关闭不全病人杂声减弱等,以此进行鉴别诊断。

(1)临床上可用 Valsalva 动作区分左侧与右侧心脏杂声：Valsalva 动作,用力期时,静脉回流减少,多数右心杂声会减弱或消失;动作放松后,血液回流至右心,右心杂声迅速恢复(1～2个心动周期内)而左心杂声恢复较迟(在数个心动周期内)。因此,可采用此法区分肺动脉瓣狭窄与主动脉瓣窄。

（2）Valsalva 动作对肥厚型梗阻性心肌病有特殊诊断价值，Valsalva 动作用力期，因为减少了左室充盈，加重左室流出道梗阻及二尖瓣前叶与肥厚的室间隔距离增大，而使杂声增强。

（3）持续 Valsalva 使主动脉瓣下肥厚狭窄的杂声增强，二尖瓣脱垂的收缩晚期杂声变为全收缩期杂声，其他杂声多减弱。

（4）患者站立位，深呼吸 3 次再深吸一口气后屏气，并用力作排大便状鼓气至无力再鼓为止。若出现晕厥样表现，则表明血循环调节障碍，可诱发反射性晕厥。

Valsalva 试验在病变瓣膜处及瓣膜水平以上的静脉官腔内取样频谱由正向转为负向，就是向心血流转变为反向即离心血流，持续时间大于反流峰值，速度可大于 30 cm/s，反流持续时间：

1～2 s 即为反流程度Ⅰ级；

2～3 s 即为反流程度Ⅱ级；

4～6 s 即为反流程度Ⅲ级；

＞6 s 即为反流程度Ⅳ级。

由于部分患者存在体质虚弱和配合不当等因素的干扰，反流峰值速度大于 30 cm/s 并不是静脉瓣膜关闭功能不全的必要条件，部分静脉瓣膜关闭功能不全患者的反流峰值速度可小于 30 cm/s，另外，部分正常人 Valsalva 股静脉反流持续时间可大于 0.5 s。

因此，股静脉瓣膜功能不全的诊断应慎重，一般认为反流持续时间介于 0.5～1.0 s 时，为可疑股静脉关闭功能不全，需要结合临床其他症状准确诊断，大于 1.0 s 则可明确诊断股静脉瓣膜关闭功能不全。

## 9.3　脂代谢紊乱患者运动处方

由于基因、环境或病理情况异常而导致血脂和脂蛋白浓度的异常，称为脂代谢紊乱（如异常的血脂和脂蛋白水平）。血脂和脂蛋白分类及参考标准见第 6 章血脂测试部分（见表 6-4）。尽管严重的脂代谢紊乱和胆固醇代谢基因缺陷有关，一般病例可能是由其他疾病引起的（如糖尿病），或是特殊基因类型和多种环境危险因素（如节食、锻炼和吸烟）相结合所导致的。脂代谢是一种严重的、可改变的引起 CVD 的因素。最新的临床实验表明，对于高危个体、糖尿病患者和治疗目标是使低密度脂蛋白胆固醇浓度下降，降低胆固醇疗法更有价值，同时也强调了改变生活方式在治疗脂代谢紊乱中的重要性。近年来，尽管有证据显示运动锻炼可以改善许多人的血脂，但这些变化并不具有普遍性，尤其是脂代谢紊乱的病人。然而运动锻炼却能有效控制其他 CVD 危险因素。ACSM 对脂代谢紊乱的病人运动处方建议如下。

**1. 运动处方制订前运动测试**

（1）在进行运动测试之前，应首先对脂代谢紊乱患者进行筛查和危险分层（见第 2 章健康评估与危险分层）。

（2）在对脂代谢紊乱患者进行检测时，应小心谨慎，因为可能诱发潜在的 CVD。

（3）标准运动测试方法和方案适用于脂代谢紊乱患者的筛查和运动测试。对伴有其他情况的患者(如代谢综合征、肥胖、高血压)需要考虑对标准运动测试方案和测试形式进行修改。有这些疾病和情况的个体的运动测试见其他相关信息。

**2. 运动处方方案**

对于没有并发症的脂代谢紊乱的患者制订运动处方与健康成年人的运动处方相似。对于脂代谢紊乱的患者强制参与控制体重管理。因此,有氧运动成为脂代谢紊乱患者的基础,辅以抗阻训练(形式为低阻力而多重复性的运动)、柔韧性练习,能量消耗有助于改善血脂和脂蛋白的浓度。脂代谢患者推荐的运动处方方案见表9-8。

**表 9-8　脂代谢紊乱患者的运动处方方案**

| 基本作用 | 调节血脂和脂蛋白水平 |
| --- | --- |
| 运动模式 | 有氧运动(主要)辅以抗阻训练(形式为低阻力而多重复性的运动)、柔韧性练习 |
| 运动强度 | 40%～75%的 $VO_2R$ 或 HRR 强度的有氧运动锻炼,以 60%～80%1-RM 强度进行抗阻运动。<br>有研究指出,低强度运动比高强度运动更能有效地降低血脂 |
| 运动时间 | 每天 30～60 min 持续性或间歇性的有氧运动。但为了促进或维持体重,建议增加运动锻炼的时间。如没有并发症的脂代谢紊乱患者可以遵循健康成年人的抗阻训练(2～3 次/周,每次 2～4 组,每组重复 8～12 次) |
| 运动频率 | 每周≥5 天的有氧运动,每周进行 2～3 次的抗阻运动 |

**3. 注意事项**

(1)应特别注意伴有其他症状的健身者,如代谢综合征、肥胖和高血压患者,可能需要对运动处方进行修正。

(2)应特别注意服用降脂药物的运动者,降脂药物有可能导致肌肉损伤。他们可能出现肌肉无力和肌肉酸痛。运动专业人士应向健身者询问在服用药期间在运动中是否体验到不寻常的肌肉酸痛。

(3)由于一系列因素的影响,包括初始血脂和血脂蛋白水平、每周能量消耗和作为运动训练目标的血脂参数,血脂/脂蛋白的改善可能需要数周或数月的有氧运动训练。

# 9.4　高血压病患者运动处方

高血压病是最常见的心血管疾病之一,属于全身性慢性疾病。高血压病是指由于动脉血管硬化血管运动中枢调节异常所造成的动脉血压持续性增高的一种疾病,又称原发性高血压。继发性高血压是由于其他疾病引起的血压升高,不包括在此范围内。定义为动脉收缩压和舒张压分别达到或超过 140 mmHg 及 90 mmHg,或需要服用降压药,或被医生或其他健康专业人员至少两次告知血压升高的情况。高血压会导致 CVD 的危险增加、脑卒中、心脏衰竭、周围动脉疾病和慢性肾脏疾病。血压低至 115/75 mmHg 时,与正常人相比具有更高的发生缺血性心脏疾病和脑卒中的危险。SBP 每增加 20 mmHg,DBP 每增加 10 mmHg,CVD 的危险就会加倍。90%以上的高血压病例病因不明(如原发性高血压)。在另外的 5%～10%的案例中,高血压继发于多种已知疾病,包括慢性肾脏疾病、主动脉狭窄等。

高血压病可并发心肌、脑、肾等主要脏器血管的损害,病死率和病残率都很高。长期处于精神紧张状态、体力活动过少、嗜烟等对高血压病发生和发展有促进作用。家族中有高血压患者,其后代高血压发病率明显增高。

推荐改变生活方式的内容包括采用适宜的饮食、停止高盐饮食、参加可以减轻体重的习惯性体力活动。有许多有效的药物用于高血压治疗。大部分病人可能需要至少两种药物才能达到目标血压的水平。

**1. 运动处方制订前运动测试**

在测试前,根据高血压患者的血压水平、其他 CVD 危险因素、目标器官的损伤情况或临床 CVD,将高血压患者分为 3 个危险分层(见第 2 章高血压危险分层)。根据患者所在危险分层的不同,推荐的运动测试有所区别:

(1)高血压患者在进行运动测试前应先进行医学评估。评估的内容根据运动强度和个体测试的临床状态而不同。

(2)计划进行较大强度运动的高血压患者应该进行医务监督和个体测试。

(3)无临床症状、危险分层为 A 组和 B 组的患者(血压<180 mmHg/110 mmHg)想要参加低强度或较低强度到中等强度运动时,除了常规医疗评估,可能不需要进行症状限制性 GXT。

(4)危险分层为 C 组的患者在参加中等强度运动之前,应进行运动测试,但参加低强度或较低强度活动时,则不需要。

(5)尽管进行正式的评估,但是大部分高血压患者可以进行中等强度的有氧运动。

(6)安静 SBP>200 mmHg 和/或 DBP>110 mmHg 是运动测试的禁忌症。

(7)如果运动测试是为了非诊断性的目的、患者可以在推荐的时间段服用药物。当测试是出于诊断性目的时,在医生许可的条件下,患者应该在测试前停药。

(8)服用 β 受体阻滞剂的患者会有运动心率反应变弱和最大运动能力减弱的反应。服用利尿剂的患者会出现低血钾、心率紊乱,或潜在的假阳性测试结果。

(9)运动测试时,如果出现 SBP>250 mmHg 和/或 DBP>115 mmHg 时,应终止测试。

**2. 运动处方方案**

运动不足/静态的生活方式是高血压主要成因之一。有氧运动可以使高血压患者安静血压降低 7～10 mmHg。运动锻炼还可降低次极量强度运动中的血压。有氧运动是应该强调的运动类型,但中等强度的抗阻训练也可以获得同等效果。柔韧性训练应该放在全面热身后和放松阶段进行。

鉴于高血压是相当复杂的心血管综合征,可同时出现脂代谢、糖代谢紊乱等多种情况,可造成心、脑、肾等众多器官损害,因此在制订高血压患者运动处方时不仅要考虑高血压严重程度,还必须全面综合各器官损害程度、年龄因素等进行具体分析,因人而异、循序渐进,逐渐加大运动量,并以能耐受为度。只有采取个性化原则,才能达到有益健康的目的。将按照高血压病的运动处方内容作一概要介绍,各人可根据具体情况选择应用,对高血压患者推荐的运动处方方案见表 9 - 9。

表 9 - 9 高血压病人的运动处方方案

| 基本作用 | 降低血压 |
| --- | --- |
| 运动模式 | 有氧运动(主要)辅以抗阻训练(形式为低阻力而多重复性的运动) |
| 运动强度 | 中等强度的有氧运动锻炼,以 60%～80%1 - RM 强度进行抗阻训练。有研究指出,低强度运动比高强度运动更能有效地降低血压 |
| 运动时间 | 每天 30～60 min 持续性或间歇性的有氧运动。抗阻训练应该至少有 1 组,每组重复 8～12 次 |
| 运动频率 | 一周内可以每天进行有氧运动,每周进行 2～3 次的抗阻运动 |
| 特别考虑 | 结合运动及药物疗法上,应避免使用 β 受体阻滞剂,因它能使心率减慢;若必须使用 β 受体阻滞剂,则应选择 β1 选择性受体阻滞剂血管紧张素转化瀡抑制剂(Angiotensin - Converting Enzyme Inhibitors,ACEI)、钙通道阻滞剂及 α 受体阻滞剂引起最小的不良作用。后两者及血管扩张剂或会造成运动后血压过低,预防方法是在运动后进行充分整理运动;进行锻炼肌力运动时避免使用 Valsalva 手法(见本章附件 1)。 若静止时收缩压＞200 mmHg 或舒张压＞110 mmHg,则不应进行运动 |

### 3. 注意事项

(1)严重或不可控制的高血压患者,只有在全面健康评估后,并血压稳定后,才可以进行运动锻炼。

(2)明确诊断的 CVD 患者,如缺血性心脏疾病、心脏衰竭或脑卒中,最好首先在康复中心医务监督下进行较大强度的运动。

(3)如果安静时 SBP＞200 mmHg 和/或 DBP＞110 mmHg,则不能进行运动锻炼。要谨慎地将运动中的血压维持在 SBP≤220 mmHg 和/或 DBP≤105 mmHg 范围内。

(4)β 受体阻滞剂和利尿剂可能对体温调节功能有负面影响,会导致部分个体的低血糖。在这种情况下,要告知患者热不耐受症和低血糖的症状及体征,并且采取预防措施避免这些情况,更多信息见糖尿病人的运动处方。

(5)β 受体阻滞剂,尤其是非选择性 β 受体阻滞剂,可降低患者无心肌缺血情况下次极量强度和极量强度运动的能力。可以考虑对这些个体使用自我疲劳感觉来监控运动强度。

(6)降压药,如 α 受体阻滞剂、钙通道阻滞剂以及血管扩张剂会引起运动后的血压突然降低。在这种情况下要延长整理阶段并密切运动恢复过程。

(7)许多高血压患者都有超重或肥胖的问题。针对这些人的运动处方应该强调增加能量消耗和减少能量摄入来使体重下降。

（8）大部分老年人患有高血压，老年人和年轻人一样，运动可引起血压下降，并且下降幅度与年轻人相似。

（9）有氧运动的降压效果是即刻的，这种生理反应称为运动后低血压。为了增强患者运动的依从性，要告知患者运动即刻的降压效果。尽管证据有限，但已经表明，关于运动的急性降压效果的教育可以改善患者对运动的依从性。

（10）对于运动中有心肌缺血表现的患者，在运动中靶心率应该设定在诱发心肌缺血的阈值以下（≥10 次/min）。

（11）抗阻训练中要避免发力时的屏息动作。

# 9.5　代谢综合征患者运动处方

代谢综合征以一系列 CVD 的危险因素为特征（见表 2-4）。如果存在表 2-4 中的 3 个或 3 个以上危险因素就可诊断为代谢综合征。CVD 危险因素的上限切点与代谢综合征的定义一致，但较 ACSM 危险分层简单。使用较低的 CVD 危险因素阈值为代谢综合征分类主要是因为这些危险因素常常聚集存在，这样比它们单独出现时危险性高得多。但这些标准都是基于专家的意见。目前的证据还不能确定代谢综合征是单独的病理生理情况还是疾病。尽管如此，代谢综合征经常出现在临床实践和健康体适能工作中。

美国健康和营养调查（NHANES，1999—2000 年）年龄调整的流行病学数据显示，美国 27％的成年人达到了代谢综合征的标准。国际糖尿病学会（IDF）2005 年提出了代谢综合征的新定义，即腹部肥胖加表 2-4 中列出的两条 CVD 危险因素即可作出判断。

NCEP（National Cholesterol Education Program）推荐的代谢综合征治疗方法主要集中于 3 种干预手段，包括体重控制、体力活动、治疗与 CVD 危险因素有关的疾病，可能包括药物治疗。IDF 的主要干预手段包括：①适度限制能量摄入，1 年内减轻 5％～10％的体重；②适量增加体力活动，与公共健康推荐的几乎每天 30min 中等强度的体力活动是一致的；③改变饮食摄入成分，包括调整宏观营养素成分与修正 CVD 危险因素一致。IDF 的其他干预手段包括与 CVD 危险因素相关的药物治疗。

**1. 运动处方制订前运动测试**

（1）应该基于是否出现血脂异常、高血压和高血糖症为代谢综合征个体确定适宜的危险分层。危险分层可能要求在运动测试前进行额外的医学检查和（或）在运动测试期间进行适当的医务监督（第 4 章）。

（2）本书第 2 章指出运动测试前应该关注与 CVD 相关的危险因素，本章还需要关注血脂异常、高血压和高血糖症的个体。

（3）因为许多代谢综合征的患者伴有超重或肥胖，在运动测试时需要考虑相关特点。更多信息见本章和 ACSM 对超重和肥胖个体的运动处方推荐的立场声明。超重或肥胖患者常伴有低运动能力，因此应采用低起始负荷（如 2～3MET）运动，并且在每个运动阶段少量增加负荷（0.5～1.0MET）。

(4)因为测试中有可能出现血压升高的情况,因此在运动前和运动中必须严格按照规则评价血压。

**2. 运动处方方案**

对于代谢综合症患者与向健康成人推荐的有氧、抗阻和柔韧性运动(第 7 章)构成最低运动处方框架。同样,改善健康体适能的最小剂量体力活动与向公共健康推荐的每周 150 min 或 1 周几乎每天进行 30 min 体力活动的意见相一致。由于这些原因及代谢综合征类疾病的影响及与代谢综合征伴随的各种情况,如有代谢综合征的个体可能伴有多种 CVD 危险因素(如血脂异常、高血压、肥胖和高血糖症)。基于相关 CVD 因素和运动锻炼者或保健人员的目标,在制订代谢综合征患者的运动处方时必须给予特别关注,运动处方方案建议见表 9 - 10。

表 9 - 10　代谢综合征患者运动处方方案

| 基本作用 | 降低血压、血脂、血糖及降低体重 |
| --- | --- |
| 运动模式 | 有氧运动(主要)辅以抗阻训练(形式为低阻力而多重复性的运动) |
| 运动强度 | 中等强度的有氧运动锻炼,以 60%~80% 1 - RM 强度进行抗阻运动。初始的运动训练应从中等强度(如 40%~60% $VO_2Rmax$ 或 HRR)开始,合适时逐渐提高运动强度(如 50%~75% $VO_2R_{max}$ 或 HRR),以达到健康状况改善的最佳预期。有研究指出,低强度运动比高强度运动更能有效地降低血压 |
| 运动时间 | 每天 30~60 min 持续性或间歇性的有氧运动。抗阻训练应该至少有 1 组,每组重复 8 次~12 次 |
| 运动频率 | 一周内可以每天进行有氧运动,每周进行 2 次~3 次的抗阻运动 |

**3. 注意事项**

由于大部分代谢综合征个体伴有超重和肥胖,他们可以从逐渐增加体力活动水平至每周大约 300 min 或每周 5 天且每天 50~60 min 中获益。体力活动量可以通过累计若干段、每段至少 10 min 的体力获得。体力获得,或其他形式的中等强度运动、生活中的体力活动获得。对某些个体来说,为了促进或维持体重下降,有必要将每天的运动时间增加至 60~90 min。更多信息见下面章节和 ACSM 对超重和肥胖个体的运动处方推荐立场声明。

# 9.6　骨质疏松症患者运动处方

骨质疏松症(Osteoporosis)是以骨量减少、骨的微观结构退化为特征的,致使骨的脆性增加以及易于发生骨折的一种全身性骨骼疾病。又可以分为两个类型,Ⅰ型为绝经后骨质疏松症,为高转换型骨质疏松症;Ⅱ型为老年性骨质疏松症,低转换型,一般发生在 65 岁以上的老年人,国外把 70 岁以上老年妇女骨质疏松症列为Ⅱ型骨质疏松症。

骨质疏松症发病率随年龄增长处于上升趋势,在我国乃至全球都是值得关注的健康问题。

骨质疏松症作为一种"隐匿进展的流行病"正严重威胁着人类的健康和生命质量,给社会和患者造成明显的负担。特别是股骨骨折,能增加残疾和死亡的危险。骨密度(Bone Mineral Density,BMD)是机体某一部位骨组织中单位骨体积内所含的矿物质量,是影响骨强度的一个重要因素,是评价骨强度的一个最方便、最常用的指标,并且骨密度的高低也被作为诊断骨质疏松的一项主要标准。美国50岁及50岁以上的人群有1 000万人有此症,另外有3 400万人有患病危险。我国有7 000万骨质疏松患者,此外,还有约2.1亿人群骨量偏低。经美国骨矿盐研究学会、国际骨质疏松基金会和美国临床内分泌学会的认可,国际临床密度计量学会2005年规定,绝经后女性和50岁以上男性腰椎骨、髋骨、股骨颈BMD测量值$T \leqslant -2.5$即为骨质疏松。然而值得重视的是,BMD值虽在此水平以上,但也可能会发生骨质疏松性骨折,特别是老人。

运动锻炼对维持骨的健康是必需的。运动锻炼可以增加生长发育期的峰值骨量,减缓由老龄化引起的骨量丢失,通过增加肌肉力量和平衡减少跌倒风险等方面的作用,来减少骨质疏松性骨折的危险。因此,运动锻炼在初级(减少危险因素)和二级(治疗)预防骨质疏松中发挥着重要作用。

**1. 运动处方制订前运动测试**

有骨质疏松危险的个体在运动测试中没有禁忌。但是,有骨质疏松症的个体在进行运动测试时应注意以下问题:

(1)走路会引起疼痛的严重椎骨骨质疏松患者,在检测时,最好选用功率车记功器而不是运动跑台。

(2)椎骨压缩骨折使脊柱缩短,脊柱变形可影响身体重心的前移。重心前移可能会影响在运动跑台步行运动。

(3)虽然没有建立最大肌力测试禁忌证的指南,但对疏松患者来说,可能不适宜进行最大肌力测试。

**2. 运动处方方案**

对骨质疏松人群的运动处方推荐分为两类:①有一个以上的骨质疏松危险因素(低骨密度值、年龄、女性)的个体;②骨质疏松患者。对于骨质疏松症患者的运动处方方案推荐见表9-11。

**表9-11 骨质疏松患者的运动处方方案**

| 基本作用 | 增强骨密度、预防骨折发生 |
| --- | --- |
| 运动模式 | 承重有氧运动(如网球、登楼梯、步行和间歇性慢跑),包含跳跃的活动(排球、篮球)、抗阻训练(举重)、神经肌肉控制练习 |
| 运动强度 | 根据骨骼的承受力,从中等(60%~80%最大力量、8~12次重复的抗阻训练)增加到大强度(80%~90%最大力量、5~6次重复的抗组训练) |
| 运动时间 | 每天30~60 min结合承重有氧运动和抗阻训练、神经肌肉控制练习 |

续 表

| 基本作用 | 增强骨密度、预防骨折发生 |
|---|---|
| 运动频率 | 每周 3～5 天的承重有氧运动和每周 2 天～3 天的抗阻训练,每天进行神经肌肉控制练习 |
| 特别考虑 | 进行锻炼肌力运动时避免使用 Valsalva 手法<br>若静止时收缩压＞200 mmHg 或舒张压＞110 mmHg,则不应进行运动 |

**3. 注意事项**

(1)根据骨骼承受力来量化运动强度是很困难的,但是在传统的一些方法中(最大心率百分比或最大力量百分比),骨承受力的增加通常与运动强度的增加是平行的。更多信息参见第 6 章关于运动处方中肌肉力量与肌肉耐力组成部分的推荐。

(2)目前,还没有制定有关骨质疏松患者运动禁忌证的指南。一般会给出不引起或加重疼痛的中等强度的运动处方。应避免爆发性和高撞击性运动,还应避免扭曲、弯曲和挤压脊柱的运动。

(3)骨关节炎或骨质疏松性压缩骨折后的患者,脊柱的 BMD 可能显示正常甚至增加。髋骨 BMD 评定骨质疏松危险比脊柱骨 BMD 更可靠。

(4)无论男性和女性随着年龄增加跌倒的危险都会增加,运动处方中应该包括提高平衡能力的练习。更多信息参见 ACSM 关于老年人运动处方推荐方案。

(5)由于制动和卧床休息可以引起快速的、明显的骨质流失,而恢复期骨矿物质含量恢复较差,因此即使是虚弱的老年人,也应该在其健康状况允许的情况下保持运动锻炼,以维护骨骼健康。

# 9.7　外周动脉疾病患者运动处方

随着经济的发展和人口老龄化,外周动脉疾病(Peripheral Artery Diease,PAD)的发生率逐年上升。在美国有 500 万人～1 000 万人受到外周动脉疾病的困扰,且男性多于女性,发病率随年龄增长而增加。PAD 的主要危险因素有糖尿病、高血压、吸烟等。PAD 患者的死亡危险率是没有 PAD 人群的 6.6 倍。跛行是 PAD 的主要症状,其主要特点是负重运动导致的一条腿或两条腿疼痛或痉挛状态,使病人不能继续行走。据报道,在美国 55 岁以上的人群中有 5％发生间歇性跛行,在患有 PAD 的人群中有 15％～40％发生间歇性跛行。随着症状的加重,病变会限制患者日常生活中的体力活动。

PAD 是由于全身动脉血管壁粥样斑块发展造成了血管腔明显狭窄,引起末梢部位及闭塞部位的血流量下降。血流量的减少造成了氧的需求和供给失调,造成该部位的缺血,尤其是在小腿、大腿、臀部。下肢血管闭塞造成的组织缺血性坏死是截肢的指证。根据表 9 - 12 中的 PAD 症状和踝臂指数(ABI)＞1 至＜0.5(见表 9 - 13)进行分级。推荐的治疗方法有药物(如抗凝血药西洛他唑)、血管重建和运动。

表 9 - 12　末梢动脉病 FONTAINE 分级

| 等　级 | 症　状 |
|---|---|
| 1 | 无临床症状 |
| 2 | 间歇性跛行 |
| 2a | 疼痛发作距离＞200 m |
| 2b | 疼痛发作距离＜200 m |
| 3 | 安静时疼痛 |
| 4 | 坏疽,组织功能丧失 |

表 9 - 13　末梢动脉疾病的踝臂指数量表

| 等　级 | 安静仰卧位踝臂指数 | 运动后踝臂指数 |
|---|---|---|
| 正常 | ＞1.0 | 没有改变或提高 |
| 轻微疾病 | 0.8～0.9 | ＞0.5 |
| 中度疾病 | 0.5～0.8 | ＞0.2 |
| 严重疾病 | ＜0.5 | ＜0.2 |

**1. 运动处方制订前运动测试**

对 PAD 患者进行运动测试是为了确定治疗前后的跛行发作时间、测量运动后的 ABI、诊断是否患有 CVD。

(1)PAD 患者是心血管疾病的高危人群,因此在进行运动测试时,应有医生在场。

(2)应该记录下服药情况,包括在之后的运动测试时也应以同样的方式记录。

(3)休息 15 分钟后,应在仰卧位分别测双侧的踝臂动脉收缩压,较高的踝收缩压值除以较高的臂收缩压值可以得出踝臂指数(ABI)。

(4)建议跑台测试方案应采用较低的起始速度和较低的坡度。

(5)跛行疼痛表述可用以下指数监测:0 代表完全不痛;1 代表轻微疼痛;2 代表中度疼痛;3 代表剧烈疼痛;4 代表极度疼痛,或者见 Borg CR10 疼痛测量指数。记录跛行疼痛发生时的运动时间和距离及最大疼痛发生时的运动时间和距离。

(6)在以研究为目的的运动测试完成后,患者应在仰卧位恢复 5min,并计算此时的 ABI。应该记录运动后疼痛至缓解的时间。

(7)另外,除进行递增运动负荷试验(GXT)外,可以用 6min 的步行测试来评价 PAD 患者功能。

**2. 运动处方方案**

运动在治疗 PAD 方面有明显的作用,因为用于治疗慢性病的间歇训练能够增加无痛步行的最初和绝对距离。运动项目选择应以 PAD 相关的 CVD 危险因素为目标。以下是为

PAD 患者推荐的运动处方(见表 9－14)。

**表 9－14　外周动脉疾病的运动处方方案**

| 基本作用 | 运动治疗外周动脉疾病及控制其发展 |
|---|---|
| 运动模式 | 有氧运动辅以抗阻训练 |
| 运动强度 | 中等强度(40％～60％ VO2Rmax),允许患者步行至 4 级疼痛量表中的 3 级(剧烈疼痛)。在每组运动期间,下一组运动开始前应该留出一些时间用以缓解缺血性疼痛 |
| 运动时间 | 每天 30～60 min,但是一些病人在起始阶段最好每段 10 min,每天间歇运动的时间累积总量达 30～60 min |
| 运动频率 | 每周 3～5 次有氧运动,每周进行 2～3 次的抗阻训练。抗阻训练用于增加或维持肌肉力量和耐力 |

**3. 注意事项**

(1)PAD 病人最佳的运动—休息比例并未确定,要根据患者的具体情况确定运动-休息比例。

(2)冷刺激会加重间歇性跛行的症状,所以较长时间的准备活动是必要的。

(3)如果病人是吸烟者,应鼓励他戒烟。

(4)为了最大限度地获益,病人应至少参加 5～6 个月有医务监督的运动项目。完成这个阶段训练项目之后,无痛步行的改善程度 106％～177％,绝对步行能力可能改善程度达 64％～85％。

## 9.8　慢性阻塞性肺病患者运动处方

肺部疾病会导致明显的呼吸困难或呼吸短促费力。由于呼吸困难,造成肺部疾病患者体力活动受限和身体素质低下。这种结果必然导致肺部疾病患者呼吸困难进一步加重和身体功能的进一步下降。除非这种恶性循环被打断,否则肺部疾病患者最终将成为功能严重损害的残疾人。已经证明,运动可以有效地打断这一恶性循环,并且防止功能损害和残疾的发生。运动的改善作用主要是因为肌肉骨骼和心血管系统的适应,反过来减小了运动中呼吸系统的压力。但对于慢性阻塞性肺病(COPD)患者通过运动并不能逆转其病程。

肺部功能异常主要由慢性气管炎、肺气肿、哮喘和囊性化(Cytic Fibrosis,CF)引起。慢性气管炎、肺气肿、哮喘和囊性纤维化又被统称为慢性阻塞性肺病。但也有把哮喘不列入慢性阻塞性肺病的行列的(COPD 又被定义为永久性的肺通气量减少,而哮喘是可逆性的气道阻塞)。轻度 COPD 和得到良好控制的哮喘病人可以按照健康人群推荐的运动测试和运动处方指南进行运动。然而哮喘病人,特别是运动性哮喘病人(Exercisc - Indused Asthma,EIA)。应当特别注意避免环境诱发因素,如寒冷、干燥、粉尘或/和可吸入污染物、化学物质。肺病的急性期应限制运动,直至症状缓解。

慢性肺病的分类:

(1)慢性阻塞性肺部疾病(COPD)——永久性的肺通气量减少。

慢性支气管炎:大量黏液性痰和慢性咳嗽。

肺气肿:肺泡壁破坏。

囊性纤维化:外分泌腺的遗传病,常分泌非常黏稠的黏液,阻塞呼吸道和肺。

(2)哮喘——气管痉挛和炎症造成的可逆性气道阻塞。

**1. 运动处方制订前运动测试**

(1)生理功能的评价应该包括心血管功能、肺功能和动脉血气分析和/或直接或间接测试血氧饱和度($SaO_2$)。COPD 最主要的肺功能指标是 FEV1,即第 1s 最大呼气量。通过 GXT 测试,可以获得心血管功能、肺功能、代谢量和输出功率等相关信息,根据测试结果将 COPD 分为 4 个等级(见表 9 - 15)。

表 9 - 15  COPD 分级

| 等 级 | 引发呼吸困难的原因 | $\dfrac{FEV_1}{\% pred}$ | $\dfrac{MaxVO_2}{mL \cdot kg/min}$ | $\dfrac{MaxVE}{L/min}$ | 血气分析 |
|---|---|---|---|---|---|
| 1 | 快速行走、楼梯等 | >60 | >25 | 不受限制 | $PCO_2$ 和 $S_aO_2$ 正常 |
| 2 | 正常行走 | <60 | <25 | >50 | $PCO_2$ 正常,$S_aO_2$ 在休息和运动中均超过 90% |
| 3 | 慢速行走 | <40 | <15 | <50 | $PCO_2$ 正常,$S_aO_2$ 在运动中低于 90% |
| 4 | 快速行走 | <40 | <7 | <30 | $PCO_2$ 升高,$S_aO_2$ 在休息和运动中均低于 90% |

注:COPD(参照对象年龄为 40 岁)的特征就是呼气能力逐渐下降,以及由于呼吸道逐渐狭窄,产生喘息的声音。这类患者的工作能力下降,且容易产生心理问题,如焦虑、抑郁等。

(2)根据功能受限和早期呼吸困难的诱发点对传统测试方案进行修正(延伸阶段、小幅增加运动量、延缓进展过程)而进行。例如,病人患严重 COPD 时,递增试验方案中每 2 min 一级替代原来的 3 min 一级,而且仅调整速度而不增加坡度。

(3)根据患者的测试原因和临床表现来决定是否用次极量强度测试,但是应注意肺病患者运动中通气阈的变化,因为基于年龄最大心率预测的最大摄氧量峰值并不十分准确。最近,用 6 min 步行测试来评价严重肺病患者的运动能力是十分普遍的方法。

(4)当血氧饱度下降时,应终止运动测试(如 $SaO_2 \leqslant 80\%$)。

(5)运动测试典型方式是步行或功率车记功器。步行测试可能更适合严重患者,他们肌肉力量不足,不能克服逐渐增加功率自行车的阻力。如果用手摇记功器,会发现上肢的有氧运动加重呼吸困难,从而限制运动强度和运动量。

**2. 运动处方方案**

为肺病患者推荐的运动处方建议与健康人群运动处方中的一般原则相同。肺病患者运动处方被分为两类患病人群:得到良好控制的哮喘或轻度 COPD 患者及中重度 COPD。

(1)得到良好控制的哮喘或轻度 COPD 患者增强心血管适能的运动处方推荐:

运动频率:每周至少 3～5 次。

运动强度:肺病患者的最佳运动强度仍有争议。本章为老年人及健康成年人的推荐运动强度适用于 COPD 患者。

运动时间:每天 20～60 min 的持续运动或间歇体力活动。

运动类型:强烈推荐步行,因为步行是日常活动中最频繁出现的体力活动。固定的功率车也是一种交替的训练方法。另外,运动处方中也应该包括一些抗阻训练和柔韧性训练。

(2)中重度 COPD 患者增强心血管适能的运动处方推荐:

运动频率:每周至少 3～5 次。

运动强度:重度 COPD 患者的运动能力受限于通气量,建议运动强度在功率峰值的 60%～80%。运动强度取决于 GXT 引起的呼吸困难的分级,在 0～10 分范围内,一般可耐受在 3(中度呼吸困难)～5(重度呼吸困难)分之间设计的运动强度。

运动时间:在运动的起始阶段,中重度 COPD 患者在某一强度只能持续几分钟。间歇运动可以用于训练初期,直到患者能耐受更大运动强度和运动量。

运动类型:步行和功率自行车。另外,也应该包括一些抗阻训练和柔韧性训练。

**3. 注意事项**

(1)肺病及其治疗不仅影响肺,还影响骨骼和肌肉。骨骼肌肉的抗阻训练应该成为肺病患者完整运动处方的一部分。已控制哮喘和轻度 COPD 患者的抗阻训练可以参照健康成年人的原则;而中、重度 COPD 患者的处方可以参考健康老年人运动处方的原则。

(2)因为肺病患者在涉及上肢的日常生活的体力活动中会加重呼吸困难,所以抗阻训练时关注肩带肌可使病人获益更大。

(3)呼吸肌力量不足是哮喘和 COPD 患者不能耐受运动和呼吸困难的主要原因。训练这些肌肉可以增加呼吸肌的力量和耐力,尤其是对那些呼吸肌力量不足的患者,可以减轻哮喘、提高运动耐受能力。

呼吸肌训练方法如下:

运动频率:每周至少 4～5 次。

运动强度:通过测定功能残余量得出的最大呼气量的 30%。

运动时间:每次训练 30 min 或者每段 15 min 的间歇性训练。

(4)尽管已经制订了运动强度,但是运动或健康体适能专业人员应密切关注训练初期的病人,并根据病人在运动中的反应,随时调整强度和持续时间。在许多情况下,症状的出现,尤其是呼吸困难或气促是暂停运动的指征。

(5)监控运动强度的传统方法是心率。如前所述,一种改良的方法是以 GXT 中出现呼吸困难的分级为标准。大部分 COPD 患者能通过递增运动负荷测试得到较准确的呼吸困难分级。在呼吸困难 0～10 分量表范围内,中、重度 COPD 患者运动强度呼吸困难分级在 3(中度呼吸困难)～5(重度呼吸困难)分之间。

(6)与大多数健康人群及心脏病患者不同,中、重度 COPD 患者在运动中会出现动脉血氧饱和度下降。因此,在初次的 GXT 中,应当进行血氧测试,可以选择测试动脉血氧分压($PaO_2$)或者动脉血氧饱和度的百分比($\%SaO_2$)。除此之外,为了评估可能出现的运动所致血氧饱和度下降的情况,应当进行血氧定量测试。

（7）根据夜间氧疗方案，当病人吸入室内空气时，血氧分压≤55 mmHg 或者动脉血氧饱和度≤88%，是补氧的指征。当在运动中进行补氧疗法时，仍可以采用上述原则。

（8）为了减少运动诱发的支气管狭窄，哮喘病人在运动开始前 15 min 应采用吸入支气管扩张剂治疗（如喷雾 2～4 次），以及在增加运动强度前，先进行低强度的缓慢热身数分钟。

（9）对纤维囊肿患者要格外小心，包括经常洗手和清洗设备以及运动测试和训练器材，尽可能地避免暴露在多种病原体环境中。

# 9.9　肾脏疾病患者运动处方

尿中出现微蛋白或肾小球滤过<60 mL/(min·1.73 m²)3 个月以上，说明有肾脏损伤，这样的个体就可以被诊断为慢性肾病。根据美国肾脏基金会肾病及透析的临床实践指南（Kideny Diease Outcomes Quality Initiative, K/DOQI），按照肾小球滤过率（见表 9－16）将慢性肾病分为 5 个阶段。大约有 2000 万美国人患有肾脏疾病。如果个体进入疾病的第五阶段（肾小球滤过率<15 mL/(min·1.73 m²)），他们的治疗选择包括肾脏替代治疗（血或腹膜透析）和肾移植。

中国人群慢性肾病发病率在 11%～12% 之间，并呈逐年上升趋势，这与生活方式的改变有关。调查发现，慢性肾病在社区发病率高达 11%；区别于欧美国家，肾小球肾炎是引起中国人尿毒症的主要原因，但近年来，由糖尿病和高血压引起慢性肾衰竭透析患者人数不断增加，是晚期肾病的主要原因，分别占肾病的 45% 和 27.2%。目前，上海因慢性肾病住院的患者中超过半数都是年轻人。每年进行透析治疗的人数有 1.1 万人。

表 9－16　慢性肾病分级

| 等　级 | 类　型 | 肾小球滤过率 mL/(min·1.73 m²) |
|---|---|---|
| 1 | 伴有正常或肾小球滤过率上升的肾损伤 | ≥90 |
| 2 | 伴有肾小球滤过率轻微下降的肾损伤 | 60～89 |
| 3 | 肾小球滤过率中度下降 | 30～59 |
| 4 | 肾小球滤过率重度下降 | 15～29 |
| 5 | 肾衰竭 | <15（或透析） |

**1. 运动处方制订前运动测试**

慢性肾病个体的功能能力（F.C.）与同年龄同性别的健康人相比，大约下降 50 %。功能能力下降与许多因素有关，包括静坐少动的生活方式、心脏功能障碍，贫血和肌肉骨骼功能障碍。患有慢性肾病的个体在做运动测试时，需要有经过培训的医务人员使用终止试验标准和测试说明方法进行医务监督。医务监督（第 8 章）。以下是运动测试中的注意事项：

（1）要有肾脏病专科医生出具的医学证明。

（2）患者可能服用多种药物，如治疗高血压和糖尿病的常用药物。

（3）有慢性肾病（1～4 阶段）患者在进行 GXT 测试时，需要遵守标准测试程序。

(4)运动跑台和功率车记功器都可以作为肾病患者的运动测试仪器,运动跑台的使用更为普遍。

(5)因为肾病患者较低的功能水平,改良的 Bruce 方案是适宜的。

(6)如果用功率车记功器,推荐最初的热身运动从 20～25 W 开始,每 1～3 min 增加 10～30 W。

(7)接受血液透析治疗的患者,运动测试应安排在非透析日,并且血压测试应在没有动静脉瘘的手臂进行。另外,峰值心率是年龄相关的最大心率的 75%。

(8)接受持续腹部透析的患者进行运动测试时要保证腹部没有透析液。

(9)由于慢性肾病患者的心率不能准确地反应运动强度,需要时应观察主观疲劳感觉。

(10)标准运动测试程序可应用于接受肾移植治疗的患者。

(11)肌肉力量测试采用 3 - RM 或者更小的负荷(如 10 - RM～12 - RM),1 - RM 不适合慢性肾病患者,因其可能发生撕脱性骨折。

(12)等动测定法测定肌肉力量和耐力时,用 60°～180°角速度范围,可以安全地进行评价。

(13)可以对肾病患者进行多种体力活动测试。这些测试适用于评定心血管适能(如 6 min 走测试)、肌肉力量(如坐—立—坐测试)和平衡能力(如功能性前伸测试)。

**2. 运动处方方案**

慢性肾病患者的理想运动处方尚不完善,推荐给这一群体的运动处方应该以低($<40\%$ $VO_2R$)到中等强度($40\% VO_2R～60\% VO_2R$)作为起始强度,根据患者的耐受情况,逐渐增加强度。

接受肾移植的患者在手术后 8 天就可以开始运动训练,有稳定的慢性肾病但身体状态尚好的人群进行抗阻训练很重要。以下是推荐给慢性肾病患者的运动处方方案(见表 9 - 17)。

**表 9 - 17　慢性肾病患者的运动处方方案**

| 基本作用 | 控制肾病发展、降低糖尿病、高血压患者的并发症 |
|---|---|
| 运动模式 | 有氧运动结合抗阻训练 |
| 运动强度 | 中等强度的有氧运动锻炼($40\% VO_2R～60\% VO_2R$,RPE11～RPE 13(6～20 范围))。<br>抗阻训练　以 $60\%～75\%1 - RM$ 强度进行 |
| 运动时间 | 每天 20～60 min 持续性或间歇性的有氧运动。抗阻训练应该至少有 1 组,每组重复 10～15 次。根据患者的耐受能力和自身情况可选多组 |
| 运动频率 | 每周 3～5 天有氧运动,每周 2～3 天抗阻训练 |
| 运动类型 | 类型:步行、蹬脚踏车等有氧运动。用器械或自由调节重量进行抗阻训练。选择 8～10 个发展不同主要肌肉群的运动。更多信息参见抗阻训练相关内容 |

**3. 注意事项**

1)血液透析患者

不能在透析结束后即刻进行训练,应选择在非透析日运动。如果在透析日运动,应该在治疗的前半段完成,以防止发生低血压。

因为心率不能可靠地监测运动强度,应采用 RPE 进行强度检测。

只要患者不立即在动静脉瘘的手臂上施加重量,动静脉瘘的手臂是允许运动的。

2)腹膜透析的患者

接受持续腹部透析治疗的患者在腹部还有液体的时候,可以尝试运动。然而,如果这样造成不适,可以建议他们先排出液体再运动。

3)肾移植病人

在排斥反应期,运动强度和运动时间应该缩短,但仍可以进行运动。

## 9.10 老年人运动处方

出生率下降,加上人类寿命增加,人口老化问题越显突出,我国已步入老龄化社会。老年人(定义为≥65,及 50 岁～64 岁有明显临床疾病或存在影响到运动、健康生理限制的人)表现出多种年龄范围的不同生理能力。由于人们衰老程度并非一致,相同年龄的个体对运动引起的反应可表现出明显的不同。此外,很难区分年老与身体异常状态或疾病对生理功能造成的影响。健康状况通常比衰老更能反映个体从事运动锻炼的能力。对患有慢性病的老年人应当在运动专业人员的指导下进行运动。

不论健康状况如何,大多数老年人都能够透过进行恒常及合适的运动,改善自己的身体及心理健康,所以运动健体,永不怕迟。研究表明,运动锻炼可以延缓年龄所带来的运动能力的减弱;优化年龄老化造成的身体成分的变化;促进心理的健全;控制慢性病及并发症的发展;减少躯体残疾的风险和延长寿命等益处(见表 9－18)。

表 9－18　运动锻炼对老年人的益处表现

| 生理益处 | 心理益处 |
|---|---|
| 心血管方面:<br>改善心脏功能;<br>降低冠状动脉疾病风险;<br>肺部方面:<br>改善肺部功能 | 改善生活质量;<br>改善情绪;<br>消减孤独感及被社会遗弃的感觉;<br>缓解不安及抑郁的情绪;<br>提升自信及自我满足感;<br>与社区保持接触;<br>治疗某些心理疾病(如抑郁症及老人疑呆症)的一种方法 |
| 肌肉骨骼方面:<br>保持或改善体适能,包括肌力、平衡力、柔韧度及肌耐力;<br>减低跌倒及骨折的风险;<br>有助保持骨骼、肌肉及关节健康;<br>改善更年期后妇女骨质密度下降的情况 | |
| 慢性疾病/癌症:<br>预防及改善普通疾病(如心血管病、关节炎、骨质疏松症及高血压等)引起的不便及疼痛;<br>降低患上某类癌症的风险,如结肠癌 | |

由于需要将衰老的因素考虑在内,所以为老年人进行健康检查及制订运动处方时需要作出轻微修改,有别于青少年及中年病人,确保安全、有效。

根据 ACSM 风险分层法建议,所有生活模式属静态或极少运动的老年人,若打算开始实行一个剧烈的运动计划,须要在事前进行周密的健康评估。此外,在分析运动测试结果时亦须多加注意,原因如下:

(1)正常衰老过程或会令运动测试所得的数据出现生理转变。

(2)个人衰老的速度不同,同龄人士对同一个运动刺激都可能表现不同的生理状况及反应。

(3)因去条件反应(De-conditioning)、年龄引起的衰老及疾病所造成的变化,是很难区分的。

(4)制订运动处方时应保持警觉,注意老年人有无患上显性或隐性疾病。

表 9-19 为运动测试前,各项变数因正常衰老过程而可能出现的生理改变。

表 9-19　机体变数因正常衰老过程而可能出现的生理改变

| 变　数 | 生理转变 |
| --- | --- |
| 静止时心率 | →(不变) |
| 最大心率 | ↓(减少) |
| 最大心输出量 | ↓(减少) |
| 安静及运动时的血压 | ↑(增加) |
| 最大摄氧量 | ↓(减少) |
| 余气量 | ↑(增加) |
| 肺活量 | ↓(减少) |
| 反应时间 | ↑(增加) |
| 肌肉力量 | ↓(减少) |
| 骨量 | ↓(减少) |
| 柔韧性 | ↓(减少) |
| 去脂体重 | ↓(减少) |
| %体脂 | ↑(增加) |
| 葡萄糖耐量 | ↓(减少) |
| 恢复时间 | ↑(增加) |

**1. 运动处方制订前运动测试**

大多数老年人在中等强度运动锻炼之前没必要进行运动测试,对于运动锻炼时具有各种中度风险的老年人来说,应当在开始大强度运动前做全面的医学检查及运动试验。老年人运动测试可能在测试方案、方法和负荷量方面有所不同。下面详细叙述老年人运动测试时的注意事项:

(1)起始负荷较低,对于机体机能较低者,负荷递增的幅度也要小。

(2)对于平衡能力差、神经肌肉协调能力不好、视力差、老年步态(步态不稳)、体重负荷限制和/或足部疾病患者,使用功率车记功器可能比运动跑台更好。不过局部肌肉酸痛可能会是功率车记功器测试终止的原因之一。

(3)由于平衡能力下降、肌肉力量减少、神经肌肉协调能力差或害怕的原因,可能有必要在运动跑台上安装扶手。但是,利用扶手支持纠正步态异常会降低根据运动持续时间和最大工作负荷推算最大 MET 能力的精确度。

(4)依据受试者的运动能力,运动跑台负荷可以通过增加坡度而非速度进行调节。

(5)对很难适应运动器械老年人,可能需要延长起始阶段、重新启动测试或进行重复测试,还可以考虑间歇性测试方法。

(6)运动诱导的心律不齐在老年人群中的发生率比其他年龄组的人群都要高。

(7)老年人使用处方药物治疗是很常见的,此类药物可能会影响到运动中心电图和血流动力学的变化。

(8)老年人运动中心电图与年轻人(敏感性<50%,特异性>80%)相比,具有较高敏感性(约84%)、较低的特异性(约70%)。与年轻人相比,假阳性结果的出现率较高,可能与左心室肥大发生率较高及存在传导异常有关。

目前,还没有一个针对适合老年人的运动测试终止标准。与年轻人相比,在年龄较大的人群中,日益增长的心血管、代谢和运动系统的问题常导致运动测试提前终止。此外,许多老年人在做最大强度运动测试时,最大心率可能会超过预期值。

**2. 运动处方方案**

与年轻人相比,老年人普遍存在功能能力低下、肌力不足以及体能低下等状况。一个运动处方应该包括心肺耐力、抗组和柔韧性训练。如果一个人常常容易摔倒或行走不便,还应当做些特殊运动,以提高健康体适能要素之外的能力,如平衡能力、灵活性和本体感觉能力(如闭眼单足站立试验)。

根据美国疾病控制及预防中心及美国运动医学院的建议,为老年人制订运动处方时,可考虑四种运动,包括有氧运动、抗组训练、平衡运动及伸展运动(见表 9-20)。

**3. 辅导老年人运动锻炼提示**

在老年人进行体能活动时,运动专业人员扮演着非常重要的角色。运动专业人员能够制订个性化的运动处方,运动处方方案应该针对病者的目标、忧虑、合并症等问题,并因不适症状出现的改变而作出相应调节。

此外,老年人也有一些常见的运动障碍,制订运动处方时应一并考虑,而针对他们的忧虑作出相应辅导,有助于增加他们做运动的接受程度及动力(见表 9-21)。

**表 9-20　老年人运动处方方案**

| 运动模式 | 有氧运动 | 抗组训练 | 平衡运动 | 柔韧性训练 |
|---|---|---|---|---|
| 目的 | 改善心肺功能;改善体力 | 强化骨骼及肌肉;缓解关节炎 | 减低跌倒及骨折风险;增加稳定性 | 改善柔韧度及身体姿势 |
| 活动内容 | 步行(适合大部分老年人);游泳及踏健身单车(适合不太能承受负重运动的老年人);踏单车;球类活动;跳舞;远足 | 以主要肌群举起或推动重物[1];日常家务劳动 | 太极;脚趾抵住另一脚踝步行;单足站;慢慢地上下楼梯;用脚尖或脚跟站立 | 太极;伸展主要肌肉群;瑜伽[2] |
| 运动强度 | 中等剧烈程度 | 中等剧烈程度 | 低至中等剧烈程度 | 低至中等剧烈程度 |
| 运动时间 | 每天 20~60 min | 做 1~3 组运动,每组重复运用主要肌群 8~12 次(50~60 岁适用)或 10~15 次(心脏病人或 60 岁以上健全人士适用,并配合较低的相对阻力),维持 20~30 min | 每天 15~30 min | 每天对 6~10 个主要肌群进行 30 s 一次,共 4 次的持续伸展 |
| 运动频率 | 每周 3~7 天 | 每周 2~3 天 | 每周 1~7 天 | 每周 1~7 天 |
| 运动进度 | 增加运动所需时间比增加强度更安全,最好根据耐力及喜好,以较低的强度与进度开始 | 增加负重量 | 增加难度,例如由开始时须单(双)手扶着桌椅,到后来无须桌椅辅助 | 增加关节活动范围时,以不产生疼痛为宜 |

续 表

| 运动模式 | 有氧运动 | 抗组训练 | 平衡运动 | 柔韧性训练 |
|---|---|---|---|---|
| 特别考虑 | 确保环境安全；<br>饮用充足水分，以防脱水；<br>进行活动前后要分别进行热身及整理运动；<br>体格良好者，可注重有氧运动训练；体质较弱者，可多锻炼肌力、平衡力及柔韧度；<br>为体质较弱的老年人选择运动模式时，应考虑其机能及能够在不会产生痛楚的活动幅度；<br>患有慢性疾病的老年人应获得周密的健康评估，并根据其合并症接受特别建议 | | | |
| | 运动形式不应对身体构成过量的压力，应穿着平稳的鞋，步行时尤甚建议体质较弱的老年人可进行较低强度、运动次数较多而时间较短的运动 | 进行运动时，保持移动幅度在不产生疼痛的范围内，勿让关节炎患者于出现急性发炎的时候参与锻炼肌力运动；动作要慢、流畅而平稳；<br>避免用力抛掷所负重量；<br>不要闭气；<br>举重或推动时呼气（2～4 s），放松时吸气（4～6 s）；<br>每次举重后要停1～2 s，每组动作之间要休息1～2 min；<br>不要连续两天锻炼同一组肌肉 | 若身体不稳，请其他人站在身旁 | 伸展时动作要慢而稳；<br>不要过度伸展（即感到疼痛）<br>伸展要顺畅，切勿猛的牵拉；<br>肌肉要慢慢伸展，维持时间要舒适（10～30 s） |

注：①锻炼肌力的主要肌群：肩部肌肉、上臂肌肉（二头及三头肌）、背部及腰背部肌肉、腹部肌肉、臀部肌肉、大腿肌肉、小腿肌肉、足踝肌肉；

②锻炼柔韧度的主要肌群：颈部肌肉、肩部肌肉、上臂肌肉、腕部肌肉、臀部肌肉、小腿肌肉、足踝肌肉。

表 9-21　老年人克服运动障碍的一些建议

| | 障　碍 | 建议方法 |
|---|---|---|
| 个人障碍 | 害怕受伤 | 重申运动对不同年龄组别的人士都是安全的，不运动比做运动更有损健康；<br>学习并采取基本的安全措施，如穿着合适、进行热身及整理运动；<br>选择风险低的活动；<br>开始时动作要慢 |

续 表

| 障　碍 | | 建议方法 |
|---|---|---|
| 个人障碍 | 退休 | 将退休视为开展更有活力人生的机会,多花时间与儿孙玩乐、带狗散步;<br>学习感兴趣的运动,如太极、游泳;<br>将体能活动融入日常生活中 |
| | 对做运动没信心 | 选择不大需要技术的运动;<br>通过多加鼓励以巩固做运动的信心;<br>慢慢开始,循序渐进 |
| | 低收入/没有收入 | 找出社区中既便宜又方便的资源(社区教育活动、公园及康乐计划、工作场所计划等);<br>将体能活动融入日常生活中 |
| | 平衡力差 | 在做运动时利用辅助器保持姿势正确 |
| | 认知能力差 | 进行简单的运动;<br>将体能活动融入日常生活中 |
| | 社交影响 | 邀请朋友或家人与你一同做运动,计划社交活动时亦可加入运动元素;<br>加入太极班等运动小组,多结交活跃健康人士 |
| 环境障碍 | 天气反常 | 选择可以定期进行而不受天气影响的运动,如室内单车、室内游泳、体操、跳绳及逛商场等;<br>当天气良好时,可考虑其他受天气影响的活动(如远足、户外游泳等)作为额外运动 |
| | 没有资源 | 将体能活动融入日常生活中;<br>选择需要最少设备或工具的活动,如步行、慢跑、跳绳及体操;<br>参加日常护理 |

**4. 注意事项**

为了最大限度获得运动训练的有效性,应注意以下问题:

对于那些身体素质差、功能受限或有慢性疾病影响的老年人参与运动锻炼时,刚开始参加运动锻炼时,强度要低,运动持续时间不要太长。

渐进性运动锻炼必须是个性化的、特制的、可以承受的、有兴趣的;保守的方法对于大多数身体素质差和活动功能受限的老年人比较适用。

使用举重力量练习器械进行急性力量训练时,前几次训练应该有能够认识到老年人的特殊需要和运动专业人员的密切监督和指导。

制订运动处方时,对于体弱者,抗阻训练之前先进行有氧运动。

老年人应该逐渐地超过所推荐的最小运动强度,当他们愿意提高体适能时,可以尝试着继续增加运动量。

如果老年人患有慢性疾病,无法达到推荐的最小运动强度时,也应该尽可能地做些可以耐受的运动锻炼而避免静态的生活方式。

老年人应当尽量超过体力活动最小推荐值以加强慢性疾病的控制,因为众所周知,较高水平的运动锻炼对慢性病具有一定治疗作用。

加入些行为策略,如社会支持、自我效能、健康选择的能力、安全感,这些都可以促进参与规律的运动项目。

健康专业人员也应当定期提供反馈信息、巩固支持和其他的行为策略,以增强运动者的依从性。

总之,所有老年人应该有个性化的运动处方方案指导,且方案能够满足他们的需求和个人爱好。

# 9.11 超重和肥胖患者运动处方

超重和肥胖以体重增加为特征。肥胖是一种疾病,同时更是多种慢性病的危险因素。超重和肥胖与很多慢性疾病有关,包括高血压、冠心病、糖尿病、多种恶性肿瘤、高血脂、肥胖通气综合症(阻塞性睡眠呼吸暂停和呼吸道疾病)及因身体过重而造成骨关节问题等疾病。

超重和肥胖问题在发达及发展中国家同样普遍。特别是美国及北欧的一些国家,肥胖人口的数量比例较大,甚至高达 50% 以上,2000 年世界卫生组织估计全球有超过 3 亿肥胖成年人;2002 年统计结果,我国肥胖人口达 6 000 万人,超重人口 2 亿多人,有些地区的儿童肥胖高达 18%。虽然肥胖在我国成年人中的发生率及肥胖程度远不及发达国家,但是青少年中的肥胖人群的发生率的迅速提高不可忽视。

体重指数是一个获国际公认的评估肥胖程度的方法。当指数超过某个指定截算值时,死亡率与患病率均会上升。腰围则是评估腹部肥胖的方法,即积聚在腰部的脂肪有多少,腰围大表示身体大部分脂肪集中在腰部,意味着较大机会出现心血管病(如中风、高血压)及新陈代谢症候群(如 2 型糖尿病、葡萄糖耐量下降及血脂异常)。近数 10 年的研究发现,亚洲人士出现肥胖相关健康风险的体重指数与腰围截算值比欧洲人较低,因此,一套专为亚洲人而设的体重指数及腰围截算值于 2000 年确立起来(见表 4-23)。

**1. 肥胖的分类**

减肥运动处方的适应症是在排除运动禁忌症后,参考以下条件确定是否为减肥运动处方的适应症,是否适合按照减肥运动处方原则进行运动锻炼。

根据肥胖的成因,肥胖分为单纯性肥胖、继发性肥胖和药物引起的肥胖三种,其中单纯性肥胖又可分为体质性肥胖和获得性肥胖两种。由先天遗传因素和营养过剩引起的,由婴儿期即开始出现的肥胖,为体质性肥胖。由于营养过剩在成年以后逐渐发生的肥胖,为获得性肥胖。单纯性肥胖为减肥处方的适应症。但是对于体质性肥胖通过饮食控制等方法达到减肥的目的是很艰难的。

继发性肥胖是内分泌紊乱、代谢障碍等疾病的症状之一。需要针对疾病进行治疗。使用肾上腺皮质激素类药物以及其他一些合成类固醇激素时会引起身体发胖。以上两种均非减肥运动处方的适应症。

依据脂肪堆积的部位可分为中心型肥胖(或腹型肥胖),外周型肥胖。美国运动医学院认为,肥胖人士应与普通成年人一样采用相同的健康筛查方式。除非病者属高危组别,即患有心血管、新陈代谢或肺部疾病的患者,否则在进行中等剧烈程度运动前,通常无须进行医学检验及测试。运动方案应由低强度运动开始,循序渐进地增加强度。中医对肥胖的认识与上述有一定的区别(见本节附件 1)。

**2. 运动处方方案**

有氧运动在降体重方面扮演着重要角色,辅以抗阻训练和平衡训练则有助于增加肌肉量及维持平衡减少运动损伤。无论是在休息还是运动时,肌肉组织均比脂肪组织燃烧更多能量,因此长远来说有助保持体重;此外,若在调控饮食时辅以抗阻训练,可预防出现肌肉萎缩的副作用。超重和肥胖患者运动处方方案见表 9－22。

表 9－22　超重和肥胖患者运动处方方案

| 基本作用 | 减少体重及保持体重;<br>减少身体脂肪 | |
|---|---|---|
| 运动模式 | 有氧运动 | 抗阻训练(辅助) |
| 运动强度 | 中等(如 40%～60%HRR) | 中等 |
| 运动所需时间 | 40～60 min/次(每天 1～2 次,如每天运动 2 次,也可每次 20～30 min) | 1 组重复 8～15 次的运动,负重量以病人能够舒服地举起者为合,并应进行各种针对主要肌群的运动 |
| 运动次数 | 每周 5～7 天 | 每周 2～3 天 |
| 特别考虑 | 超重和肥胖患者发生肌肉骨骼损伤的风险较高,非负重运动对他们较为合适;<br>运动锻炼是可能须要对器械进行调整,如将健身单车及划艇机的座位改宽 | |
| 运动进度 | 运动起始时应强调增加运动时间及增加运动频率,而非强度。运动次数受进度、已减体重及病人的身体机能影响 | |

**3. 注意事项**

向肥胖的病人进行辅导,鼓励其做运动时,运动专业人员应注意以下数点:

(1)进行体能活动却不减少热量摄取,在初期通常只能令体重缓慢地减少,医生应确保病人明白,单靠运动难以令体重有显著减少。不过,几乎所有研究都显示,利用饮食及运动的策略减去体重,比单单用饮食控制减去的体重更多,益处更多(见本节附件 2),因此医生应强调将均衡饮食与定期进行运动锻炼结合治疗的重要性。

(2)建议最初的 6 个月内,将减重的目标订为基线体重的 10%,这个减重幅度能显著地减少与肥胖相关的健康风险,增加伴随的健康益处。在这个目标达到并维持了 6 个月后,可考虑再进一步的减重计划。由于体重减少后,身体的能量需要也随之减少,因此需要修订饮食及体能活动的目标。

（3）研究显示，安全又健康的减重速度，应为每周 0.2～1 kg。

（4）应该保持足够的运动锻炼，每周建议运动次数为 5～7 天。

（5）辅助的抗阻训练可以避免瘦体重的减少或阻止安静时代谢率的下降。同时，抗阻训练能增加超重/肥胖人群的肌肉力量和身体机能。

**附件 1：中医对肥胖的认识**

中医诊断中的经验建构了一个肥胖的新逻辑："当身体的血气能量不够，没有足够的能量将身体内部的废物排出体外，这些排不出去的垃圾堆积在身体内部组织的间隙，随着堆积垃圾的逐渐增加，人就慢慢地胖起来。"

从这个新的逻辑来看，肥胖并不是能量过剩，身体将过多的能量储存下来；反而是能量不够，使身体没有足够的能量将垃圾排出体外。从能量观点来看，两者完全相反，前者是能量过剩，后者是能量不足。这样的逻辑和传统的认知几乎背道而驰，但是却能对各种肥胖的现象做出更合理的解释。

例如，许多胖人的食量并不大，还是不断地发胖；经常听到胖人抱怨，连喝水都会发胖，有时这并非形容词，而是真实的情况。许多体型瘦的人，却吃再多食物也不会发胖。这两种人的胖瘦和他们的食量并没有直接的关系，吃得少的人发胖，吃得多的人反而不发胖。在这两种人之间，吃的多少和胖瘦并没有直接关系，用能量储存的理论不能解释这两者的差异。但是用没有能量排出垃圾的理论，就很容易解释这两者的差异。

胖人发胖的原因，是身体没有足够的能量将垃圾排出，那些排不出去的垃圾造成了肥胖。由于两个人拥有的能量差异，造成了不同的结果。实际的情形，通常年龄相仿的两个人，瘦人的体力往往比胖人好，胖人总是坐着不动，而瘦的人总是动个不停。

又例如年龄差异所造成的肥胖。年轻人由于身体内累积的垃圾不多，同时经络畅通，血气能量也较高，多数垃圾都能排出，就算食量惊人，也不容易发胖。上了年纪的人，血气能量不断下降，累积的垃圾越来越多，经络渐渐不通，不能排出的垃圾越堆越多，所以渐渐发胖。并且在脸上皮下脂肪堆积较厚的部位形成了皱纹，有些色素性质的垃圾则堆在皮肤上，形成了斑点。年龄越大，身上的垃圾越多。年轻人之所以让人觉得美丽，很大的原因是让人直觉上感到身上有一种清洁的感觉。用"没有足够的能量排除垃圾"的发胖逻辑来解释这些现象，比传统的"营养过剩"的发胖理论更合理一些。

在中医理论中，脾主运化，其中的"运"是运水的意思。当脾的能力不足，也就是中医所说人体处于"脾虚"的状态时，人体运送废水的能力就不足。当脾脏的能力不足时，人体经络中的体液不易流动，心包容易产生积液，使得心脏的能力不足，心脏是人体血液的泵，当泵的功能不足时，整个身体的活力都降低，自然废物就无法排出了。

有些女人则是到了怀孕生产之后才发胖，这是由于本来就具备脾虚的体质，加上血气不足，生产后伤口的复原慢，使得脾更虚，造成心包的阻塞，产后就发胖了。

多数发胖的人，都是脾虚的体质。肠胃的细菌感染是最主要的原因。

传统的减肥方法中，运动具有强化心脏、疏通经络的功效，因此仍然能达到减肥的目的。运动还有另外两个好处。一是会大量消耗人体的能量，造成身体的疲倦感，使得晚上的睡眠品质能得到改善，也会增加睡眠的时间。二是运动消耗了大量的能量后，也会增加食物的摄取量。因此,运动真正提升人体能量的途径,是其后续的饮食增加、休息和睡眠等增加人体能量的活动,以及因运动而使经络畅通,身体机能正常,因而产生了更多的血气能量。

肥胖的原因有二:一是能量不够,二是经络不通。因此,减肥的方法,首先要找出造成人体能量不够和经络不通的原因,排除了这两个原因,就应该能达到减肥的目的。

**附件 2　运动＋调控饮食减肥与节食减肥对比分析**

运动＋控制饮食的方法:相对最为科学的减肥方式,减少的是脂肪,同时肌肉不变或增加,增加机体的代谢功能,有利于改善患者的心情,见表 9 - 23。

表 9 - 23　运动＋调控饮食减肥与节食减肥对比分析表

| 运动＋调控饮食减肥 | 节食减肥 |
| --- | --- |
| 增加能量消耗; | 减少能量摄取; |
| 短时间不会有明显效果; | 短时间效果明显; |
| 减少脂肪,维持或增加肌肉; | 减少脂肪和肌肉质量; |
| 促进健康、增进体能; | 无法增进体能或健康; |
| 积极鼓励; | 消极限制; |
| 增加基础代谢率; | 降低基础代谢率; |
| 改善心理压力、焦虑、沮丧和自尊 | 无法改善压力、焦虑、沮丧和自尊 |

# 9.12　心血管疾病患者运动处方
## (以介绍冠状动脉粥样硬化为主)

**1.动脉粥样硬化性心血管疾病的表现**

(1)急性冠状动脉综合征(ACS),冠状动脉疾病(CAD)的表现,如心绞痛、心肌梗塞(MI)或猝死。

(2)心血管疾病(CVD),动脉粥样硬化心脑动脉疾病(如脑卒中)和外周血管疾病(如外周动脉疾病(PAD))。

(3)冠状动脉疾病(CAD),心脏动脉的粥样硬化性疾病。

(4)心肌缺血,冠状动脉血流不足,进而出现供氧不足,常常出现心绞痛。

(5)心肌梗塞(MI),心脏肌肉组织死亡。

冠状动脉粥样硬化性心脏病是指心脏的供血动脉——冠状动脉发生粥样硬化,使血管腔狭窄或阻塞,导致心肌缺血、缺氧引起的心脏病。它和冠状动脉功能性改变(痉挛)一起,统称冠状动脉粥样硬化性心脏病,简称冠心病,亦称缺血性心脏病。

**2.冠心病患者运动处方制订原则**

冠心病患者坚持体育运动的益处主要有以下几点:运动可以扩张冠状动脉,增加侧支循环,改善心肌功能。运动可提高心肌对缺氧的耐力,增加心脏的排血量,使全身重要器官的供血、供氧量增加。运动可降低血脂,加强血液中抗凝系统的活性,对防止血栓的形成和心肌梗死的发生有重要意义。运动是减肥的好办法。很多冠心病患者过于肥胖,而过于肥胖者患心血管疾病致死率较体重正常人患心血管致死的危险性高 62%。运动可放松情绪,增加冠心病患者的生活乐趣,这对冠心病患者的身心健康都是有好处的。

运动固然对冠心病患者有好处,但运动不当,给冠心病患者带来的危害事件也屡见不鲜。因此,冠心病患者在参加体育运动时,必须注意以下问题:

(1)运动前后避免情绪激动。精神紧张、情绪激动均可使血中儿茶酚胺增加,降低心室颤动阈。加上运动有诱发室颤的危险,因此,对于心绞痛发作 3 天之内,心肌梗塞后半年之内或心脏功能较差的患者,不宜做比较剧烈的运动。可进行轻微活动,但活动前最好适量服药,以防不测。如冠心病不稳定型心绞痛患者,活动前可以胸前贴一张硝酸甘油膜,或口服消心痛 5 mg,以预防活动时心绞痛发生,同时应随身备有保健药盒,以便发病时自救。对于冠心病病情较轻和稳定者,运动前不需要服用药物,但身边须备有保健盒,以防万一在运动中出现不适感,或者有胸闷、气短、心悸、头晕、出大汗和心律失常等情况,除立即停止运动外,还要服用保健盒中急救药物,并及时去医院就诊。

(2)运动前不宜饱餐。因为进食后人体内血液体供应需重新分配,流至胃肠帮助消化的血量增加,而心脏供血相对减少,易引起冠状动脉相对供血不足,从而发生心绞痛。

(3)运动要循序渐进,持之以恒,平时不运动者,不要突然从事剧烈的运动。

(4)运动时应避免穿得太厚,影响散热,增加心率。心率增快会使心肌耗氧量增加。

(5)运动后避免马上洗热水澡。因为全身浸在热水中,必然造成广泛的血管扩张,使心脏供血相对减少。

(6)运动后避免吸烟。有些人常把吸烟作为运动后的一种休息,这是十分有害的。因为运动后心脏有一个运动后易损期,吸烟易使血中游离脂肪酸上升和释放儿茶酚胺,加上尼古丁的作用而易诱发心脏意外。

### 3.冠心病患者运动处方

对适应此程序的患者应先做症状限制性运动试验,确定最高安全心率(PHR)和心脏功能能力(MET),结合临床检测开出运动处方,它包括运动方式、方法、强度、时间等。

1)住院病人康复计划概述

为发生心血管事件或经历冠状动脉疾病(CAD)、心血管置换或心肌梗塞的住院病人提供一个包括早期评估和动员、CVD 危险因子筛查和教育、病人准备进行运动锻炼的水平评估和全面的出院后计划。

在住院病人进行正式的运动锻炼之前,应由具备评估和诊断心音和呼吸音、检查外周血管搏动、肌肉力量和柔韧性的必要技能和能力的卫生服务人员对病人进行评估。运动锻炼的开始和实施过程都要依靠最初评估的发现和风险水平的变化来确定,因此住院病人应在急性心血管事件后尽早进行危险分层。危险分层见第 2 章相关内容。

住院和门诊心脏康复患者的适应症和禁忌症见表 9-24,同时还应以医生和康复小组的临床判断为依据,考虑例外的情况。对于住院病人理想运动量的安排取决于病史、临床状态和症状。主管疲劳感觉分级(RPE)也提供了一个实用的控制心率和测定运动强度的辅助手段。总的来说,住院病人的运动项目的终止标准类似于或略保守于低水平运动测试的终止标准(见表 9-25)。

**表 9 - 24　住院病人和门诊病人心血管康复的适应症和禁忌症**

| | |
|---|---|
| 适应症 | (1)医学上稳定的心肌梗塞后；<br>(2)稳定型心绞痛；<br>(3)冠脉搭桥术(CABG)后；<br>(4)经皮穿刺冠状动脉腔内成形术(PTCA)或其他介入手术；<br>(5)充血性心力衰竭(CHF)代偿期；<br>(6)心肌病；<br>(7)心脏或其他器官移植；<br>(8)其他心脏手术,包括瓣膜或起搏器的植入(包括可植入的心脏复律除颤器(ICD))；<br>(9)外周动脉疾病(PAD)；<br>(10)不能进行外科手术干预的高危心血管疾病(CVD)；<br>(11)心脏猝死综合征(Sudden Cardiac Death Syndrome)；<br>(12)肾脏疾病晚期；<br>(13)处于危险期的冠状动脉疾病(CVD),合并糖尿病、血脂异常、高血压、肥胖或其他疾病和情况；<br>(14)基于内科医生的推荐和康复小组的共识,能从有组织的运动项目和/或耐心教导中获益的其他患者 |
| 禁忌症 | (1)不稳定型心绞痛；<br>(2)安静时,收缩压(SBP)＞200 mmHg 或舒张压(DBP)＞110 mmHg 的患者应根据实际情况具体分析；<br>(3)直立后 BP 下降＞20 mmHg 并伴有症状者；<br>(4)严重的主动脉狭窄(如每级 SBP 最大升高值＞50 mmHg,并且主动脉瓣膜口面积＜0.75 cm$^2$)；<br>(5)急性全身性疾病或发热；<br>(6)未控制的房性或室性心律不齐；<br>(7)未控制的室性心动过速(＞120 次/min)；<br>(8)未控制的 CHF；<br>(9)Ⅲ度房室传导阻滞且未配置起搏器；<br>(10)活动性心包炎或心肌炎；<br>(11)新近形成的栓塞；<br>(12)血栓性静脉炎；<br>(13)安静时 ST 段压低或抬高(＞2 mm)；<br>(14)未控制的糖尿病(见本章糖尿病部分)；<br>(15)严重的可限制运动能力的运动系统异常；<br>(16)其他代谢异常,如急性甲状腺炎、低血钾、高血钾或血容量不足 |

**表 9 - 25　导致住院病人运动终止的不良反应**

(1)舒张压(DBP)≥110 mmHg；

(2)运动中收缩压下降＞10 mmHg；

(3)有或无相关症状/体征的严重室性或房性心律不齐；

(4)Ⅱ度或Ⅲ度新增传导阻滞；

(5)出现对运动不能耐受的体征或症状,包括心绞痛、明显的呼吸困难以及心电图(ECG)提示缺血改变

2)心血管住院病人的运动处方

推荐给心血管住院病人的运动处方,包括运动频率、强度、时间和运动方式的基本框架以及实施进展,在一个完整的运动处方中应贯穿运动锻炼的目标。CVD 患者运动项目的组成与完全健康的人或低危人群的运动处方基本相同。

(1)频率。

早期动员阶段:住院的第 1 天~3 天,2 次/天~4 次/天。

后期动员阶段:从住院第 4 天开始,2 次/天,且逐渐增加运动持续时间。

(2)强度。

推荐强度时,谨慎考虑下述运动强度的上限:

无症状时尽量坚持;

在 6~20 数字范围内描述的 RPE≤13;

MI 后或/充血性心力衰竭(CHF):HR≤120 次/min 或以 HRrest 超过 20 次/min 为上限;

术后以 HRrest 超过 30 次/min 为上限。

(3)时间(持续时间)。

开始时在能耐受的范围内进行间歇运动,每组持续 3~5 min;

间歇期病人根据自己的情况选择慢走(或完全休息,根据患者的判断),且休息时间短于每段运动的持续时间。尝试以 2:1 的运动/休息时间比进行。

(4)实施进展。

当运动持续时间达 10~5 min 时,逐渐增加强度至能够忍受的程度。

3)门诊病人的运动康复概述

对于心血管疾病患者出院后可以尽快开始康复计划。大多数患者出院后 1~2 周内就可以开始执行有医务监督的运动项目。在运动处方开始实施的时候,需要进行如下的评估:

(1)内科疾病或外科手术史,包括最近发生的心血管事件,并存疾病和其他有关的内科疾病史。

(2)体检,重点检查心肺和肌肉骨骼系统。

(3)回顾最近的心血管测试和过程,包括 12 导联心电图、冠状动脉造影、超声心动图、符合测试(运动或影像研究)、血管重建和植入起搏器/植入式除颤器。

(4)目前服用的药物,包括剂量、服用方法和频率。

(5)CVD 危险因素。

门诊心脏病人康复目标有以下几方面。

(1)推动并帮助患者实施一个安全、有效、有条理的运动和日常体力活动的计划。

(2)提供适当的医务监督和管理,以探测临床情况的恶化,并提供连续的医务监督数据,以有利于健康管理者加强医疗管理。

(3)使病人返回工作岗位和休闲活动,或根据患者的临床情况调整。

(4)为患者及其家属提供教育咨询,以便在积极的生活方式管理和心脏保护药物的作用中发挥最大化二级预防(如危险因素矫正)的效果。

(5)尽管对心脏病患者来说,运动训练是安全有效的,但所有的患者都应该对运动训练中发生心血管事件的危险进行分层。常规运动前,运动危险因素评估应该在每一个康复阶段进行。

(6)考虑应用由无线或有线检测设备、应用除颤电极的快速筛查检测设备,或周期型节律带组成的 ECG 检测。

(7)血压。

(8)体重。

(9)心率。

(10)与运动之间没有必然联系,临床状态改变的症状或证据(如安静时的呼吸困难、头晕/眩晕、心悸或心律不齐以及胸痛)。

(11)有不能耐受运动的症状和证据。

(12)规律服药。

4)门诊心脏患者运动处方

用于普通健康的成年人群或用于那些在运动训练中心脏意外发生危险性低的人群的运动处方方案可能适用于许多低到中危险心脏病患者。本节为已知患有 CVD 的病人的运动处方提供了特殊的考虑和修正。

为改进心脏病病人的运动处方而考虑的关键变量包括:安全因素,包括不能按运动指导进行运动所引发的安全因素,包括临床状态、危险分层、运动能力、出现缺血/心绞痛的阈值和认知/心理损害。相关因素,包括职业和非职业要求、肌肉骨骼的限制、患病前的运动水平和个人的健康体适能目标。

(1)频率。

运动频率应该包括每周大多数的日子里均参加运动,如 4~7 天/周。对运动能力很有限的患者来说,可规定每日进行多次较短时间(10min)的运动。应该鼓励患者独立完成一些运动训练。

(2)强度。

可以用如下的一个或多个方法来制订运动强度:

①6~20 数字范围内描述的 RPE 在 11~16 之间。

②当获得最大强度运动测试数据时,用储备 HR(HRR)或储备摄氧量百分比或%VO$_{2max}$技术来确定最大运动能力的 40%~80%。

③如果已知患者的缺血阈值,则制订的运动强度所对应的 HR 应低于该缺血阈值。运动诱发并在休息时或服用硝酸甘油后缓解的典型心绞痛的出现,是存在心肌缺血的有力证据。

患者在特定时间服用处方药物可以优化运动处方的效果。不过在医生的允许下,根据运动测试的结果(如在临床状况改变时进行诊断),可以停止药物治疗。尽管如此,服用 β 受体阻滞剂的个体对运动的 HR 反应可能较弱,而且最大运动能力也可能增高或降低。对在运动测试后或在康复过程中 β 受体阻滞剂服用的剂量改变的患者来说,进行新的递增负荷运动测试可能是有好处的。

(3)时间(持续时间)。

5~10 min 的准备和整理活动包括静力性牵拉、一定范围内的运动和低强度(<40%VO$_2$R)有氧活动,应该分别成为每次运动和每个运动阶段前后的组成部分。有氧运动阶段的目标时间一般是 20~60min/次。在心血管事件后,许多患者以 5~10min/次开始,每次增加 1~5 min 的有氧运动的时间,或每次增加的时间为每周 10%~20%。不过,目前尚没有固定的标

准规定每次运动时间增加的幅度。因此,应该根据患者的耐力对运动过程进行个性化设计。出于这些原因而需考虑的因素包括开始时的体适能水平、患者的动机和目的、症状和运动系统的限制。根据患者的能力每次运动应该包括连续的或间歇的运动。

对于心功能容量在 6～7MET 以下及有心功能障碍者,一般应在康复医疗机构进行医学监护下康复。心脏功能容量大于 7MET 者,AMI、心绞痛、心电图不正常以及冠状动脉搭桥术后患者,多数在康复中心进行。而中年以后希望通过锻炼预防冠心病者大多在健身房或家庭中进行。

(4)运动方式。

运动方式以有氧训练为主,包括步行、骑车、爬山、游泳、打门球、打乒乓球和羽毛球等。有节律的舞蹈、中国传统的拳操等也是合适的运动方式。

心脏病患者的抗阻训练,发展肌肉力量和耐力是心脏病患者的运动处方推荐的一个重要部分。

心脏病患者进行抗阻训练的目的有:

①提高肌肉力量和耐力。

②增强自信心。

③增强进行日常生活活动的能力。

④保持自立。

⑤降低在日常活动中肌肉活动时的心脏负荷(如降低心率-血压乘积)。

⑥预防或减轻其他疾病或症状发生,如骨质疏松、2 型糖尿病和肥胖发生。

⑦减缓年龄和疾病相关的肌肉力量和质量下降。

对于心脏病患者参加抗阻训练的标准:

①有医务监督的低危到中危患者,甚至是高危患者(见第 2 章健康评估与风险分层)。

②需要力量进行工作或娱乐活动,特别是需要上肢力量的患者。

③心肌梗塞或心脏手术后至少进行 5 周运动,其中有 4 周参加有医务监督的心脏康复耐力训练计划(如果可以承受,可以提前开始关节活动范围内的活动和很轻的 0.5～1.5 kg 的抗阻训练,是否参加抗阻训练应该由康复小组来决定,并在适当的时候得到医疗主管和外科医生的许可)。

④介入治疗(即经皮穿刺冠状动脉腔内成形术(PTCA)或其他,后至少进行 2～3 周运动,其中有 2 周参加有医务监督的心脏康复耐力训练计划,如果可以承受,可以提前开始关节活动范围内的活动和很轻的 0.5～1.5 kg 的抗阻训练,(是否参加抗阻训练应该由康复小组来决定,并在适当的时候得到医疗主管和外科医生的许可)。

⑤没有证据证明存在充血性心力衰竭(CHF)、未控制的心律失常、严重的瓣膜疾病、未控制的高血压和不稳定的症状。

对于心脏病患者的抗阻训练指导原则:

①仪器选择上可以采用弹性带、低负重物体,以及可以选测一些简单的器械。

②抗阻训练技巧:缓慢的举起或放下重物,控制动作直到充分伸展;保持规律的呼吸方式;避免紧张;避免憋气、紧抓而引起过度的血压反应;将 Brog 6-20 描述主观疲劳感觉(RPE)控制在 11～13("轻松"或"有点累"之间,可以作为运动中的主观指导;如果出现眩晕、心律失常、不正常的气短或心绞痛的症状和体征则终止运动。

③心脏病患者的抗阻训练强度：初始负荷应该允许 12～15 次重复次数，而且能轻松地举起（上肢大约 30％～40％最大负荷（1‑RM）；下肢大约为 50％～60％1‑RM）；当患者可以轻松地举起 12～15 次时，增加 5％负荷量；低危患者可以逐渐增加到大约 60％～80％1‑RM 的负荷，重复 8～12 次；注意血压升高的副作用，避免憋气或不规律的呼吸节奏；主观疲劳感觉控制在 11～13 之间；应对每个大肌肉群训练 2～4 次（即胸部、肩部、手臂、腹部、背部、臀部和四肢）；训练中先练大肌肉群再练小肌肉群。

④频率：2～3 天/周，对同一组肌肉群分开进行总共至少间隔 48 h 的训练。所有要训练的肌肉群应该在一次训练中进行训练，或每个部位被分为多个特定的肌肉群，每次训练只能训练一部分肌群。

⑤抗阻训练实施进展：在患者能够适应初始运动计划时，应逐渐增加强度。

运动量是指运动时消耗的能量，是运动锻炼效果的关键指标。合适运动量的标志是：早晨起床时感觉舒适，无疲劳感。每周的运动总量应相当于步行 10～20 km。运动量是由强度、时间和频率三个要素构成。判断运动强度是否合适最简单的方式是：运动时稍出汗，轻度呼吸加快但不影响对话。运动时间是指每次达到训练强度的时间，一般为 10～30 min。训练频率是指每周训练的次数，一般每周锻炼 3～5 次就可以。

每次锻炼必须要有三个阶段，即准备活动、训练活动和结束活动。准备活动又称为热身，活动强度比较小，其目的是充分活动各个关节、肌肉和韧带，也使心血管系统得到准备。训练活动又分持续训练和间断训练，后者更适合心脏病患者。结束活动又称为整理，目的在于使高度活跃的心血管系统逐步恢复到安静状态，一般采用小强度放松性运动。准备活动和结束活动不充分是造成锻炼意外最常见的原因。

除此以外还应该注意：

①要选择适当的运动，既能达到训练效果，又容易坚持。要避免竞技性运动。

②只在感觉良好时运动。感冒或发热后要在症状和体征消失两天以上才能恢复运动。

③注意周围环境因素对运动反应的影响，包括：寒冷和炎热气候要相对降低运动量和运动强度；穿戴宽松、舒适、透气的衣服和鞋袜；上坡时要减慢速度；饭后不做剧烈运动。

④患者要根据个人能力，定期检查和修正运动处方，避免过度训练。药物治疗改变时，要调整运动方案。参加训练前应进行身体检查。

⑤警惕症状。运动时如发现下列症状，应停止运动，及时就医：上身不适（包括胸、臂、颈或下颌，表现为酸痛、烧灼感、紧缩感或胀痛）、无力、气短、骨关节不适（关节痛或背痛）。

⑥训练必须持之以恒。

# 思　考　题

1. 分别阐述高血压、糖尿病、心血管疾病、关节炎、超重/肥胖、脂代谢紊乱、代谢综合征、骨质疏松、外周动脉疾病、肺部疾病、肾脏疾病患者运动处方制订过程并熟悉运动实施过程中可能出现的风险及防范措施，保证慢性疾病运动干预的有效性和安全性。

2. 阐述如何给老年人设计个性化运动处方方案。

# 第 10 章　运动相关法律责任

内容提要：本章主要从运动锻炼时可能发生的损伤以及运动专业人员与健身者之间可能发生的纠纷及如何避免和防范纠纷发生，以及运动专业人员在处理运动损伤时所涉及法律责任时遵循的原则进行简单介绍。

运动锻炼前的健康评估是为了更科学地为健身者制订个性化运动处方，同时也确保运动锻炼的安全性，排除或指明运动锻炼时的注意事项。但是，在现实中，运动锻炼时导致意外事故的发生也时有报道（如运动导致或诱发心血管疾病的发作，甚至猝死、过度训练、不合理的呼吸方式造成内脏器官的损害、关节损伤，器械损伤，造成肢体或器官功能障碍、残疾等），同时也存在健身者的训练效果期望值与指导效果的偏差等方面的纠纷问题。

**1. 运动锻炼时可能发生的损伤以及运动专业人员与健身者之间的纠纷**

（1）运动专业人员在为健身者进行指导服务课程中存在服务态度、技术、技巧等方面发生分歧或冲突，发生相关方面的纠纷。

（2）运动专业人员在为健身者实施减体重、康复训练、健身健美指导时，存在责任心、技术问题，造成健身者的身体出现不适。

（3）运动专业人员在为健身者进行健身指导时出现运动处方设计不合理、指导方式出现过失，直接造成健身者的组织器官的损伤、残疾甚至死亡等。

（4）健身者如果身体存在某些疾病，运动专业人员在为健身者制订运动处方时，如果没有考虑其运动锻炼时的注意事项，而在运动锻炼期间出现并发症而导致意外事故的发生。

（5）健身者的期望值与实际效果之间的偏差相差太大，甚至出现运动训练前更为严重的后果，可能会导致健身者与运动专业人员之间的一些纠纷发生。

**2. 运动专业人员如何避免和防范出现在健身指导服务过程中的纠纷问题**

避免纠纷或涉及法律责任的方法是要在健身者出现冲动之前做好以下工作：

1）预防措施到位，严格执行落实

鉴于以上可能发生纠纷以及可能涉及的法律责任的原因，防治措施应从避免起因入手，运动专业人员和健身者要建立和谐的指导与服务关系。要明确双方的关系是一种法律关系，双方都应遵循各自的法定权利和义务，尤其是运动专业人员除自觉遵照法律规定外也要遵从各项规章制度和操作规程，减少指导运动锻炼过程中的事故、差错和不必要的服务冲突。

2）礼貌待客，建立好感

一般来说，运动专业人员给健身者留下的第一印象较好，健身者即使对服务有不满，也会心平气和，就事论事地要求处理；反之，则会带着反感提出处理要求。因此，一个礼貌待客，让健身者信任和欢迎的健身指导员，即使碰到问题，一般也不会形成纠纷，在良好的服务态度下，纠纷就比较容易避免或化解了。

3）表述清楚,交代明白

运动专业人员在介绍项目时要表述清楚,不可夸大健身效果,如果健身者抱有很高的期望值,一旦达不到效果或是暂时出现反应,就会感到受了欺骗。因此,要在介绍项目时将过程以及可能出现的问题、处理方法尽量解释清楚,以防健身者误解。

4）细心观察,及时调整

每一次健身者做运动锻炼计划,都要认真地观察健身者的身体反应,发现问题,及时向健身者解释原因,并做出必要的处理。

5）做好跟踪服务

随时与健身者保持联系,及时发现消除易与健身者发生纠纷的隐患。在健身服务中发生问题并不奇怪,健身者需要的是有人能及时帮助他们解决问题,只要跟踪服务做得好,健身者的不满就会变为感激。

**3. 避免出现纠纷以及可能涉及法律责任的问题要遵循的基本原则**

运动专业人员在对健身者进行健康筛选时要求健身者做到如实告知。

1）知情同意权

为了维护健身者的利益及尊重他们的自愿参与运动的自主权,在制订运动处方的方案上,作为运动专业人员有义务取得他们的知情同意。实行知情同意是运动专业人员和健身者(甚至有时包括健身者家属)之间相互交流、协商,有时包括耐心说服的过程。此过程如果顺利完成,有利于运动专业人员更好地为健身者制订运动处方,促进健身者与运动专业人员之间的互相信任的关系。

健身者有权知道运动专业人员的指导水平、职业年限等相关的信息,同时作为运动专业人员也应如实告知,确保运动专业人员与运动健身者之间要互相信任。

运动专业人员在为健身者制订个性化的运动处方时遵循的基本原则是:在保证安全性的基础上,再谈其有效性;运动专业人员和健身者训练时对可能出现异常的症状认识,做到无论是健身者还是运动专业人员都要对异常的症状有一个清楚的认识,出现异常时应立即停止运动锻炼,分析原因,严重者立即送往医院。运动专业人员在设计运动处方时,向健身者表明某种运动项目可能对肢体造成的什么样的伤害,指导健身者进行此类运动项目锻炼的特别注意事项。同时运动专业人员对健身者在健身锻炼时所可能造成的损伤预见性及碰到问题的急救措施。

对于大部分健身者在以中等强度的运动锻炼中,以及运动锻炼后均无不良反应,应健身者健康需要而进行开具运动处方,将能大大改善其健康。运动专业人员在建议及支持健身者进行切合其健康需要的运动计划方面亦扮演着重要的角色。

2）保密、隐私权

运动专业人员在与健身者进行交流或进行问卷调查时,会涉及健身者的一些隐私,比如健身者的联系方式、职业以及身体的健康状况等健身者不愿意他人知道的一些信息等。作为运动专业人员有责任和义务为健身者进行保密。

3）专业技能设计程序化

向健身者开具运动处方,可将口头建议方式,变成一种有系统、针对性、个人化及实证为本的健康建议(包括种类、次数、强度及所需时间、注意事项等),改善运动锻炼者的健康状况。

正如医护服务一样,向受试者开具运动处方的运动专业人员,有责任运用合理而谨慎的态度和技巧来向运动锻炼者提出建议。

当健身者因运动而受伤的时候,运动专业人员若能显示他于开具运动处方时已经过合理的考虑及运用合适的技巧(即运动专业人员已履行其专业责任),并以其专业判断来告知健身者,则可为自己辩护(这就要求运动专业人员具备良好的专业知识,很好地为健身者设计个性化运动处方)。

健身者在实行所建议的运动时,要为自己的行为负责。若有证据显示运动锻炼者并无遵照运动专业人员就该运动向其提出的特定指示及建议,并因此而受伤(即因健身者自身的疏忽导致受伤),则运动专业人员可以免受部分或全部法律责任。

运动专业人员在考虑为健身者开具运动处方前,宜留意下面所述的一些良好行为守则。

(1)相关专业知识培训。在参与运动处方计划前,运动专业人员应先确保自己已得到必需的训练及专业知识,能够向健身者履行其专业责任,否则在被投诉时,可能要承担法律责任,或被判犯不当专业行为。若运动专业人员对所建议运动计划的适应性存疑,或在考虑运动健身者病历后,未能肯定该计划是否适合该运动健身者,则应该向拥有所需专业知识的运动专业人员取得意见,或将健身者转介给其他运动专业人员。

(2)运动前科学评估。假如运动专业人员已得到所需培训及专业知识,便应该就以下两个项目进行评估:健身者的健康需要、病情和运动所涉及的风险;所建议的运动计划的性质、益处和安全性。运动专业人员应考虑健身者能否遵照运动专业人员建议而行,并建议运动专业人员将所得资料及评估所得的结果记录在健身者的运动训练计划记录内。

(3)正确地记录资料、数据、不良反应。若运动专业人员肯定健身者实行运动处方的好处远大于其风险,则有责任与健身者紧密沟通,并将沟通过程的细节,包括健身者的反应、意欲及遵照运动处方的准备程度一并记下。若健身者为少年儿童,在进行健身辅导过程中便应取得家长或监护人的全力支持。

(4)要提供良好的健康服务,运动专业人员应解释以下事项。

① 运动计划的目的——所建议的运动对健身者可带来的益处,即为什么开具该运动处方。

②运动计划的详情——包括运动的性质及该运动计划的实行细节(如适用)。运动专业人员应确保健身者明白这些指示。

③ 潜在风险——运动专业人员应通知健身者有关运动可能带来的受伤风险,并就应注意的症状及运动锻炼者遇上这些症状时应采取的行动,提供适当的指示。例如一个患有心脏病的病人,若出现任何胸痛或呼吸急促的情况,就应该立即停止运动及时就诊。糖尿病病人,出现血糖偏低时如何进行处理等。

④预后——运动专业人员应解释不做运动的风险,并同时向健身者介绍进行所建议的运动可带来的潜在益处(与风险),以及运动如何化解不做运动所带来的风险。向运动锻炼者提供充足资讯,有助增加健身者开始进行或持续进行运动锻炼的动力,并为他们提供鼓励与支持。

运动专业人员可以通过资料向健身者提供上述的解释。运动专业人员应让健身者提出疑问,有需要时亦应给予健身者足够时间来考虑其建议,并且将所给予的解释,以及健身者对进行运动所表达的同意或其他意向,一并记录在运动训练的记录中。

4）监督运动训练过程

如果健身者在运动处方实施中、后，出现任何困难或不良症状，运动专业人员应该建议病人立即停止运动及到医院进行诊治。运动专业人员亦应建议健身者随即回来复诊，以便监督健身者的进度。

同时，不同的健身者个体存在差异，存在训练效果与期望值之间的差异时如何进行解释和分析，加强自身知识和指导技能的学习。

对健身者不要夸大健身效果，但必须做到训练效果的体现，可以通过一些指标进行反映健身指导的训练效果，同时向健身者解释锻炼的效果需要多方面的因素进行同时调控（例如合理饮食对锻炼的效果极为明显），而且存在自身的因素（比如个体的差异，训练效果的明显与不明显的问题）。

另外，作为一名优秀运动专业人员掌握常用的救护措施，比如常用的包扎、固定、休克、晕厥等方面的急救，还要掌握常用急救穴位、心肺复苏技术，在遇到紧急情况时能够做到很好的救护。

虽然我们做了以上的种种准备，但在运动锻炼中，造成运动损伤的事件还是时有发生，一旦事件发生后，作为运动专业人员应积极面对，并分析在运动处方的整个设计过程中存在的问题，以及在实施运动处方时存在的不足和问题。要积极地去解决，以免发生类似的错误，总结经验。

**4. 运动专业人员解决纠纷或涉及法律问题的方法**

1）高度重视

与健身者引起纠纷或涉及相关法律的问题的因素常常是多方面的。由于指导服务纠纷的调解和处理将直接或间接涉及运动专业人员和健身者双方之间的权益、道德、人格与法律责任问题，因此，要严肃认真地根据不同情况予以具体的妥善的处理，以维护运动专业人员和健身者双方合法的权益，维护健身中心的声誉。运动专业人员在服务过程中处于主导地位，给健身者产生一定的影响，健身者是运动专业人员的服务对象，因此，运动专业人员在日常工作中就要努力完善自己的服务，尽力消除发生纠纷的潜在因素；一旦纠纷发生了，首先检查自己的服务，疏导健身者不满情绪，积极化解矛盾，处理妥当；即使确实是健身者不对，也要摆事实，讲道理，善言解释，取得健身者的理解。

2）热情接待

健身者登门投诉一般带着强烈的对立情绪。热情接待是缓解对立情绪的第一步，运动专业人员不可把投诉的健身者当作是"来找麻烦的"，应像接待其他人员一样，为健身者让座、倒茶，不要立即审问式地说话，让投诉者稳定情绪后从容诉说。

3）耐心倾听

健身者投诉一般都带着对立情绪，我们很难要求所有投诉者都能心平气和、有条有理地叙述，运动专业人员应体谅健身者的心情，耐心倾听，中途不要打断，并用身体语言作出适当的呼应，表示在认真地倾听。

对健身者的误解不要急于辩白，对健身者的过分言行要采取克制的态度，避免酿成更加激烈的矛盾，最好的方法就是忍耐与沉默，让对方尽情地发完火后，再以诚恳而亲切的语调解释，绝不能有理不让人。

运动专业人员应该理解,健身者倾诉不满也是他们宣泄怒气的过程,运动专业人士的耐心有助于他们逐渐恢复理智。运动专业人士还应注意同时作记录,待健身者说完后复述要点请健身者确认,这样一则可产生严肃认真的印象,二则不致造成误解健身者的意思。

4)及时处理

运动专业人员处理会员的投诉首先要调查、核实,并做分析,找到纠纷发生的原因,分清矛盾是由于健身者本身健身知识的缺乏或者是误解引起的,还是没有按照运动处方实施或者由于运动专业人员工作的失误引起的。尔后,婉转地澄清事实,及时向健身者作出解释说明,消除误解。但不要正面指责及用教育的口吻,应当用"我们理解您的心情,但……"这一类的语言;对健身者的健身知识加以指导,向健身者详细说明健身项目的原理、过程,以及可能会正常出现的问题和解决方法,用实际行动使健身者放心满意;如果确实是运动专业人员的失误引起的问题,不要回避责任,应当真诚道歉并迅速采取措施,求得健身者的谅解和合作,将处理问题可能需要的时间告之健身者,以使其安心。

# 思　考　题

1. 简述运动专业人员与健身者之间可能发生的法律纠纷。
2. 简述避免出现纠纷以及可能涉及法律责任的问题要遵循的基本原则。

# 附　　录

## 附录 A　医学紧急救护管理

**1. 医学紧急救护方案的内容**

(1)所有参与运动测试盒医务监督的人员都必须接受基础心肺复苏(CPR)和高级心脏急救(Advanced Cardiac Life Support，ACLS)的培训。

(2)所有人员应根据职业安全与健康管理局为医务人员制订的指南,学会正确处理血液、体液,熟悉血源性病原体带来的危险。

(3)在进行最大运动强度测试,或症状/体征限制性测试的整个过程中,始终要至少有1名(最好2名)接受过 ACLS 培训的人员和1名内科医生在测试现场。

(4)紧急求助的电话号码应贴在所有电话机旁的醒目位置上,救护交通工具必须处于备用和良好的工作状态。

(5)制订书面的医学紧急救护方案,并经医务主管同意后,让所有培训人员方便获取资料。常规要点和培训程序中有关急救的程序新聘人员要人手一份。

(6)定期进行紧急救护模拟演习,特别要将演习日期、参加者、紧急救护记录分数备案。所有人员至少每季度进行一次常规练习,包括后勤人员、医务应急队和/或护理人员(如果运动测试或训练是在医院外进行);安排专职人员对急救设备进行定期维修,对所有急救物进行定期检查(如每月,或按照医院的规定,或者按设备上的记录等情况)。

(7)对医疗急救设备,如除颤仪、自动体外除颤器(Automated External Defibrillator,AED)、氧气供应设备、呼吸机等,都要有详细的使用记录(如果是在使用期,每天都应记录)。对所有存在故障的医疗紧急抢救设备都应该上锁/挂牌,暂缓使用,并且立即进行维修或更换。另外,对药物和其他辅助供应物品(如输液器械和静脉注射液)的失效期也应该建档记录,以便查阅。

(8)如果运动测试或训练在医院外进行,应事先将具体地点和时间告知医疗急救小组和其他相关支持人员(如护理人员)。

(9)应该对意外事故进行清楚的记录并备案,包括事故发生的时间、日期、在场的目击者,医疗救护人员提供的详细报告。所有文件记载的复印件都要现场保存,保守受伤人员的秘密。极力推荐进行事故发生后相关的追踪报告。

(10)如果在运动测试和/或训练中发生紧急医疗情况,立即要求最近的医生和或其他受过训练的 ACLS 人员随同紧急医疗应急小组或护理人员一同前来(如果测试在医院外面进行)。医生或应急小组领导根据医疗情况是否存在生命危险来决定是否将之转送到急诊科。如果医生在现场不能有效处理病人的情况,且病人有呼吸困难的迹象,应该立即送到急救部门就诊。

在任何地方进行极量强度运动测试所需要的急救设备和药物见表 A-1。

表 A-1  医疗急救设备和药物

| 设备 | (1)便携式用电池的除颤器-监视器:此设备具有打印或记忆功能、心脏复律功能,当电池电量不足时,可使用外接电源(仪器需装备有电池电量不足的指示灯)的功能。一旦运动测试监测失灵,可用除颤器的导联线进行监测。在大多数场所中,体外自动除颤器(AED)可以代替人工除颤器。<br>(2)血压计,包括袖带和听诊器。<br>(3)气道设备,包括口罩、鼻烟和/或插管设备(有执照和受过培训的人才能使用)。<br>(4)氧气,适用于鼻导管和面罩。<br>(5)带有减压阀的人工呼吸器(压式苏醒球)。<br>(6)吸痰设备。<br>(7)静脉注射液和输液架。<br>(8)各种型号的静脉输液设备,包括头皮针。<br>(9)各种型号的注射器和针头。<br>(10)止血带。<br>(11)胶布、酒精棉、纱布。<br>(12)急救记录表格(突发事故表或应急表)。 |
|---|---|
| 药物 | (1)治疗心室纤颤或无脉搏性室性心动过速(VF)的药物:肾上腺素、血管加压素(抗利尿激素)。<br>(2)治疗无脉搏性心电活动心搏停止的药物:血管加压素、肾上腺素、阿托品。<br>(3)治疗 VF 和无脉搏性室速(VT)的抗心律失常药:胺碘酮、利多卡因、普鲁卡因、镁剂。<br>(4)治疗急性冠脉综合症:急性缺血性胸痛的药物,如氧气(面罩或鼻导管)、阿司匹林、硝酸甘油(口服或静推)、吗啡(用硝酸甘油不能缓解疼痛时应用)、β肾上腺素受体阻滞剂、肝素、血管紧张素转换酶抑制剂、糖蛋白Ⅱb/Ⅲa受体抑制剂、纤维蛋白溶解药,组织型纤溶酶原激活物(tPA):阿替普酶。<br>(5)治疗心动过缓的药物:阿托品、多巴胺、肾上腺素、异丙肾上腺素。<br>(6)治疗稳定和不稳定心动过速的药物 |

**2. 体外自动除颤器**

体外自动除颤器(AED)是带有计算机程序的精密设备,可以指导目击者和医务人员针对无脉搏性室性心动过速/心室颤动、突发心脏骤停(Sudden Cardiac Arrest,SCA)等情况使用

AED 进行除颤是复苏成功的关键因素,原因如下:

(1)VF 是引起 SCA 常见因素。

(2)电除颤是治疗 VF 的主要方法。

(3)延迟电除颤,复苏的成功率明显下降。

(4)VF 在数分钟内就会发展至心跳停止。

2005 年,美国心脏病协会心肺复苏(CPR)和心血管急救指南提出:救援人员必须使用 AED 进行快速、完整的 CPR。在发生心脏骤停的最初阶段,必须实施下列 3 项关键内容:

(1)启动紧急医疗服务体系。

(2)实施 CPR。

(3)操作体外自动除颤器(AED)。

如果延迟做 CPR 或除颤将会降低 SCR 的生存率。对发生在医院外的 SCA 早期实施 AED,生存率达到 49%～75%。因此,在医疗和非医疗场所(如机场、飞机上、娱乐场)都在逐渐增加使用 AED。来自于美国心脏协会的最新指南指出:对心脏骤停的人,立即由周围的人进行 CPR 和早期实施 AED,可以达到与应用整套 ACLS 设备同等的效果。

1)使用 AED 的一般原则

(1)在医疗场所,应该对发生心脏停搏的人立刻实施 CPR 和 AED。

(2)在医院外发生事故时,如果能够使用 AED,就应该尽可能地使用。当 AED 与 5 个 CPR 周期一起进行,以 100 次/min 的频率进行胸外心脏按压大约 2 min,生存率会有明显改善。一个 CPR 周期包括 30 次的胸外心脏按压和 2 次人工呼吸。

(3)当发生心室纤颤或无脉性室性心动过速,应该实施一次 AED 治疗和 5 个 CPR 周期。随着 5 个 CPR 周期的实施,抢救者可以通过 AED 重新分析心律,决定是否再进行一次电击。如果 AED 显示是不能电击的心律(心脏停止、无脉性电活动),应该立即重新实施 CPR。

2)应用 AED 的特殊注意事项

(1)应用 AED 的标准时:无反应、无呼吸、无脉搏、8 岁及以上、体重≥25 kg。如果病人为 1～8 岁,可使用儿童电极板。如果没有儿童电极板,也可以用标准 AED 电极板。

(2)对于装有心脏起搏器/植入式心脏复律除颤器(ICD)的人,可以应用 AED,但 AED 电极应放在距离植入装置 2.54 cm 处。如果 ICD 是单腔的,使用 AED 的时间是 30～60 min。

(3)如果皮肤表面有透皮药物贴剂,在放置 AED 电极前,一定将贴剂揭掉,把皮肤檫拭干净并保证干燥。

(4)如果病人胸前不干净或潮湿,一定将 AED 电极放置位置的皮肤檫拭干净并保持干燥。

(5)如果病人有过多的胸毛,AED 电极不能很好地贴上,就会出现"检查电极警告"。如果用力按压电极后,仍然出现警告,应尽快把电极揭掉,重新更换一套新的电极。如果还有问题,再次揭掉电极并快速刮去胸前放置电极位置处的胸毛。

(6)溺水者或发生电击的病人禁止使用 AED。

# 附录 B 心电图分析

心电图的记录和分析提供快速的指导。在对个体作出诊断决定时,每一个表格都可以作为整个临床资料的一部分,见表 B-1～表 B-8。

### 表 B-1 肢体导联的电极位置[①]

| 导　联 | 电极位置 | 心脏观 |
|---|---|---|
| Ⅰ | 左上肢(＋),右上肢(一) | 侧面 |
| Ⅱ | 左下肢(＋),右下肢(一) | 下面 |
| Ⅲ | 左下肢(＋),左上肢(一) | 下面 |
| VR[①] | 右上肢(＋) | 无 |
| VL[①] | 左上肢(＋) | 侧面 |
| VF[①] | 左下肢(＋) | 下面 |

注:①运动时电极位置的修订:可以把肢体导联中上臂的电极改放在左、右锁骨上窝处,把下肢的电极改放在左、右下腹部。在运动中这种心电图电极的放置可以减少心电图电极的移动。然而,为了避免出现对心电图图形的错误诊断,应该对放在躯体上的肢体导联相关的心电图图形进行注释。所观察到最常见的变化是心电轴右偏,即使在正常人群显示心电图变化不确定,或者出现下壁或前壁 Q 波、T 波或者额面 QRS 轴的变化

### 表 B-2 心前区(胸导联)的电极位置

| 导　联 | 电极位置 | 心脏表面观 |
|---|---|---|
| V1 | 胸骨右缘第 4 肋间 | 膈面 |
| V2 | 胸骨左缘第 4 肋间 | 膈面 |
| V3 | V2 与 V4 两点连线的中点 | 前面 |
| V4 | 左锁骨中线与第 5 肋间相交处 | 前面 |
| V5 | 左腋前线平与 V4 水平处 | 侧面 |
| V6 | 左腋中线平与 V4、V5 水平处 | 侧面 |

### 表 B-3 心电图分析步骤

(1)核查正确的标度(1 mV＝10 mm)和走纸速度(25 mm/s)。

(2)核对心率,确定心脏节律(计算机可以精确地完成此项工作。但是,如果存在异常的描记波形或心房扑动病人伴有 QRS 波幅低弱时,对具体的段进行复查是很重要的)。

(3)测量 PR、QRS、QT 间期和持续时间。

(4)在肢体导联中,测量平均 QRS 电轴和 T 波电轴。

(5)检查无异常 P 波、QRS 波群、ST 段、T 波、U 波(如房室扩大、传导延迟、梗塞形成、复极化改变)。

(6)解释当前的心电图。

续　表

（7）与以前的心电图对比①。

（8）作出诊断，提出临床相关性和建议

注：①如果可能，应该把运动前的心电图基线和以前的心电图进行比较。把测试前仰卧位心电图与以前心电图做比较是最合适的。测试中心电图出现几个异常变化，无伴随或不伴随症状出现，都可以终止运动。在运动测试中，某些情况不能采用 ST 段来进行分析的价值（LBBB、IVCD、WPW、ST 段下降 2 mm 以上）。如果做运动跑台测试，运动前立位安静心电图是分析对比运动中、运动后 ST 段最合适的参考

### 表 B-4　安静状态 12 导联心电图：正常及异常的数值范围

| 参　数 | 正常范围 | 不正常 | 可能的原因 |
| --- | --- | --- | --- |
| 心率 | 60～100 次/min | ＜60 次/min | 心动过缓 |
| | | ＞100 次/min | 心动过速 |
| PR 间期 | 0.12～0.20 s | ＜0.12 s | 预激（如 WPW 综合征、LGL 综合征） |
| | | ＞0.20 s | Ⅰ度房室传导阻滞 |
| QRS 时限 | 最长 0.10 s | 如果≥0.11 s | 传导异常（如不完全和完全性束支传导阻滞、WPW、IVCD、PVC、VT 或者电子节律器） |
| QT 间期 | 依赖心率<br>正常 QT＝$K$<br>男性和儿童 $K$＝0.37<br>女性 $K$＝0.40 | | 药物影响、电解质异常、先天性离子通道异常、缺血；<br>洋地黄效应、高血钙、高血镁；<br>用公式校正心率的方法有争议，研究显示这种关系因人而异 |
| QRS 轴 | 0～+90° | ＜0° | 电轴左偏（如心室扩大、半支传导阻滞、心肌梗死） |
| | | ＞90° | 电轴右偏（如 RVH、肺部疾病、梗塞） |
| | | 不确定 | 所有的肢体导联移位 |
| T 轴 | 一般与 QRS 轴的方向相同 | T 轴（向量）明显偏离损害区（如缺血、束支阻滞、心肌肥大） | 房室肥大、缺血、药物影响、电解质紊乱 |
| ST 段 | 一般在等电位线上（PR 段）或上下移动在 1 mm 以内。<br>在 V1～V4 导联上 ST 段可以抬高 1～2 mm | ST 段抬高 | 损伤、缺血、心包炎、电解质异常、正常变异（早复极） |
| | | ST 段压低 | 损伤、缺血、心包炎、电解质异常、正常变异 |

续 表

| 参　数 | 正常范围 | 不正常 | 可能的原因 |
|---|---|---|---|
| Q 波 | ＜0.04，振幅小于同导联 R 波的 25％（Ⅲ 和 V1 导联除外） | ＞0.04 s 和或振幅＞同导联 R 波的 25％（Ⅲ 和 V1 导联除外） | 梗死或假梗死（如心室增大、传导异常、WPW 慢性阻塞性肺疾病、心肌病） |
| 转位区 | 通常介于 V2～V4 之间 | 在 V2 前 | 逆时针旋转 |
| | | 在 V4 后 | 顺时针旋转 |

表 B-5　透壁梗塞的定位（Q 波诊断定位）

| 典型的心电图导联 | 梗塞部位 |
|---|---|
| V1～V4 | 前间壁 |
| V3～V4 | 心尖部 |
| V4～V6、Ⅰ、VL | 前外侧壁 |
| V1～V6 | 广泛前壁 |
| Ⅰ、VL | 高侧壁 |
| Ⅱ、Ⅲ、VF | 下壁 |
| V1～V2 | 室间隔 |
| V1、V3R、V4R | 右心室 |

表 B-6　室上性与室上性异位波动对比

| 参　数 | | 室上性（正常传导） | 室上性（非正常传导） | 室性 |
|---|---|---|---|---|
| QRS 波群 | 持续时间 | 不超过 0.11 s | ≥0.12 s | ≥0.12 s |
| | 波形 | 正常 | 宽大无畸形的 QRS 波群，其前有 P 波 | 宽大无畸形的 QRS 波群，其前有 P 波 |
| P 波 | | 有或无，与 QRS 波群有相关性 | 有或无，与 QRS 波群有相关性 | 有或无，与 QRS 波群有相关性 |
| 节律 | | 通常为不完全性代偿间歇 | 通常为不完全性代偿间歇 | 通常为不完全性代偿间歇 |

表 B-7　房室传导阻滞

| 类　型 | P 波与 QRS 关系 | P-R 间期 | R-R 间期 |
|---|---|---|---|
| Ⅰ度房室传导阻滞 | 1∶1 | ＞0.20 s | 规律或随着 P-P 间期 |
| Ⅱ度房室传导阻滞：莫氏Ⅰ型（文氏现象） | ＞1∶1 | 间期逐渐延长直到出现一个 P 波后无 QRS 波的脱漏现象 | 渐进缩短，后突然出现一个长 R-R 间期，此间距小于任何短 R-R 间期的 2 倍 |

续表

| 类　型 | P 波与 QRS 关系 | P-R 间期 | R-R 间期 |
|---|---|---|---|
| Ⅱ度房室传导阻滞：莫氏Ⅱ型 | >1∶1 | 间期恒定,突然脱漏一个 QRS 波群 | 基本规律,脱漏处的 R-R 间期等于正常的 2 倍 |
| Ⅲ度房室传导阻滞 | 无关系 | 间期不固定,但是 P-P 间期固定 | 规律(逸搏心律) |

表 B-8　房室分离

| 房室分离的类型 | 电生理学 | 实例 | 意义 | 注释 |
|---|---|---|---|---|
| 完全阻滞性房室分离 | 房室传导阻滞 | 窦性心律合并完全性房室传导阻滞 | 病理性 | P 波与 QRS 波群无相关性。P-P 间期短于 R-R 间期 |
| 干扰性房室分离 | 最初的节律细胞或主导起搏点的减慢合并辅助节律点的逸搏 | 窦性心动过缓合并交界区的逸搏心律 | 生理性 | P 波与 QRS 波群无相关性。P-P 间期长于 R-R 间期 |
| 夺获性房室分离 | 辅助节律点的加速夺获心室的控制 | 窦性心律合并房室交界区或室性心动过速 | 生理性 | P 波与 QRS 波群无相关性。P-P 间期长于 R-R 间期 |
| 混合性房室分离 | 房室传导阻滞和干扰 | 房颤合并加速的房室交界性节律点额这个节律点以下的阻滞 | 病理性 | P 波与 QRS 波群无相关性 |

　　什么是房室分离？当心房或心室的跳动是各自独立时,它们的收缩是"分离的",存在着房室分离。心电图表现为 P 波和 QRS 波群是完全不相关的。房室分离分为完全性、不完全性、阵发性或持续性。房室分离的原因是阻滞和干扰,两者可以出现在同一心电图中。阻滞是和不应期的病理状态联系在一起的,阻滞起始起搏点的冲动向下传到房室。窦性心律合并完全房室传导阻滞就是一个例子。干扰是由于起始起搏点的减慢或辅助起搏点的加速。通过产生生理性的不应期使起搏点下方的房室冲动干扰了收缩,出现房室分离。窦性心律合并房室交界区或窦性心动过速、无逆行性传导到心房就是一个例子。阻滞和干扰之间必须有明确的区别。此表介绍了房室分离的四种类型。

# 附录 C 运动处方制订相关问卷

# 生活方式评估问卷

## 1. 吸烟习惯

(1)是否曾经吸烟？ 是_____ 否_____

(2)现在是否吸烟？ 是_____ 否_____

(3)吸烟的程度？ _____支/天

(4)吸烟史多久？ _____年

(5)如果您已经戒烟，从什么时间开始的？_____

## 2. 饮酒习惯

(1)在过去的一个月里，总共有多少天您喝酒/饮料？_____

(2)在过去的一个月里，总共有多少次喝酒在5杯或5杯以上的场合？_____

(3)平均每周喝啤酒、白酒、红酒多少毫升？

啤酒_____ mL

白酒_____ mL

红酒_____ mL

其他_____ mL

## 3. 运动习惯

(1)您有定期积极锻炼运动习惯吗？ 是_____ 否_____

(2)您定期从事什么类型的运动？_____

(3)如果您采用走、快跑、慢跑的方式，您每次在练习时，大约运动量是多少？_____ km/次

(4)您每次运动锻炼平均运动多长时间？_____ min/次

(5)您每周参加运动锻炼的次数？_____次/周

(6)您工作性质？静态_____轻体力性工作_____重体力性工作_____

(7)您喜欢的运动项目有哪些？_____(运动项目库供选择)

_____走、跑、慢跑　　　　　_____手球、壁球、短网拍墙球

_____原地跑　　　　　　　　_____篮球

_____跳绳　　　　　　　　　_____游泳

_____自行车　　　　　　　　_____网球

_____功率自行车　　　　　　_____有氧舞

_____踏板操　　　　　　　　_____爬楼梯

　　　　　　　　　　　　　　　　_____其他(特殊指定的)

## 4. 饮食习惯

(1)您目前的身高_____cm，体重_____kg

(2)您想控制的理想体重是_____ kg

(3)您最重时的体重是_____ kg

(4)您最轻时的体重是_____ kg

(5)您采用或试图采用什么方式减轻您的体重？_____

(6)三餐饮食是否有规律？　　早餐　　是_____　　　　否_____

　　　　　　　　　　　　　　午餐　　是_____　　　　否_____

　　　　　　　　　　　　　　晚餐　　是_____　　　　否_____

(7)您每周经常外出就餐吗？　　大概_____次/周

(8)您正常吃饭的饱饥程度？　　　_____

少_____　　适中_____　　多_____　　很多_____　　不确定_____

(9)您是否经常加餐？

总是_____　　　　通常_____　　　　有时_____　　　　从不_____

(10)您经常吃点心吗？　　是_____　　　　否_____

(11)您通常花多长时间吃一顿饭？_____ min

(12)您在就餐时是否进行其他的活动？_____(如看电视、读报、工作等)

(13)当您吃零食,您每周吃多少次下列食物？

点心、蛋糕_____　　　　　　糖果_____

软饮料_____　　　　　　　　水果_____

牛奶、奶制品_____　　　　　薯片等_____

花生或其他坚果_____　　　　冰激凌_____

其他_____

(14)您经常吃甜食吗？　　是_____否_____　　　　_____次/天_____次/周

(15)什么甜食是您经常吃的？_____

(16)您经常吃油炸的食品吗？_____次/周

(17)您的食物上桌时候额外加盐吗？　　是_____否_____

没尝之前加盐_____　　　　尝后加盐_____

# 病史调查问卷

基本信息:

编号_____　　姓名_____　　性别_____

出生日期_____　　联系方式_____

职业_____

A部分

(1)您上次是什么时候进行的体检？

(2)如果您对药物、食物或其他物品过敏,请把它们列出。

(3)如果您被告知,你有什么慢性病或严重的疾病,请列出它们。

(4)给出有关过去的三次在医院就医的相关信息。

注:女性不包括正常妊娠。

|  | 住院<br>1 | 住院<br>2 | 住院<br>3 |
|---|---|---|---|
| 住院的原因 | _____ | _____ | _____ |

住院的时间＿＿＿＿＿＿＿＿＿　　＿＿＿＿＿＿＿＿＿　　＿＿＿＿＿＿＿＿＿

医院名字　＿＿＿＿＿＿＿＿＿　　＿＿＿＿＿＿＿＿＿　　＿＿＿＿＿＿＿＿＿

B 部分

您在过去的 12 个月,有下列行为发生吗?

(1)医生是否开具任何形式的药?　　　　　　　　　　　　　　　　是(　)　否(　)

(2)您的体重波动是否超过几磅?　　　　　　　　　　　　　　　　是(　)　否(　)

(3)您试图通过饮食或运动对你的体重改变吗?　　　　　　　　　是(　)　否(　)

(4)是否经历过任何虚弱、轻度头晕目眩或暂时性意识丧失?　　　是(　)　否(　)

(5)您是否偶尔有入睡困难?　　　　　　　　　　　　　　　　　　是(　)　否(　)

(6)是否经历任何视力模糊?　　　　　　　　　　　　　　　　　　是(　)　否(　)

(7)是否有任何严重的头痛?　　　　　　　　　　　　　　　　　　是(　)　否(　)

(8)是否经历过早晨慢性咳嗽?　　　　　　　　　　　　　　　　　是(　)　否(　)

(9)是否经历过语言模式发生改变(例如忽略或失语)?　　　　　　是(　)　否(　)

(10)是否发生过在没有明显原因的情况下发生不寻常的紧张或焦急?

　　　　　　　　　　　　　　　　　　　　　　　　　　　　　　是(　)　否(　)

(11)是否经历过心脏跳动过速或心悸?　　　　　　　　　　　　　是(　)　否(　)

(12)是否经历过在没有任何明显的情况下心脏感觉像赛车一样的声音?

　　　　　　　　　　　　　　　　　　　　　　　　　　　　　　是(　)　否(　)

目前情况:

(1)在和同龄人进行散步时是否发生呼吸急促或呼吸暂停的症状?　是(　)　否(　)

(2)是否在手、前臂、腿部、足部和脸部部位有发麻、麻木、麻痹或失去感觉的情况发生?

　　　　　　　　　　　　　　　　　　　　　　　　　　　　　　是(　)　否(　)

(3)是否经常感觉手或脚有时感觉比身体其他凉?　　　　　　　　是(　)　否(　)

(4)是否发生脚和踝的肿胀?　　　　　　　　　　　　　　　　　　是(　)　否(　)

(5)是否发生腿部的疼痛或跛行?　　　　　　　　　　　　　　　　是(　)　否(　)

(6)是否发生过胸部的任何疼痛或不适?　　　　　　　　　　　　　是(　)　否(　)

(7)是否经历过胸部受压感或沉闷感?　　　　　　　　　　　　　　是(　)　否(　)

(8)是否被告知血压不正常?　　　　　　　　　　　　　　　　　　是(　)　否(　)

(9)是否被告知血浆胆固醇或甘油三酯水平偏高?　　　　　　　　是(　)　否(　)

(10)是否有糖尿病?　　　　　　　　　　　　　　　　　　　　　是(　)　否(　)

如果是,您采取什么方式处理的?

饮食控制方法　　　　　　胰岛素注射

口服药　　　　　　　　　不加控制

(11)您是否经常感觉到压力大?　　　　　　　　　　　　　　　　是(　)　否(　)

偶尔　　　　经常　　　　一直

(12)您是否已被确诊有下列疾病?　　　　　　　　　　　　　　　是(　)　否(　)

心肌梗塞　　　　　粥样硬化　　　　心脏病　　　　甲状腺疾病

冠动脉血栓症　　　风湿性心脏病　　心脏病发作　　心脏瓣膜疾病

冠状动脉闭塞　　　心力衰竭　　　　心脏杂声　　　心传导阻滞

动脉血管瘤　　　　心绞痛

(13)您是否有过以下的医疗手术？　　　　　　　　　　是（　　）　否（　　）

心脏手术　　　　　　　　植入心脏起搏器

心导管插入手术　　　　　除颤仪

冠脉血管整形术　　　　　心脏移植

C 部分

您有任何接受治疗的直系亲属或者疑似有下列疾病症状吗？请确认与他们的关系（爸爸、妈妈、姐妹、兄弟等）。

A.糖尿病　　　　　　B.心脏病　　　　　　C.中风　　　　　　D.高血压

## 疾病体征和症状的检查表①

姓名＿＿＿＿＿＿＿＿＿＿＿　　日期＿＿＿＿＿＿＿＿＿＿＿

| | | 是 | 否 | 注解（注释） |
|---|---|---|---|---|
| 症状 | 高血压 | | | |
| | 高胆固醇血症 | | | |
| | 心脏杂音 | | | |
| | 心肌梗塞（心脏病） | | | |
| | 晕厥/眩晕 | | | |
| | 跛行 | | | |
| | 胸部疼痛 | | | |
| | 心悸 | | | |
| | 局部缺血 | | | |
| | 心动过速（心律紊乱） | | | |
| | 踝关节水肿 | | | |
| | 中风 | | | |
| 肺功 | 哮喘 | | | |
| | 支气管炎 | | | |
| | 肺气肿 | | | |
| | 夜间呼吸困难 | | | |
| | 咳血 | | | |
| | 运动诱发哮喘 | | | |
| | 轻微活动其间或运动后 | | | |
| | 气喘 | | | |

---

① 　解释：如果您有以下症状和危险因素，在进行进一步的检查后方可参与运动测试或运动锻炼。

续 表

| | | 是 | 否 | 注解（注释） |
|---|---|---|---|---|
| 代谢 | 糖尿病 | | | |
| | 肥胖 | | | |
| | 葡萄糖耐受不良 | | | |
| | 麦卡德尔综合征 | | | |
| | 低血糖 | | | |
| | 甲状腺疾病 | | | |
| | 肝硬化 | | | |
| 风险因素 | 骨质疏松 | | | |
| | 骨关节炎 | | | |
| | 腰背痛 | | | |
| | 假肢 | | | |
| | 肌萎缩 | | | |
| | 关节肿胀 | | | |
| | 骨骼疼痛 | | | |
| | 人造关节 | | | |
| 风险因素 | 男性大于 45 岁 | | | |
| | 女性大于 55 岁 或子宫切除 或绝经 | | | |
| | 吸烟或者戒烟前 6 个月以内 | | | |
| | 血压＞140/90 mmHg | | | |
| | 不知道自己血压 | | | |
| | 服用抗高血压药物 | | | |
| | 血液胆固醇＞200 mg/dL$^{-1}$ | | | |
| 风险因素 | 不知自己胆固醇水平 | | | |
| | 小于 55 岁的父亲或兄弟发生心脏病者或小于 65 岁母亲或姐妹发生心脏病者 | | | |
| | 体力活动不足（每周少于 4 次 30 min 的体力活动） | | | |
| | 超重超过标准 9 kg 以上者 | | | |

注:如果你有两个或以上的风险因素,从事运动之前应该咨询你的医生。

# 附录 D　PARmed-X 问卷

Physical Activity Readiness
Medical Examination
(revised 2002)

# PARmed-X
PHYSICAL ACTIVITY READINESS
MEDICAL EXAMINATION

The PARmed-X is a physical activity-specific checklist to be used by a physician with patients
who have had positive responses to the Physical Activity Readiness Questionnaire (PAR-Q). In addition, the
Conveyance/Referral Form in the PARmed-X can be used to convey clearance for physical activity participation,
or to make a referral to a medically-supervised exercise program.

Regular physical activity is fun and healthy, and increasingly more people are starting to become more active every day. Being more active is very safe for most people. The PAR-Q by itself provides adequate screening for the majority of people. However, some individuals may require a medical evaluation and specific advice (exercise prescription) due to one or more positive responses to the PAR-Q.

Following the participant's evaluation by a physician, a physical activity plan should be devised in consultation with a physical activity professional (CSEP-Professional Fitness & Lifestyle Consultant or CSEP-Exercise Therapist™). To assist in this, the following instructions are provided:

**PAGE 1:** · Sections A, B, C, and D should be completed by the participant BEFORE the examination by the physician. The bottom section is to be completed by the examining physician.

**PAGES 2 & 3:** · A checklist of medical conditions requiring special consideration and management.

**PAGE 4:** · Physical Activity & Lifestyle Advice for people who do not require specific instructions or prescribed exercise.

· Physical Activity Readiness Conveyance/Referral Form - an optional tear-off tab for the physician to convey clearance for physical activity participation, or to make a referral to a medically-supervised exercise program.

## This section to be completed by the participant

**A PERSONAL INFORMATION:**

NAME _____

ADDRESS _____

_____

TELEPHONE _____

BIRTHDATE _____ GENDER _____

MEDICAL No. _____

**B PAR-Q:** Please indicate the PAR-Q questions to which you answered YES

☐ Q1 Heart condition
☐ Q2 Chest pain during activity
☐ Q3 Chest pain at rest
☐ Q4 Loss of balance, dizziness
☐ Q5 Bone or joint problem
☐ Q6 Blood pressure or heart drugs
☐ Q7 Other reason:

**C RISK FACTORS FOR CARDIOVASCULAR DISEASE:**
*Check all that apply*

☐ Less than 30 minutes of moderate physical activity most days of the week.
☐ Currently smoker (tobacco smoking 1 or more times per week).
☐ High blood pressure reported by physician after repeated measurements.
☐ High cholesterol level reported by physician.

☐ Excessive accumulation of fat around waist.
☐ Family history of heart disease.

*Please note: Many of these risk factors are modifiable. Please refer to page 4 and discuss with your physician.*

**D PHYSICAL ACTIVITY INTENTIONS:**

What physical activity do you intend to do?

_____

_____

_____

## This section to be completed by the examining physician

**Physical Exam:**

| Ht | Wt | BP i) | / |
|----|----|-------|---|
|    |    | BP ii) | / |

**Conditions limiting physical activity:**

☐ Cardiovascular ☐ Respiratory ☐ Other
☐ Musculoskeletal ☐ Abdominal

**Tests required:**

☐ ECG ☐ Exercise Test ☐ X-Ray
☐ Blood ☐ Urinalysis ☐ Other

**Physical Activity Readiness Conveyance/Referral:**

Based upon a current review of health status, I recommend:

Further Information:
☐ Attached
☐ To be forwarded
☐ Available on request

☐ No physical activity
☐ Only a medically-supervised exercise program until further medical clearance
☐ Progressive physical activity:
  ☐ with avoidance of: _____
  ☐ with inclusion of: _____
  ☐ under the supervision of a CSEP-Professional Fitness & Lifestyle Consultant or CSEP-Exercise Therapist™
☐ Unrestricted physical activity–start slowly and build up gradually

CSEP/SCPE © Canadian Society for Exercise Physiology

Supported by: Health Canada　Santé Canada

Physical Activity Readiness
Medical Examination
(revised 2002)

# PARmed-X PHYSICAL ACTIVITY READINESS MEDICAL EXAMINATION

Following is a checklist of medical conditions for which a degree of precaution and/or special advice should be considered for those who answered "YES" to one or more questions on the PAR-Q, and people over the age of 69. Conditions are grouped by system. Three categories of precautions are provided. Comments under Advice are general, since details and alternatives require clinical judgement in each individual instance.

| | Absolute Contraindications | Relative Contraindications | Special Prescriptive Conditions | |
|---|---|---|---|---|
| | Permanent restriction or temporary restriction until condition is treated, stable, and/or past acute phase. | Highly variable. Value of exercise testing and/or program may exceed risk. Activity may be restricted. Desirable to maximize control of condition. Direct or indirect medical supervision of exercise program may be desirable. | Individualized prescriptive advice generally appropriate: • limitations imposed; and/or • special exercises prescribed. May require medical monitoring and/or initial supervision in exercise program. | **ADVICE** |
| Cardiovascular | ❑ aortic aneurysm (dissecting) ❑ aortic stenosis (severe) ❑ congestive heart failure ❑ crescendo angina ❑ myocardial infarction (acute) ❑ myocarditis (active or recent) ❑ pulmonary or systemic embolism—acute ❑ thrombophlebitis ❑ ventricular tachycardia and other dangerous dysrhythmias (e.g., multi-focal ventricular activity) | ❑ aortic stenosis (moderate) ❑ subaortic stenosis (severe) ❑ marked cardiac enlargement ❑ supraventricular dysrhythmias (uncontrolled or high rate) ❑ ventricular ectopic activity (repetitive or frequent) ❑ ventricular aneurysm ❑ hypertension—untreated or uncontrolled severe (systemic or pulmonary) ❑ hypertrophic cardiomyopathy ❑ compensated congestive heart failure | ❑ aortic (or pulmonary) stenosis—mild angina pectoris and other manifestations of coronary insufficiency (e.g., post-acute infarct) ❑ cyanotic heart disease ❑ shunts (intermittent or fixed) ❑ conduction disturbances • complete AV block • left BBB • Wolff-Parkinson-White syndrome ❑ dysrhythmias—controlled ❑ fixed rate pacemakers | • clinical exercise test may be warranted in selected cases, for specific determination of functional capacity and limitations and precautions (if any). • slow progression of exercise to levels based on test performance and individual tolerance. • consider individual need for initial conditioning program under medical supervision (indirect or direct). |
| | | | ❑ intermittent claudication | progressive exercise to tolerance |
| | | | ❑ hypertension: systolic 160-180; diastolic 105+ | progressive exercise; care with medications (serum electrolytes; post-exercise syncope; etc.) |
| Infections | ❑ acute infectious disease (regardless of etiology) | ❑ subacute/chronic/recurrent infectious diseases (e.g., malaria, others) | ❑ chronic infections ❑ HIV | variable as to condition |
| Metabolic | | ❑ uncontrolled metabolic disorders (diabetes mellitus, thyrotoxicosis, myxedema) | ❑ renal, hepatic & other metabolic insufficiency | variable as to status |
| | | | ❑ obesity ❑ single kidney | dietary moderation, and initial light exercises with slow progression (walking, swimming, cycling) |
| Pregnancy | | ❑ complicated pregnancy (e.g., toxemia, hemorrhage, incompetent cervix, etc.) | ❑ advanced pregnancy (late 3rd trimester) | refer to the "PARmed-X for PREGNANCY" |

References:

Arraix, G.A., Wigle, D.T., Mao, Y. (1992). Risk Assessment of Physical Activity and Physical Fitness in the Canada Health Survey Follow-Up Study. J. Clin. Epidemiol. 45:4 419-428.

Mottola, M., Wolfe, L.A. (1994). Active Living and Pregnancy, In: A. Quinney, L. Gauvin, T. Wall (eds.), Toward Active Living: Proceedings of the International Conference on Physical Activity, Fitness and Health. Champaign, IL: Human Kinetics.

PAR-Q Validation Report, British Columbia Ministry of Health, 1978.

Thomas, S., Reading, J., Shephard, R.J. (1992). Revision of the Physical Activity Readiness Questionnaire (PAR-Q). Can. J. Spt. Sci. 17: 4 338-345.

The PAR-Q and PARmed-X were developed by the British Columbia Ministry of Health. They have been revised by an Expert Advisory Committee of the Canadian Society for Exercise Physiology chaired by Dr. N. Gledhill (2002).

No changes permitted. You are encouraged to photocopy the PARmed-X, but only if you use the entire form.

Disponible en français sous le titre
«Évaluation médicale de l'aptitude à l'activité physique (X-AAP)»

Continued on page 3...

附　　录

Physical Activity Readiness
Medical Examination
(revised 2002)

| | Special Prescriptive Conditions | ADVICE |
|---|---|---|
| Lung | ❏ chronic pulmonary disorders | special relaxation and breathing exercises |
| | ❏ obstructive lung disease | breath control during endurance exercises to tolerance; avoid polluted air |
| | ❏ asthma | |
| | ❏ exercise-induced bronchospasm | avoid hyperventilation during exercise; avoid extremely cold conditions; warm up adequately; utilize appropriate medication. |
| Musculoskeletal | ❏ low back conditions (pathological, functional) | avoid or minimize exercise that precipitates or exasperates e.g., forced extreme flexion, extension, and violent twisting; correct posture, proper back exercises |
| | ❏ arthritis—acute (infective, rheumatoid; gout) | treatment, plus judicious blend of rest, splinting and gentle movement |
| | ❏ arthritis—subacute | progressive increase of active exercise therapy |
| | ❏ arthritis—chronic (osteoarthritis and above conditions) | maintenance of mobility and strength; non-weightbearing exercises to minimize joint trauma (e.g., cycling, aquatic activity, etc.) |
| | ❏ orthopaedic | highly variable and individualized |
| | ❏ hernia | minimize straining and isometrics; strengthen abdominal muscles |
| | ❏ osteoporosis or low bone density | avoid exercise with high risk for fracture such as push-ups, curl-ups, vertical jump and trunk forward flexion; engage in low-impact weight-bearing activities and resistance training |
| CNS | ❏ convulsive disorder not completely controlled by medication | minimize or avoid exercise in hazardous environments and/or exercising alone (e.g., swimming, mountainclimbing, etc.) |
| | ❏ recent concussion | thorough examination if history of two concussions; review for discontinuation of contact sport if three concussions, depending on duration of unconsciousness, retrograde amnesia, persistent headaches, and other objective evidence of cerebral damage |
| Blood | ❏ anemia—severe (< 10 Gm/dl) | control preferred; exercise as tolerated |
| | ❏ electrolyte disturbances | |
| Medications | ❏ antianginal ❏ antiarrhythmic ❏ antihypertensive ❏ anticonvulsant ❏ beta-blockers ❏ digitalis preparations ❏ diuretics ❏ ganglionic blockers ❏ others | NOTE: consider underlying condition. Potential for: exertional syncope, electrolyte imbalance, bradycardia, dysrhythmias, impaired coordination and reaction time, heat intolerance. May alter resting and exercise ECG's and exercise test performance. |
| Other | ❏ post-exercise syncope | moderate program |
| | ❏ heat intolerance | prolong cool-down with light activities; avoid exercise in extreme heat |
| | ❏ temporary minor illness | postpone until recovered |
| | ❏ cancer | if potential metastases, test by cycle ergometry, consider non-weight bearing exercises; exercise at lower end of prescriptive range (40-65% of heart rate reserve), depending on condition and recent treatment (radiation, chemotherapy); monitor hemoglobin and lymphocyte counts; add dynamic lifting exercise to strengthen muscles, using machines rather than weights. |

†Refer to special publications for elaboration as required

The following companion forms are available online: http://www.csep.ca/forms.asp

The **Physical Activity Readiness Questionnaire (PAR-Q)** - a questionnaire for people aged 15-69 to complete before becoming much more physically active.

The **Physical Activity Readiness Medical Examination for Pregnancy (PARmed-X for PREGNANCY)** - to be used by physicians with pregnant patients who wish to become more physically active.

For more information, please contact the:

Canadian Society for Exercise Physiology
202 - 185 Somerset St. West
Ottawa, ON  K2P 0J2
Tel. 1-877-651-3755 • FAX (613) 234-3565 • Online: www.csep.ca

Note to physical activity professionals...
It is a prudent practice to retain the completed Physical Activity Readiness Conveyance/Referral Form in the participant's file.

CSEP/SCPE © Canadian Society for Exercise Physiology

Supported by: Health Canada  Santé Canada

Physical Activity Readiness
Medical Examination
(revised 2002)

# PARmed-X

### PHYSICAL ACTIVITY READINESS MEDICAL EXAMINATION

Source: Canada's Physical Activity Guide to Healthy Active Living, Health Canada, 1998 http://www.hc-sc.gc.ca/hppb/paguide/pdf/guideEng.pdf
© Reproduced with permission from the Minister of Public Works and Government Services Canada, 2002.

---

## PARmed-X Physical Activity Readiness Conveyance/Referral Form

Based upon a current review of the health status of _____, I recommend:

☐ No physical activity

☐ Only a medically-supervised exercise program until further medical clearance

☐ Progressive physical activity

    ☐ with avoidance of: _____

    ☐ with inclusion of: _____

    ☐ under the supervision of a CSEP-Professional Fitness & Lifestyle Consultant or CSEP-Exercise Therapist™

☐ Unrestricted physical activity — start slowly and build up gradually

Further information:
☐ Attached
☐ To be forwarded
☐ Available on request

Physician/clinic stamp:

_____ M.D.

_____ 20_____
(date)

NOTE: This physical activity clearance is valid for a maximum of six months from the date it is completed and becomes invalid if your medical condition becomes worse.

# 参 考 文 献

[1] 黄敬亨.健康教育学[M].4 版.上海:复旦大学出版社,2006.

[2] 郑文岭,刘华.健康管理基础[M].广州:华南理工大学出版社,2010.

[3] 杨静宜,徐俊华.运动处方[M].北京:高等教育出版社,2005.

[4] 姚婷恩.体育保健学[M].4 版.北京:高等教育出版社出版,2005.

[5] CERTIFICATION AND EDUCATION COMMITTEE. ACSM's Guidelines for Exercise Testing And Prescription[M]. 7th ed. [S. l. ;s. n. ],2005.

[6] 陈佩杰,王人卫,胡琪琛,等.体适能评定理论与方法[M].哈尔滨:黑龙江科学技术出版社,2005.

[7] HEYWARD VIVISN H. Advanced Fitness Assessment and Exercise Prescription[M]. 5th ed. [S. l. ;s. n. ],2006.

[8] 王瑞元.运动生理学[M].北京:人民体育出版社,2005.

[9] 胡声宇.运动解剖学[M].2 版.北京:人民体育出版社,2006.

[10] CERTIFICATION AND EDUCATION COMMITTEE. ACSM's Guidelines for Exercise Testing And Prescription[M]. 8th ed. [S. l. ;s. n. ],2010.

[11] EHRMAN JONATHAN K, GORDON PAUL M, VISICH PAUL S, et al. 慢性疾病运动康复[M].3 版.刘洵主,译.北京:人民军医出版社,2015.